W0189292

Roald Dahl

Köpfchen, Köpfchen!

Ungewöhnliche Kindergeschichten

Deutsch von
Sybil Gräfin Schönfeldt

Wunderlich

1. Auflage dieser Ausgabe März 1997
Copyright © 1986, 1989, 1997 by Rowohlt Verlag GmbH,
Reinbek bei Hamburg
«Matilda» Copyright © 1988 by Roald Dahl,
1992 by Felicity Dahl and the other
Executors of the Estate of Roald Dahl
«The Witches» Copyright © 1983 by Felicity Dahl
and the other Executors of the Estate of Roald Dahl
Quellenhinweise siehe Seite 349
Alle deutschen Rechte vorbehalten
Umschlagillustration Quentin Blake
Satz aus der Sabon (Linotronic 500)
Gesamtherstellung Clausen & Bosse, Leck
Printed in Germany
ISBN 3 8052 0621 6

Inhalt

Matilda

Hexen hexen

Matilda

Für Michael und Lucy

Die Leserin

Mütter und Väter sind komisch. Ihr eigenes Kind kann eine noch so widerliche kleine Ratte sein – sie bilden sich trotzdem ein, er oder sie seien eine Offenbarung.

Manche Eltern gehen sogar noch weiter. Sie werden aus lauter Liebe so verblendet, daß sie an ihrem Kind die Anzeichen eines wahren Genies erkennen.

Das wäre ja alles nicht so schlimm. So geht's eben zu auf der Welt. Nur, wenn diese Eltern auch noch anfangen, *uns* was vorzuschwärmen von den Wundergaben ihrer eigenen umwerfenden Sprößlinge, dann kann man wirklich nur keuchen: «Wo ist ein Eimer? Wir müssen kotzen.»

Lehrer haben unter diesem Gequatsche eingebildeter Eltern ganz schön zu leiden, aber sie können sich wenigstens rächen, wenn sie Zeugnisse schreiben. Wenn ich Lehrer wäre, würde ich mir für die Kinder solcher Affeneltern regelrechte Verrisse zusammenbrauen. «Ihr Sohn Maximilian», würde ich schreiben, «ist ein totaler Waschlappen. Ich hoffe, daß Sie über ein Familienunternehmen verfügen, in dem Sie ihn nach der Schule unterbringen können, denn es ist sonnenklar, daß ihn kein denkender Mensch freiwillig bei sich einstellen würde.» Und wenn ich an dem betreffenden Tage meine dichterische Ader spürte, würde ich vielleicht schreiben: «Es klingt zwar merkwürdig, ist aber eine Tatsache, daß die Hörorgane der Heuschrecken seitlich vom Magen angebracht sind. Nach dem zu urteilen, was Ihre Tochter Vanessa in diesem Schuljahr gelernt hat, scheint sie überhaupt keine Hörorgane zu besitzen.»

Kann sein, daß ich mich sogar noch eingehender mit der Naturgeschichte befassen und sagen würde: «Die sich häutende Zikade bleibt im Puppenzustand sechs Jahre lang im Verborgenen und verbringt nicht mehr als sechs Tage als freies Insekt in Licht und Luft. Ihr Sohn hat in dieser Schule sechs Jahre im Puppentiefschlaf zugebracht, aber wir warten noch heute darauf, daß er aus seiner Larve schlüpft.»

Ein besonders boshaftes kleines Mädchen könnte mich reizen, folgendes zu formulieren: «Fiona zeigt die gleiche kühle Schönheit wie ein Eisberg, hat jedoch im Gegensatz zu diesem absolut nichts unter der Oberfläche.»

Ich glaube, es wäre mir ein reines Vergnügen, die Zeugnisse für die kleinen Scheusale aus meiner Klasse zu schreiben, aber dies soll genügen. Wir müssen weiterkommen.

Gelegentlich stößt man auf Eltern, die das genaue Gegenteil darstellen, die sich nicht die Bohne um ihre Kinder kümmern, und die sind natürlich noch viel schlimmer als diejenigen, die ihre Kinder anbeten. Herr und Frau Wurmwald gehörten in diese Kategorie von Eltern. Sie hatten einen Sohn namens Michael und eine Tochter namens Matilda, und die Eltern behandelten Matilda nicht anders als ein Stück Schorf. Mit Schorf muß man einfach leben, bis die richtige Zeit gekommen ist. Dann kann man ihn abpulen und wegschnippen.

Herr und Frau Wurmwald wünschten geradezu sehnlichst die Zeit herbei, zu der sie ihre kleine Tochter abpulen und wegschnippen konnten, möglichst in die nächste Grafschaft oder noch viel weiter weg.

Es ist schon schlimm genug, wenn Eltern ganz gewöhnliche Kinder wie Schorf und Fliegenschiß behandeln, aber wenn das betreffende Kind außergewöhnlich ist, und damit meine ich: blitzgescheit und sehr verständig, dann ist so etwas am allerschlimmsten. Matilda war beides, aber überwiegend blitzgescheit. Ihr Verstand war so hell und scharf, und sie besaß eine so schnelle Auffassungsgabe, daß diese Talente selbst den meisten unterbelichteten Eltern aufgefallen wären. Herr und Frau Wurmwald waren jedoch alle beide so beschränkt und nur mit ihren kleinen albernen Alltagsdingen befaßt, daß sie nicht imstande waren, an ihrer Tochter etwas Außergewöhnliches festzustellen. Ehrlich gesagt hätten sie es nicht einmal gemerkt, wenn sie mit einem gebrochenen Bein ins Haus gekrochen wäre. Matildas Bruder Michael war ein ganz normaler Junge, aber bei seiner Schwester konnte einem, wie gesagt, der Kinnladen herunterklappen.

Mit anderthalb Jahren redete sie fehlerlos und kannte ebenso viele Wörter wie die Erwachsenen. Statt daß die Eltern sie lobten, beschimpften sie sie als nervtötende Plappertasche und sagten streng, brave Mädchen wolle man sehen, aber nicht hören.

Im Alter von drei Jahren hatte sich Matilda das Lesen beigebracht, indem sie die Zeitungen und Magazine studierte, die im ganzen Haus herumlagen. Im Alter von vier Jahren konnte sie rasch und fließend lesen und fing natürlich an, sich sehnsüchtig nach Büchern umzuschauen.

Das einzige Buch in diesem erleuchteten Haushalt war

etwas namens «Kochen ist leicht» und gehörte ihrer Mutter. Nachdem Matilda es von vorn bis hinten durchgelesen und alle Rezepte auswendig gelernt hatte, beschloß sie, sich nach etwas Interessanterem umzusehen.

«Vati», sagte sie, «meinst du, daß du mir ein Buch kaufen könntest?»

«Ein *Buch*?» fragte er. «Wozu brauchst du denn ein verdammtes Buch?»

«Zum Lesen, Vati.»

«Und was hast du gegen das Fernsehen, um Himmels willen? Wir haben einen fabelhaften Fernsehapparat mit einem Riesenbildschirm, und jetzt kommst du und willst ein Buch haben? Du bist ganz schön verwöhnt, mein Mädelchen!»

An Wochentagen war Matilda fast jeden Nachmittag allein zu Hause. Ihr Bruder, der fünf Jahre älter war als sie, ging in die Schule, ihr Vater zur Arbeit, und ihre Mutter fuhr zum Bingospielen in eine acht Kilometer entfernte Stadt. Frau Wurmwald war geradezu süchtig nach Bingo und spielte es an fünf Nachmittagen in der Woche. An dem Nachmittag, an dem sich ihr Vater geweigert hatte, ihr ein Buch zu kaufen, machte sich Matilda ganz allein auf und ging in die Stadtbücherei. Dort stellte sie sich der Bibliothekarin vor, einer Frau Phelps. Sie fragte, ob sie sich ein bißchen hinsetzen und ein Buch lesen dürfe. Frau Phelps, etwas verwirrt, daß so ein kleines Mädchen ohne elterliche Begleitung bei ihr auftauchte, erwiderte ihr trotzdem, daß sie herzlich willkommen sei.

«Wo sind bitte die Kinderbücher?» erkundigte sich Matilda.

«Sie stehen da drüben auf den untersten Regalen», erklärte ihr Frau Phelps. «Möchtest du vielleicht gern, daß ich dir ein schönes mit lauter Bildern heraussuche?»

«Nein danke», antwortete Matilda, «ich kann das schon alleine.»

Von nun an bummelte Matilda an jedem Nachmittag, sobald ihre Mutter zum Bingo gefahren war, zur Stadtbücherei hinunter. Der Weg war nur zehn Minuten lang, und so blieben ihr zwei herrliche Stunden, in denen sie friedlich in einer gemütlichen Ecke hockte und ein Buch nach dem anderen verschlang. Nachdem sie alle Kinderbücher gelesen hatte, die es dort gab, begann sie sich auf die Suche nach etwas anderem zu machen.

Frau Phelps, die sie in den vergangenen Wochen gebannt beobachtet hatte, kam nun hinter ihrem Tisch hervor und ging zu ihr.

«Kann ich dir helfen, Matilda?» fragte sie.

«Ich überleg mir gerade, was ich als nächstes lesen soll», antwortete Matilda, «mit den Kinderbüchern bin ich durch.»

«Du meinst, du hast dir alle Bilder angeschaut?»

«Ja, aber gelesen hab ich die Bücher auch.»

Frau Phelps schaute von ihrer großen Höhe zu Matilda hinab, und Matilda blickte geradewegs zu ihr empor.

«Ein paar hab ich ziemlich schwach gefunden», sagte Matilda, «aber ein paar andere waren zu schön. Am besten hat mir ‹Der geheime Garten› gefallen. Da gab's soviel Geheimnis drin. Das Geheimnis von dem Raum hinter der verschlossenen Tür und das Geheimnis von dem Garten hinter der hohen Mauer.»

Frau Phelps stand da wie vom Donner gerührt. «Wie alt bist du eigentlich genau, Matilda?» fragte sie.

«Vier Jahre und drei Monate», antwortete Matilda.

Das raubte Frau Phelps erst recht die Fassung, aber sie war vernünftig genug, es nicht zu zeigen. «Was für ein Buch würdest du denn gerne als nächstes lesen?» fragte sie.

Matilda erwiderte: «Am liebsten ein wirklich gutes, eins, das Erwachsene lesen. Ein berühmtes Buch. Ich kenn aber noch nicht die Namen.»

Frau Phelps musterte die Bücherreihen und ließ sich dabei Zeit. Sie wußte nicht genau, was sie anbieten sollte. Wie wählt man nur, überlegt sie, ein berühmtes Erwachsenenbuch für ein vierjähriges Mädchen aus? Ihr erster Gedanke war, ein Jugendbuch herauszuziehen, eine von diesen süßlichen Geschichten, die für fünfzehnjährige Schülerinnen geschrieben werden, aber dann merkte sie, wie sie unerklärlicherweise instinktiv an diesem speziellen Regal vorüberging.

«Versuch es einmal mit diesem», sagte sie schließlich, «es ist sehr berühmt und sehr gut. Wenn's zu dick für dich ist, dann sag mir nur Bescheid, und ich suche dir etwas Kürzeres und Leichteres heraus.»

«‹Große Erwartungen›», las Matilda, «von Charles Dickens. Da will ich gerne hineinschauen.»

Ich muß verrückt sein, sagte sich Frau Phelps insgeheim, aber Matilda entgegnete sie: «Das kannst du natürlich gerne tun.»

Im Lauf der folgenden Nachmittage konnte Frau Phelps kaum die Augen von dem kleinen Mädchen lösen, das stundenlang in dem großen Armsessel im hintersten Winkel des Raumes saß und das Buch auf dem Schoß hielt. Es lag ihr nämlich auf dem Schoß, weil es viel zu schwer war, als daß sie es in der Hand hätte halten können, und das bedeutete, daß sie sich vorbeugen mußte, um lesen zu können. Es war ein merkwürdiger Anblick, dieses winzige dunkelhaarige Geschöpf, dessen Füße noch längst nicht den Boden berührten und das vollkommen versunken war in die wunderbaren Abenteuer von Pip und der alten Miss Havisham und ihrem spinnwebenumsponnenen Haus und in den Zauber, den Dickens, der große Geschichtenerzähler, mit seinen Worten bewirkt. Die einzige Bewegung des lesenden Kindes bestand darin, daß es von Zeit zu Zeit die Hand hob und eine Seite umblätterte, und Frau Phelps war immer wieder traurig, wenn es für sie an der Zeit war, in den hintersten Winkel zu gehen und zu sagen: «Es ist zehn vor fünf, Matilda.»

In der ersten Woche von Matildas Besuchen hatte Frau Phelps sie gefragt: «Bringt dich deine Mutter jeden Tag hierher und holt dich dann wieder ab?»

«Meine Mutter fährt jeden Nachmittag nach Aylesbury und spielt Bingo», hatte Matilda erwidert, «sie weiß nicht, daß ich herkomme.»

«Aber das ist sicher nicht richtig», wandte Frau Phelps ein, «ich finde, du solltest sie lieber fragen.»

«Das finde ich nicht», antwortete Matilda, «sie hält nichts vom Lesen. Mein Vater auch nicht.»

«Und was solltest du jeden Nachmittag in einem leeren Haus machen?»

«Nur so rumhängen und fernsehen.»

«Aha.»

«Es ist ihr eigentlich egal, was ich tue», setzte Matilda etwas betrübt hinzu.

Frau Phelps machte sich immer Sorgen, wie Matilda

heil und sicher durch die ziemlich verkehrsreiche Hauptstraße und über die große Kreuzung nach Hause kam,
aber sie beschloß, sich nicht einzumischen.

Innerhalb einer Woche hatte Matilda «Große Erwartungen» ausgelesen, ein Buch, das in dieser Ausgabe vier-
hundertelf Seiten hatte. «Das hat mir gut gefallen», sagte
sie zu Frau Phelps. «Hat Herr Dickens noch andere Bücher geschrieben?»

«Ziemlich viele», antwortete die verblüffte Frau
Phelps, «soll ich dir noch eins raussuchen?»

Im Lauf der nächsten sechs Monate las Matilda, stets
aufmerksam und liebevoll von Frau Phelps beobachtet,
die folgenden Bücher:

«Nicholas Nickleby» von Charles Dickens
«Oliver Twist» von Charles Dickens
«Jane Eyre» von Charlotte Brontë
«Stolz und Vorurteil» von Jane Austen
«Eine reine Frau – Tess von D'Urbervilles»
    von Thomas Hardy
«Kim» von Rudyard Kipling
«Der Unsichtbare» von H. G. Wells
«Der alte Mann und das Meer» von Ernest
    Hemingway
«Schall und Wahn» von William Faulkner
«Die Früchte des Zorns» von John Steinbeck
«Die guten Gefährten» von J. B. Priestley
«Am Abgrund des Lebens» von Graham Greene
«Farm der Tiere» von George Orwell

Das war eine stattliche Liste, und unterdessen platzte Frau Phelps fast vor Staunen und Aufregung, und es war vermutlich nur gut, daß sie sich nicht gestattete, vollkommen den Kopf zu verlieren. Fast jeder andere, der die Fortschritte dieses kleinen Kindes verfolgt hätte, wäre der Versuchung erlegen und hätte einen ungeheuren Wirbel veranstaltet und das Wunder in der ganzen Stadt heraustrompetet. Nicht so Frau Phelps. Sie gehörte zu den Menschen, die sich nur um die eigenen Angelegenheiten kümmern, und sie hatte schon längst entdeckt, daß es sich nicht auszahlte, wenn man sich bei anderer Leute Kindern einmischte.

«Herr Hemingway schreibt vieles, was ich nicht verstehe», sagte Matilda zu ihr, «besonders über Männer und Frauen. Aber es hat mir trotzdem gefallen. So wie er es erzählt, hab ich das Gefühl, ich wäre dabei und schaute zu, wie alles passiert.»

«Dieses Gefühl wird dir ein guter Schriftsteller immer vermitteln», entgegnete Frau Phelps, «und kümmere dich nicht um die Kleinigkeiten, die du nicht verstehen kannst. Lehn dich einfach zurück und laß dich von den Wörtern umspielen wie von Musik.»

«Ja, das will ich tun.»

«Hast du gewußt», fuhr Frau Phelps fort, «daß du dir in öffentlichen Büchereien so wie dieser hier Bücher ausleihen und mit nach Hause nehmen kannst?»

«Das hab ich nicht gewußt», entgegnete Matilda, «dürfte ich das auch machen?»

«Natürlich», sagte Frau Phelps, «wenn du deine Wahl getroffen hast, brauchst du mir das Buch nur zu bringen, dann schreib ich's auf, und es gehört dir für zwei Wochen.

Wenn du willst, kannst du dir auch mehr als eins ausleihen.»

Von da an tauchte Matilda nur einmal in der Woche in der Stadtbücherei auf, um sich neue Bücher zu holen und die ausgelesenen zurückzubringen. Ihr eigenes kleines Schlafzimmer verwandelte sich nun in ein Lesezimmer, und dort saß sie an den meisten Nachmittagen und las, wobei oft ein Becher mit heißer Schokolade neben ihr stand. Sie war noch nicht groß genug, um an alles in der Küche heranzukommen, aber sie bewahrte sich im Schuppen eine kleine Kiste auf, die sie dann hereinschleppte, um daraufzuklettern und sich das zu holen, worauf sie Lust hatte. Am liebsten machte sie sich Schokolade, indem sie Milch in ein Töpfchen goß und auf dem Herd erhitzte, bevor sie sie mit dem Pulver verrührte. Sie nahm meistens Bovril oder Ovaltine. Es war gemütlich, einen heißen Schluck mit hinauf in ihr Zimmer zu nehmen und neben sich zu haben, wenn sie nachmittags in der stillen Stube im leeren Hause saß und las. Die Bücher führten sie in neue Welten und machten sie mit erstaunlichen Menschen bekannt, die ein aufregendes Leben führten. Sie stach mit Joseph Conrad auf altmodischen Segelschiffen in See. Sie folgte Ernest Hemingway nach Afrika und Rudyard Kipling nach Indien. Sie reiste durch die ganze Welt, während sie in ihrem kleinen Zimmer in einem englischen Städtchen saß.

Herr Wurmwald, der große Autohändler

Matildas Eltern besaßen ein recht hübsches Haus mit drei Schlafzimmern im ersten Stock, während es unten ein Eßzimmer und ein Wohnzimmer und eine Küche gab. Ihr Vater war Gebrauchtwagenhändler, und sein Geschäft schien ganz gut zu gehen.

«Sägemehl», pflegte er stolz zu sagen, «das ist eins der großen Geheimnisse meines Erfolgs. Und es kostet mich gar nichts. Ich krieg's gratis aus der Tischlerei.»

«Wozu brauchst du das denn?» fragte ihn Matilda.

«Ha!» sagte der Vater. «Das möchste wohl gerne wissen.»

«Ich kann mir nicht vorstellen, wie dir Sägemehl beim Autoverkaufen helfen kann, Vati.»

«Weil du eine dumme kleine Meckerziege bist», antwortete ihr der Vater. Er war in seiner Wortwahl nie sehr zimperlich, aber daran war Matilda gewöhnt. Sie wußte auch, daß er gern angab, und damit zog sie ihn hemmungslos auf.

«Du mußt wirklich schrecklich klug sein, daß du sogar Sachen verwenden kannst, die nichts kosten», sagte sie. «Ich wünschte, das könnte ich auch.»

«Könnste nie», antwortete der Vater, «du bist zu blöd dazu. Aber dem jungen Mike hier, dem könnt ich was erzählen, da hätte ich gar nichts gegen. Eines Tages wird er mich ja sowieso im Geschäft unterstützen.» Er tat also, als ob Matilda Luft wäre, wandte sich an seinen Sohn und dozierte: «Ich bin jedesmal froh, wenn ich einen Wagen erwische, wo so 'n Vollidiot die Gänge ins Getriebe geknallt hat, daß es ganz ausgeleiert ist und klappert wie

21

verrückt. Die Karre krieg ich billig. Und dann brauch ich nur das Schmieröl tüchtig mit Sägemehl zu vermixen, und schon schnurrt die Kiste wie ein Kater.»

«Und wie lange läuft sie, bis sie wieder anfängt zu klappern?»

«Gerade so lange, daß mir der Käufer weit genug von der Hucke ist», sagte der Vater und grinste.

«Aber das ist unehrlich, Vati», sagte Matilda, «das ist Betrug.»

«Mit Ehrlichkeit ist noch keiner reich geworden», entgegnete der Vater. «Kunden sind dazu da, daß man sie über den Löffel balbiert.»

Herr Wurmwald war ein kleiner Kerl, der wie eine Ratte aussah und Raffzähne unter seinem dünnen rattenhaarigen Schnurrbart hatte. Er bevorzugte großkarierte Jacketts in schreienden Farben und hatte eine Leidenschaft für Krawatten in Gelb oder Blaßgrün. «Und dann zum Beispiel der Kilometerzähler», fuhr er fort. «Jeder der einen Gebrauchtwagen kauft, will zuerst wissen, wieviel Kilometer er auf dem Buckel hat. Stimmt's?»

«Stimmt», sagte der Sohn.

«Ich kaufe also eine alte Rostlaube, die ungefähr hundertfünfzigtausend auf dem Buckel hat. Die krieg ich billig. Aber mit so einem Kilometerstand kauft sie mir keiner ab, oder? Und heutzutage kann man den Kilometerzähler leider nicht mehr wie vor zehn Jahren einfach ausbauen und an den Zahlen rumfummeln. Die stehen sturmfest wie Eichen, hat gar keinen Sinn, damit die Zeit zu vertrödeln, außer du bist so 'n verflixter Uhrmacher oder so was Ähnliches. Also, was kann ich da machen? Ich benutz meinen Hirnkasten, mein Junge, das ist es.»

«Wie?» fragte der junge Michael gespannt.

Er schien die väterliche Vorliebe für krumme Dinger geerbt zu haben.

«Ich setz mich hin und frage mich, wie kann ich einen Kilometerstand von einhundertfünfzigtausend so in nur zehntausend verwandeln, ohne daß ich den Zähler auseinandernehmen muß? Also, wenn ich den Wagen lange genug rückwärts laufen ließe, dann müßt es wohl klappen, liegt doch klar auf der Hand, nicht? Aber wer würde denn so eine verdammte Karre tausend und abertausend Kilometer rückwärts fahren? Das geht doch gar nicht.»

«Nee, das geht nicht», stimmte der junge Michael zu.

«Also hab ich mich am Kopf gekratzt», fuhr der Vater fort, «und hab meinen Hirnkasten angestrengt. Wenn einem so ein schlauer Kopf gegeben ist, wie ich ihn hab, dann muß man ihn auch nutzen. Und plötzlich hab ich die Antwort gehabt. Ich kann dir sagen, ich hab mich genauso gefühlt, wie sich dieser andere schlaue Kerl gefühlt haben muß, als er das Penicillin entdeckt hat. Eureka! hab ich geschrien. Ich hab's!»

«Und was hast du gemacht, Vati?» fragte ihn der Sohn.

«Der Kilometerzähler», erklärte Herr Wurmwald, «hängt an einem Kabel, das mit einem der Vorderräder verbunden ist. Ich hab deshalb als erstes das Kabel da abgeklemmt, wo es am Vorderrad sitzt. Als nächstes hab ich mir eine von diesen Bohrmaschinen besorgt, und dann hab ich das Kabel so an den Bohrer angeschlossen, daß es rückwärts läuft, wenn sich der Bohrer dreht. Kapiert? Kannste mir soweit folgen?»

«Ja, Vati», antwortete der junge Michael.

«Diese Bohrmaschinen laufen ja mit einer enormen

Geschwindigkeit», sagte der Vater. «Wenn ich den Bohrer also anschalte, dann rasen die Zahlen wie wahnsinnig zurück. Mit meiner Superbohrmaschine hau ich dir fünfzigtausend Kilometer im Handumdrehen weg. Und am Ende hat die Karre nur zehntausend drauf und ist fix und fertig für den Verkauf. Sie ist so gut wie neu, sag ich dem Kunden, keine zehntausend gelaufen. Hat einer alten Dame gehört, die damit nur einmal in der Woche zum Einkaufen gefahren ist.»

«Kannst du den Kilometerstand wirklich mit einer Bohrmaschine zurückdrehen?» fragte der junge Michael.

«Ich verrate dir Geschäftsgeheimnisse», antwortete der Vater. «Laß dir nur ja nicht einfallen, mit wem anders drüber zu reden. Du willst mich doch nicht ins Kittchen bringen, oder?»

«Keiner Seele werd ich davon erzählen», sagte der Junge. «Haste das mit vielen Wagen gemacht, Vati?»

«Jeder einzelnen Karre, die durch meine Hände geht, verpaß ich die Behandlung», erwiderte der Vater. «Eh sie zum Verkauf angeboten werden, frisier ich ihnen den Kilometerstand auf unter zehn. Wenn ich nur daran denke, daß ich das ganz allein erfunden habe!» setzte er stolz hinzu. «Es hat mich steinreich gemacht.»

Matilda, die genau zugehört hatte, sagte: «Aber Vati, das ist ja sogar noch unehrlicher als das mit dem Sägemehl. Es ist gemein. Du betrügst Leute, die dir vertrauen.»

«Wenn's dir nicht paßt, brauchst du in diesem Hause nichts mehr zu essen», sagte der Vater, «alles ist von dem Profit gekauft.»

«Von schmutzigem Geld», sagte Matilda, «widerlich.»

Auf den Wangen des Vaters tauchten zwei rote Flecken

24

auf. «Verflucht noch mal, was bildest du dir denn ein, wer du bist», schrie er, «der Erzbischof von Canterbury vielleicht, der mir 'ne Predigt über Ehrlichkeit hält? Du bist nichts als ein dummes kleines Fräulein Naseweis, und du hast keinen Schatten einer Ahnung, wovon du redest!»

«Vollkommen richtig, Harry», sagte die Mutter und zu Matilda: «Sei nicht so frech zu deinem Vater. Und jetzt klapp deinen vorlauten Mund zu, damit wir in Ruhe fernsehen können.»

Sie saßen im Wohnzimmer und aßen ihr Abendbrot vor dem Fernsehapparat. Es bestand aus einem Fernseh-menü in wabbeligen Aluminiumbehältern mit verschieden großen Abteilungen für das gekochte Fleisch, die Salzkartoffeln und die Erbsen.

Frau Wurmwald mampfte die Mahlzeit, ohne die Augen vom Bildschirm und der amerikanischen Familienserie zu lösen. Sie war eine große Frau, deren Haare wasserstoffblond gefärbt waren, bis auf den Ansatz, der wieder mausbraun aus den Wurzeln wuchs. Sie war stark geschminkt und hatte eine dieser unglücklichen auseinanderlaufenden Figuren, bei denen das Fleisch irgendwie an den Körper geschnallt zu sein scheint, damit er nicht auseinanderfällt.

«Mami», sagte Matilda, «darf ich mit meinem Abendbrot ins Eßzimmer gehen, damit ich lesen kann?»

Der Vater warf ihr einen strengen Blick zu. «Kommt nicht in Frage!» schnauzte er sie an. «Beim Abendbrot versammelt sich die ganze Familie, und vorm letzten Bissen verläßt keiner den Tisch!»

«Aber wir sitzen ja gar nicht am Tisch», erwiderte

Matilda, «das tun wir doch nie. Wir essen immer von den Knien und sehen fern.»

«Und was hast du dagegen? Würdest du mir das vielleicht einmal verraten?» fragte der Vater. Seine Stimme klang plötzlich sanft und gefährlich.

Matilda traute sich nicht, ihm zu antworten, deshalb hielt sie den Mund. Sie spürte aber, wie der Zorn in ihr kochte. Sie wußte, daß es nicht recht war, seine Eltern so zu hassen, aber es fiel ihr sehr schwer, es nicht zu tun. Ihre Lektüre hatte ihr Einblicke ins Leben vermittelt, die ihre Eltern nie gewonnen hatten. Wenn sie nur ein bißchen Dickens oder Kipling läsen, dann würden sie rasch verstehen, daß das Leben aus mehr besteht als aus Gaunertricks und Fernsehen.

Und noch etwas. Sie konnte es nicht ausstehen, wenn man ihr unaufhörlich einredete, sie sei dumm und dämlich, obgleich sie genau wußte, daß sie keins von beiden war. Die Wut in ihrem Bauch hörte nicht auf zu kochen, und als sie an diesem Abend glücklich im Bett lag, faßte sie einen Entschluß. Jedesmal wenn ihr Vater oder ihre Mutter gemein zu ihr waren, wollte sie es ihnen auf irgendeine Art und Weise heimzahlen. Ein kleiner Sieg, vielleicht sogar zwei mußten ihr helfen, den elterlichen Schwachsinn zu ertragen, ohne den Verstand zu verlieren. Ihr dürft nicht vergessen, sie war erst knapp fünf Jahre alt, und für eine so Kleine ist es nicht leicht, zu Pluspunkten gegen die allmächtigen Erwachsenen zu kommen. Sie war aber trotzdem entschlossen, den Versuch zu wagen. Nach dem, was an diesem Abend vorm Fernsehapparat geschehen war, stand ihr Vater zuoberst auf der Liste.

Der Hut und der Sekundenkleber

Am nächsten Morgen huschte Matilda, kurz bevor der Vater zu seiner widerwärtigen Gebrauchtwagenwerkstatt aufbrach, in die Garderobe und nahm sich den Hut, den er täglich zur Arbeit trug. Um ihn vom Haken zu angeln, mußte sie sich auf die Zehenspitzen stellen und einen Spazierstock zu Hilfe nehmen, und selbst so hätte sie es fast nicht geschafft. Der Hut war einer von diesen flachen weichen, die wie eine Schweinefleischpastete aussehen. Herr Wurmwald war sehr stolz darauf und hatte sich eine Eichelhäherfeder hinters Hutband gesteckt. Er fand, daß ihm der Hut ein verwegenes und kühnes Aussehen verlieh, besonders wenn er ihn sich zu seiner großkarierten Jacke und seiner gelben Krawatte schief auf den Kopf setzte.

Matilda hielt den Hut in der einen und eine dünne Tube Sekundenkleber in der anderen Hand und begann, den Kleber in einer feinen Wurst säuberlich und präzise innen aufs Schweißleder zu quetschen. Dann hängte sie den Hut mit Hilfe des Spazierstocks wieder vorsichtig auf den Haken. Sie hatte sich den Zeitpunkt dieser Operation sehr genau ausgerechnet, den Klebstoff also erst in dem Augenblick aufgetragen, in dem der Vater vom Frühstückstisch aufstand.

Als sich Herr Wurmwald den Hut aufsetzte, merkte er gar nichts. Aber als er in der Garage war, konnte er ihn nicht abnehmen. Sekundenkleber wirkt rasch und klebt Hautteile in Sekunden fest. Wenn man dann zu kräftig zerrt, reißt man sich die Haut ab. Herr Wurmwald wollte nicht gern skalpiert werden, und deshalb mußte er den Hut den ganzen Tag auf dem Kopf behalten, selbst als er

Sägemehl ins Schmieröl mengte und mit seiner Bohrmaschine den Kilometerstand der Wagen frisierte. Um sich
nicht lächerlich zu machen, zog er ein gleichgültiges Gesicht und hoffte, seine Angestellten glaubten, daß er den
Hut aus Jux und mit voller Absicht den ganzen Tag lang
auf dem Kopf behielte, so wie die Gangster in Filmen.

Als er am Abend nach Hause kam, konnte er den Hut
immer noch nicht abnehmen. «Sei nicht albern», sagte
seine Frau, «komm her. Ich setz ihn dir ab.»

Sie riß einmal kräftig an dem Hut. Herr Wurmwald
jaulte so laut auf, daß die Fensterscheiben klirrten. «Aua,
au, au, au!» heulte er. «Laß das! Laß los! Du reißt mir ja
die halbe Haut von der Stirn!»

Matilda, die es sich in ihrem angestammten Sessel gemütlich gemacht hatte, beobachtete dieses Ereignis mit
einer gewissen Anteilnahme über den Rand ihres Buches
hinweg.

«Was ist denn los, Vati?» fragte sie. «Ist dir dein Schädel geschwollen oder was?»

Der Vater starrte die Tochter mit mörderischem Mißtrauen an, gab aber keine Antwort. Was hätte er auch
sagen sollen? Frau Wurmwald bemerkte: «Das muß
Schnellkleber sein. Kann gar nichts anderes sein. Das
sollte dich lehren, mit diesem scheußlichen Zeugs vorsich-
tiger umzugehen. Wahrscheinlich hast du dir noch eine
Feder an den Hut stecken wollen.»

«Ich hab das verdammte Zeug nicht angerührt!»
brüllte Herr Wurmwald. Er drehte sich um und starrte
abermals Matilda an, die seinen Blick mit großen unschuldigen braunen Augen erwiderte.

Frau Wurmwald sagte zu ihm: «Man sollte immer zuerst die Gebrauchsanweisung auf der Tube lesen, eh man anfängt, mit so gefährlichen Sachen herumzuwirtschaften. Man braucht sich nur an die Gebrauchsanweisungen zu halten.»

«Wovon schwafelst du denn, verflixt noch mal, du dumme Kuh?» schrie Herr Wurmwald und packte die Krempe seines Hutes, damit keiner mehr daran zerren konnte. «Hältst du mich für so blöde, daß ich mir dieses Ding mit Absicht auf den Kopf klebe?»

Matilda sagte: «Da unten an der Straße wohnt ein Junge, der hat ein bißchen Sekundenkleber an den Finger gekriegt, ohne es zu merken, und dann hat er den Finger in die Nase gesteckt.»

Herr Wurmwald fuhr zusammen. «Und was ist mit ihm passiert?» stotterte er.

«Der Finger ist in seiner Nase festgeklebt», antwortete Matilda, «und er hat eine Woche lang so herumlaufen müssen. Die Leute haben immer zu ihm gesagt: Bohr doch nicht in der Nase, aber er konnte nichts dran machen. Er hat schrecklich albern ausgesehen.»

«Geschieht ihm recht», sagte Frau Wurmwald, «warum hat er auch den Finger in die Nase gesteckt. Das ist eine häßliche Angewohnheit. Wenn alle Kinder Sekundenkleber an den Fingern hätten, würden sie bald damit aufhören.»

Matilda sagte: «Erwachsene tun das aber auch, Mami. Ich hab gestern in der Küche gesehen, wie du in der Nase gebohrt hast.»

«Das reicht jetzt», sagte Frau Wurmwald und lief rosa an.

Herr Wurmwald mußte seinen Hut während des

Abendessens vorm Fernsehapparat aufbehalten. Er sah lächerlich aus, und er verhielt sich ziemlich still.

Als er hinaufging, um schlafen zu gehen, versuchte er abermals, das Ding loszuwerden, und seine Frau versuchte es ebenfalls, aber der Hut dachte gar nicht daran, sich auch nur zu rühren. «Wie soll ich mich denn duschen?» fragte Herr Wurmwald.

«Das mußt du eben lassen, was denn sonst», sagte seine Frau. Und später, während sie ihren klapprigen kleinen Mann in seinem lilagestreiften Pyjama mit dem Pastetenhut auf dem Kopf trübselig durch das Schlafzimmer schleichen sah, fiel ihr auf, wie einfältig er aussah. Kaum einer von den Männern, von denen eine Ehefrau träumt, gestand sie sich ein. Herrn Wurmwald fiel jedoch auf, daß das Schlimmste an einem Dauerhut auf dem Kopf die Notwendigkeit war, damit schlafen zu müssen. Es war unmöglich, sich gemütlich aufs Kissen zu legen. «Gib endlich Ruhe», sagte seine Frau, nachdem er sich ungefähr eine Stunde lang hin und her geworfen hatte. «Morgen früh ist er sicher lose, und dann rutscht er dir ganz leicht ab.»

Nichts war am Morgen lose, und nichts rutschte ganz leicht ab. Deshalb nahm Frau Wurmwald eine Schere und schnitt ihm das Ding vom Schädel, Stück für Stück, zuerst den Deckel und dann die Krempe. Wo ihm das Schweißband an den Schläfen und am Hinterkopf festklebte, mußte sie ihm die Haare dicht über der Haut stutzen, so daß er zum Schluß mit einem kahlen weißen Kranz um den Kopf dasaß wie ein Mönch. Vorn jedoch, wo das Schweißband direkt auf der nackten Haut klebte, blieben eine ganze Reihe von kleinen Lederflecken haften, die sich nicht abwaschen ließen, so oft er es auch versuchte.

Beim Frühstück sagte Matilda zu ihm: «Du mußt wirklich versuchen, diese Flecken von deiner Stirn zu kriegen, Vati. Jetzt sieht das so aus, als ob lauter kleine braune Insekten auf dir herumkrabbeln. Die Leute werden denken, du hättest Läuse.»

«Still!» fuhr sie der Vater an. «Und halt deinen vorlauten Mund gefälligst geschlossen, verstanden!»

Alles in allem ein höchst befriedigendes Probeunternehmen. Aber es wäre sicher vermessen, sich jetzt schon der Hoffnung hinzugeben, der Vater hätte eine dauerhafte Lehre daraus gezogen.

Das Gespenst

Nach der Sache mit dem Schnellkleber herrschte bei den Wurmwalds ungefähr eine Woche lang ein gemäßigter Frieden. Diese Erfahrung hatte Herrn Wurmwald ganz offensichtlich einen Dämpfer verpaßt, und er schien vorübergehend seine Vorliebe fürs Angeben und Anschnauzen verloren zu haben.

Dann schlug er plötzlich wieder zu. Vielleicht hatte er einen schlechten Tag in der Werkstatt gehabt und nicht genug Rostlauben verkauft. Es gibt vielerlei Kleinigkeiten, die einen Mann nervös machen, wenn er abends von der Arbeit nach Hause kommt, und eine kluge Frau spürt meistens die Sturmsignale und läßt ihn in Ruhe, bis er nur noch leise blubbert.

Als Herr Wurmwald an diesem betreffenden Abend aus seiner Garage nach Hause kam, dräute sein Antlitz düster wie eine Gewitterwolke, und es war klar, daß es ziemlich bald jemandem an den Kragen gehen würde. Seine Frau erkannte die Alarmzeichen sofort und machte sich dünn. Er aber schlenderte ins Wohnzimmer. Dort hatte sich Matilda gerade in dem Lehnsessel in der Ecke eingerollt und war vollkommen in ein Buch versunken. Herr Wurmwald stellte den Fernsehapparat an. Der Bildschirm wurde hell. Die Sendung plärrte los. Herr Wurmwald starrte Matilda an. Sie hatte sich nicht einmal geregt. Sie hatte sich unterdessen angewöhnt, ihre Ohren vor dem Getöse der Glotze vollkommen zu versperren. Sie las also einfach weiter, und aus einem unerklärlichen Grunde versetzte das ihren Vater in helle Wut. Vielleicht nährte es seinen Ärger noch, daß er sah, wie sie aus etwas Vergnügen gewann, das seinen Horizont überstieg.

«Mußt du denn immerzu lesen?» fuhr er sie an.

«Oh, hallo Vati», sagte sie freundlich, «hast du einen guten Tag gehabt?»

«Was ist das denn für ein Mist?» fragte er und riß ihr das Buch aus den Händen.

«Das ist kein Mist, Vati, das ist schön. Es heißt ‹Der rote Pony› von John Steinbeck, einem amerikanischen Schriftsteller. Warum schaust du nicht einmal hinein, es würde dir gefallen.»

«Dreck», sagte Herr Wurmwald. «Wenn es von einem Ami stammt, ist es ganz bestimmt Dreck. Über was anderes schreiben die gar nicht.»

«Nein, Vati, es ist schön, ganz ehrlich. Es handelt von...»

«Ich will nicht wissen, wovon es handelt», bellte Herr Wurmwald. «Deine ewige Leserei geht mir sowieso schon auf den Wecker. Such dir doch endlich eine nützliche Beschäftigung.» Damit begann er plötzlich in rasender Geschwindigkeit, die Seiten, immer eine ganze Handvoll auf einmal, aus dem Buch zu reißen und sie in den Papierkorb zu schmeißen.

Matilda erstarrte vor Schreck. Der Vater wütete weiter, ganz ohne Frage von einer unbestimmten Eifersucht getrieben. Wie konnte sie es wagen, schien er bei jedem Rausriß einer Seite zu fragen, wie konnte sie es wagen, sich beim Bücherlesen zu amüsieren, wenn er nicht dazu imstande war? Wie konnte sie es nur wagen?

«Das ist ein *Bücherei*buch!» schrie Matilda. «Es gehört mir nicht. Ich muß es Frau Phelps zurückgeben!»

«Dann wirst du ein neues kaufen müssen, nicht wahr?» entgegnete der Vater und riß und riß die Seiten raus. «Du wirst dein Taschengeld aufheben müssen, bis du genug in der Sparbüchse hast, um deiner kostbaren Frau Phelps ein neues zu kaufen, nicht wahr?» Damit ließ er den unterdessen leeren Einband des Buches in den Papierkorb fallen und marschierte aus dem Zimmer, in dem der Fernsehapparat weiter lärmte.

Die meisten Kinder wären jetzt an Matildas Stelle in wahre Tränenschauer ausgebrochen. Sie dachte jedoch gar nicht daran. Sie saß vollkommen reglos und blaß und nachdenklich da. Sie schien genau zu begreifen, daß ihr weder Trotz noch Geheul etwas einbrachten. Die einzige vernünftige Reaktion auf einen Angriff ist, wie Napoleon einmal sagte, zurückzuschlagen. Matildas wunderbar wendiger Geist war schon damit beschäftigt, eine neue passende Bestrafung für dieses gemeingefährliche Elternteil zu entwerfen. Der Plan, den sie jetzt in ihrem Kopf auszubrüten begann, hing nur von der Frage ab, ob Freds Papagei tatsächlich so perfekt sprechen konnte, wie Fred behauptete.

Fred war Matildas Freund. Er war ein kleiner Junge von sechs Jahren, der eben um die Ecke wohnte, und seit Tagen hatte er von nichts anderem als von diesem großen sprechenden Papagei geredet, den ihm sein Vater geschenkt hatte. Sowie also Frau Wurmwald am kommenden Nachmittag mit ihrem Wagen zur nächsten Bingorunde verschwunden war, brach auch Matilda auf, um in Freds Haus die Lage zu klären. Sie klopfte an seine Tür und fragte, ob er so gut sein und ihr den berühmten Vogel zeigen könne. Fred war entzückt und führte sie hinauf in sein Schlafzimmer, wo ein wirklich prachtvoller blau-gelber Papagei in einem großen Käfig saß.

«Das ist er», verkündete Fred, «er heißt Hacker.»

«Laß ihn sprechen», sagte Matilda.

«Man kann ihn nicht sprechen lassen», entgegnete Fred, «man muß geduldig sein. Er redet, wenn er Lust dazu hat.»

Sie hingen also herum und warteten. Plötzlich sagte der Papagei: «Hallo, hallo, hallo!» Es klang genau wie eine Menschenstimme. Matilda sagte: «Das ist erstaunlich. Was kann er noch sagen?»

«Da klappern mir die Knochen!» sagte der Papagei, wobei er ganz schauerlich eine Geisterstimme nachahmte. «Da klappern mir die Knochen!»

«Das sagt er immer», erklärte Fred.

«Was kann er noch sagen?» erkundigte sich Matilda.

«Das wär's eigentlich», antwortete Fred, «aber das ist doch doll, findest du nicht?»

«Das ist fabelhaft», sagte Matilda. «Kannst du ihn mir für eine einzige Nacht leihen?»

«Nein», entgegnete Fred, «ganz ausgeschlossen.»

«Für mein Taschengeld von nächster Woche», sagte Matilda.

Das klang schon anders. Fred dachte ein paar Sekunden darüber nach. «Na, also gut», sagte er, «wenn du mir versprichst, daß du ihn morgen zurückbringst.»

Matilda wankte, den großen Käfig mit beiden Armen umklammernd, zu ihrem eigenen leeren Haus zurück. Im Eßzimmer gab es einen großen Kamin, und sie schickte sich jetzt an, den Käfig in die Esse hinaufzustemmen, so daß man ihn nicht mehr sehen konnte. Das war nicht ganz einfach, aber schließlich schaffte sie es. «Hallo, hallo, hallo!» kreischte der Vogel zu ihr hinunter. «Hallo!»

«Halt den Schnabel, du Idiot!» sagte Matilda, und dann ging sie hinaus, um sich den Ruß von den Händen zu waschen.

Während an diesem Abend die Mutter, der Vater, der Bruder und Matilda wie üblich im Wohnzimmer vor dem Fernsehapparat zu Abend aßen, klang eine Stimme laut und klar aus dem Eßzimmer jenseits der Halle. «Hallo, hallo, hallo!» sagte sie.

«Harry!» rief die Mutter und wurde schneeweiß. «Es ist jemand im Haus! Ich hab eine Stimme gehört!»

«Ich auch!» sagte der Bruder. Matilda sprang auf und schaltete den Fernsehapparat aus. «Pst!» machte sie. «Hört doch!»

Sie hörten alle auf zu essen und saßen gebannt und mit gespitzten Ohren da.

«Hallo, hallo, hallo!» erklang die Stimme abermals.

«Da, wieder!» rief der Bruder.

«Das sind Einbrecher!» zischte die Mutter. «Sie sind im Eßzimmer!» – «Das denk ich auch», sagte der Vater, der still und starr dasaß.

«Dann geh doch hin und fang sie, Harry!» drängte die Mutter. «Lauf rüber und ertappe sie auf frischer Tat!»

Der Vater rührte sich nicht. Er schien sich keineswegs beeilen und hinüberstürzen und ein Held sein zu wollen. Sein Gesicht hatte eine graue Farbe angenommen.

«Mach doch, los!» zischte die Mutter. «Sie wollen wahrscheinlich das Silber stehlen!»

Der Ehemann wischte sich nervös mit der Serviette über den Mund. «Warum gehen wir nicht alle hinüber und schauen nach?» fragte er.

«Na, dann los», sagte der Bruder. «Los, Mami.»

«Sie sind totensicher im Eßzimmer», wisperte Matilda.

Die Mutter packte den Schürhaken vom Kamin. Der Vater griff nach einem Golfschläger, der in einer Ecke lehnte. Der Bruder schnappte sich die Tischlampe und riß den Stecker aus der Wand. Matilda nahm das Messer, mit dem sie gegessen hatte, und so schlichen sich die vier zur Tür des Eßzimmers, wobei sich der Vater gehörig hinter den anderen hielt.

«Hallo, hallo, hallo!» erklang die Stimme wieder.

«Los!» schrie Matilda und stürmte in das Zimmer, wobei sie mit ihrem Messer in der Luft herumfuchtelte. «Hände hoch!» schrie sie. «Wir haben euch erwischt!»

Die anderen folgten ihr und schwangen ihre Waffen. Dann hielten sie inne. Sie starrten in alle Ecken. Niemand war da.

«Hier ist keiner», stellte der Vater sehr erleichtert fest.

«Ich hab ihn aber gehört, Harry!» schrie die Mutter, die immer noch am ganzen Leibe zitterte. «Ich hab doch seine Stimme gehört! Ganz genau! Und du auch!»

«Sicher, ich hab ihn gehört!» rief Matilda. «Er muß hier noch irgendwo sein!» Sie begann hinter dem Sofa und hinter den Gardinen rumzustöbern.

Dann erklang die Stimme noch einmal, diesmal ganz weich und geisterhaft. «Da klappern mir die Knochen», sagte sie. «Da klappern mir die Knochen.»

Sie zuckten alle zusammen, auch Matilda, die eine recht gute Schauspielerin war. Sie suchten den ganzen Raum mit den Augen ab. Immer noch war keiner da.

«Das ist ein Gespenst», sagte Matilda.

«Der Himmel steh uns bei!» kreischte die Mutter und klammerte sich am Hals ihres Mannes fest.

«Ich weiß genau, daß es ein Gespenst ist!» sagte Matilda. «Ich hab es hier schon mal gehört. Das ist ein Gespensterzimmer. Ich dachte, ihr hättet das gewußt.»

«Hilf Himmel!» schrie die Mutter und erdrosselte fast ihren Gatten.

«Ich will hier raus», sagte der Vater, aschgrauer denn je. Sie stürzten in wilder Flucht hinaus und schlugen die Tür hinter sich zu.

Am nächsten Nachmittag gelang es Matilda, einen ziemlich verrußten und mürrischen Papagei wieder aus dem Kamin zu zerren und ungesehen aus dem Haus zu schaffen. Sie schleppte ihn durch die Hintertür und rannte mit ihm die ganze Strecke bis zu Freds Haus.

«Hat er sich gut benommen?» fragte Fred.

«Es war eine reizende Visite», antwortete Matilda, «meine Eltern waren ganz hin.»

Arithmetik

Matilda wünschte sich sehnlichst, daß ihre Eltern gütig und liebevoll und verständnisvoll und ehrenwert und intelligent wären. Die Tatsache, daß sie keine von diesen Eigenschaften besaßen, machte ihr schwer zu schaffen. Es fiel ihr nicht leicht, sich damit abzufinden. Aber das neue Spiel, das sie sich ausgedacht hatte, um einen oder beide jedesmal zu bestrafen, wenn sie gemein zu ihr gewesen waren, machte ihr das Leben mehr oder weniger erträglich.

Weil sie noch sehr klein und sehr jung war, bestand die einzige Macht, die Matilda in ihrer Familie ausüben konnte, in der ihres Geistes. Mit Hilfe schierer Schlauheit konnte sie die Puppen tanzen lassen. Aber trotzdem war nicht an der Tatsache zu rütteln, daß jedes fünfjährige Mädchen in jeder Familie gehorchen und das tun muß, was ihr die anderen sagen, wie idiotisch diese Anordnungen auch sein mögen. So war sie immer gezwungen, ihr Abendbrot von Fernsehtellern aus Aluminium vor der Glotze zu verzehren. An Wochentagen mußte sie nachmittags immer allein bleiben, und wenn ihr jemand befahl, den Mund zu halten, so mußte sie schweigen.

Vor der Verlockung, sich aufzugeben, rettete sie nur das Vergnügen, das sie empfand, wenn sie sich diese herrlichen Strafen ausdachte und austeilte, und das Schönste war, daß sie zu wirken schienen. Wenigstens für kurze Zeit. Besonders der Vater führte sich nach einer Portion von Matildas Wundermedizin ein paar Tage lang sehr viel weniger aufgeblasen und unerträglich auf.

Die Geschichte mit dem Papagei im Kamin hatte ganz entschieden beide Eltern abgekühlt, und über eine Woche lang behandelten sie ihre kleine Tochter verhältnismäßig normal. Aber ach, das war nicht von Dauer. Der nächste Ausbruch erfolgte eines Abends im Wohnzimmer. Herr Wurmwald war gerade von der Arbeit heimgekehrt. Matilda und ihr Bruder saßen gemütlich im Sofa und warteten darauf, daß die Mutter die TV-Mahlzeiten auf einem Tablett hereinbrachte. Die Glotze lief noch nicht.

Herein trat Herr Wurmwald in seinem grellkarierten Anzug mit einer gelben Krawatte. Die auffallend breiten orange und grünen Karos des Jacketts und der Hosen blendeten den Betrachter fast. Herr Wurmwald sah wie ein letztklassiger Buchmacher aus, der sich für die Hochzeit seiner Tochter feingemacht hat, und an diesem Abend platzte er fast vor Selbstgefälligkeit. Er setzte sich in einen Sessel, rieb sich die Hände und redete seinen Sohn mit erhobener Stimme an. «Also, mein Junge», sagte er, «dein Vater hat einen höchst erfolgreichen Tag hinter sich. Heute abend ist er ein gutes Stück reicher, als er heute früh war. Er hat nicht weniger als fünf Autos verkauft, jedes mit einem sauberen Profit. Sägemehl im Getriebe, Bohrmaschine am Kilometerkabel, hie und da ein Klacks Farbe und noch ein paar schlaue kleine Tricks, und schon drängeln sich die Idioten an der Kasse.»

Er zog ein Stück Papier aus der Tasche und studierte es. «Hör zu, Junge», sagte er, indem er sich nur an den Sohn wandte und Matilda übersah, «da du ja eines Tages den Laden zusammen mit mir führen wirst, mußt du allmählich lernen, wie man sich am Ende jeden Tages den Verdienst ausrechnet. Hol dir mal einen Block und einen Bleistift, dann wollen wir mal sehen, wieviel Grips du schon hast.»

Der Sohn lief gehorsam aus dem Zimmer und kam mit den Schreibsachen zurück.

«Notier dir diese folgenden Zahlen», sagte der Vater, der sie von seinem Zettel ablas. «Wagen Nummer eins ist von mir für zweihundertachtundsiebzig Pfund gekauft und für eintausendvierhundertundfünfundzwanzig verkauft worden. Hast du das?» Der zehnjährige Junge schrieb die beiden Summen langsam und sorgfältig auf.

«Wagen Nummer zwei», fuhr der Vater fort, «hat mich einhundertachtzig Pfund gekostet und ist für siebenhundertundsechzig weggegangen. Hast du das?»

«Ja, Vati», antwortete der Sohn, »ich hab's.»

«Wagen Nummer drei hat einhundertundelf Pfund gekostet und ist für neunhundertundneunundneunzig Pfund und fünfzig Pence verkauft worden.»

«Sag das noch mal», bat der Sohn, «für wieviel hast du ihn verkauft?»

«Neunhundertundneunundneunzig Pfund und fünfzig Pence», wiederholte der Vater, «das ist übrigens noch einer von meinen netten kleinen Tricks, mit denen ich die Kunden reinlege. Nie eine fette runde Summe verlangen. Immer grade drunter bleiben. Niemals eintausend Pfund aussprechen, immer nur sagen neunhundertundneunundneunzigfünfzig. Es klingt nach viel weniger, was aber nicht stimmt. Gerissen, was?»

«Toll», sagte der Sohn, «du bist klug, Vati.»

«Wagen Nummer vier hat sechsundachtzig Pfund gekostet – war ein wahres Wrack – und ist für sechshundertundneunundneunzig Pfund fünfzig verkauft worden.»

«Nicht so schnell», sagte der Sohn, während er sich die Zahlen aufschrieb. «So, jetzt hab ich's.»

«Wagen Nummer fünf hat sechshundertundsiebenunddreißig Pfund gekostet und ist für sechzehnhundertundneunundvierzigfünfzig verkauft worden. Hast du jetzt all diese Zahlen aufgeschrieben, Sohn?»

«Ja, Vati», erwiderte der Sohn, der sich über seinen Block beugte und bedächtig schrieb.

«Sehr gut», fuhr der Vater fort, «jetzt rechne dir den Profit aus, den ich bei jedem der fünf Wagen gemacht habe, und addier dann die Gesamtsumme. Dann kannst du mir nämlich sagen, wieviel Geld dein ziemlich kluger Vater heute insgesamt zusammengescharrt hat.»

«Das ist aber eine ganze Masse», bemerkte der Junge.

«Natürlich ist das eine ganze Masse», antwortete der Vater, «aber wenn du so groß im Geschäft bist wie ich, dann mußt du auch flink in Arithmetik sein. Ich hab praktisch einen Computer in meinem Kopf. Ich hab nicht mal zehn Minuten gebraucht, um das alles auszurechnen.»

«Willst du damit sagen, daß du es im Kopf ausgerechnet hast, Vati?» fragte der Sohn und riß die Augen auf.

«Na, nicht ganz», sagte der Vater, «das schafft keiner. Aber lange hab ich nicht gebraucht. Wenn du fertig bist, dann sag mir, was ich deiner Meinung nach heute verdient habe. Ich hab die Endsumme hier aufgeschrieben, und ich werd dir sagen, ob du richtig gerechnet hast.»

Matilda sagte ruhig: «Vati, du hast genau insgesamt viertausenddreihundertunddrei Pfund und fünfzig Pence verdient.»

«Misch dich nicht ein», sagte der Vater, «dein Bruder und ich sind mit der Hochfinanz beschäftigt.»

«Aber Vati ... »

«Halt die Klappe», sagte der Vater, «hör auf, rumzuraten und dich aufzuspielen.»

«Schau doch auf deinen Zettel, Vati», sagte Matilda sanft, «wenn du richtig gerechnet hast, müßte da stehen: viertausenddreihundertunddrei Pfund und fünfzig Pence. Hast du das auch rausgekriegt, Vati?»

Der Vater warf einen Blick auf den Zettel in seiner Hand. Er schien zu erstarren. Er wurde ganz still. Tiefes Schweigen herrschte. Dann sagte er: «Wiederhol das noch einmal.»

«Viertausenddreihundertunddrei Pfund fünfzig», sagte Matilda.

Abermals ein tiefes Schweigen. Das Gesicht des Vaters begann dunkelrot anzulaufen.

«Ich bin sicher, daß es stimmt», sagte Matilda.

«Du – du kleine Schwindlerin!» schrie der Vater plötzlich und zeigte mit dem Finger auf sie. «Du hast auf meinen Zettel geguckt! Du hast das abgelesen, was ich mir hier aufgeschrieben habe!»

«Vati, ich bin in der anderen Hälfte des Zimmers», sagte Matilda, «wie hätte ich das denn sehen können?»

«Red dich jetzt nicht raus!» rief der Vater. «Natürlich hast du geguckt. Du mußt geguckt haben. Kein Mensch auf der Welt könnte das einfach so ausrechnen, besonders kein Mädchen. Du bist eine kleine Betrügerin, meine Dame, das will ich dir mal sagen! Ja, das kannst du – lügen und betrügen!»

In diesem Augenblick trat die Mutter ein, die ein großes Tablett mit den vier Abendessen trug. Diesmal waren es Fisch und Kartoffelchips, die Frau Wurmwald auf dem Heimweg vom Bingo im Fisch- und Chip-Laden gekauft hatte. Die Bingonachmittage schienen sie körperlich und seelisch so zu erschöpfen, daß sie keine Kraft mehr hatte, ein Abendessen zu kochen. Wenn es also keine TV-Mahlzeiten gab, dann Fisch und Kartoffelchips.

«Warum hast du denn so ein rotes Gesicht, Harry?» fragte sie, während sie das Tablett auf dem Couchtisch absetzte.

«Deine Tochter lügt und betrügt», sagte der Vater, nahm sich seinen Teller mit Fisch und stellte ihn auf die Knie. «Schalte den Apparat an und hör auf mit dem Geschwatze.»

Der wasserstoffblonde Mann

Nach Matildas Meinung gab es gar keinen Zweifel daran, daß ihr Vater für seine jüngste Gemeinheit streng bestraft werden mußte, und während sie dasaß und ihren gräßlichen Fisch mit den Kartoffelchips futterte und dabei Augen und Ohren vorm Fernsehen verschloß, begann ihr Verstand, die verschiedenen Möglichkeiten durchzuspielen. Als es dann für sie Zeit war, ins Bett zu gehen, war sie zu einem Entschluß gekommen.

Am nächsten Morgen stand sie frühzeitig auf, ging ins Badezimmer und verschloß die Tür. Wie wir ja schon wissen, waren Frau Wurmwalds Haare leuchtend blond gefärbt, fast genauso glitzernd und silbrig wie das Kostüm einer Seiltänzerin im Zirkus. Das richtige Haarfärben fand zweimal im Jahr beim Friseur statt, aber Frau Wurmwald pflegte in der Zwischenzeit ungefähr alle vier

Wochen einmal die Farbe aufzufrischen, indem sie sich die Haare im Waschbecken mit etwas spülte, das ‹Gold-blonde Haarfarbe, extra stark› hieß. Diese Prozedur diente dazu, die häßlichen nachwachsenden braunen Haaransätze zu bleichen. Die Flasche mit der goldblon-den Haarfarbe, extra stark, wurde im Badezimmer auf-bewahrt, und auf dem Etikett stand unterhalb der Be-zeichnung: *Achtung! Enthält Wasserstoffsuperoxyd. Von Kindern fernhalten.* Das hatte Matilda schon oft und fas-ziniert gelesen.

Matildas Vater besaß einen kräftigen Haarwuchs und scheitelte sich die schwarzen Haare, auf die er sehr stolz war, genau in der Mitte. «Gute feste Haare», sagte er gern, «das bedeutet, daß darunter ein guter fester Ver-stand steckt.»

«Wie bei Shakespeare», hatte Matilda einmal darauf erwidert.

«Wie wer?»

«Shakespeare, Vati.»

«War der gescheit?»

«Sehr, Vati.»

«Und hatte den ganzen Kopf voller Haare, was?»

«Er war kahl, Vati.»

Daraufhin hatte sie der Vater angefahren: «Wenn du nichts Vernünftiges zu sagen hast, dann halt die Klappe.»

Herr Wurmwald tat jedenfalls einiges dafür, um sich die Haare so stark und kräftig zu erhalten, oder bildete es sich ein, indem er sich jeden Morgen eine kräftige Portion Haarwasser namens Veilchenöl-Haartonikum einmas-sierte. Eine Flasche dieser duftenden purpurnen Mischung stand immer auf dem Ablagebrett überm Waschbecken im

Badezimmer, neben all den Zahnbürsten, und jeden Morgen nach dem Rasieren fand eine wilde Schädelrubbelei statt. Diese Haar- und Kopfmassage wurde stets von lauten männlichen Grunzern begleitet, von schwerem Atmen und von lautem Keuchen: «Ah, das ist besser! Das ist richtig! Kräftig rein damit, bis in die Wurzeln!», was Matilda in ihrem Schlafzimmer auf der anderen Seite des Korridors noch deutlich hören konnte.

Nun schraubte Matilda in der Verschwiegenheit des frühen Morgens im Badezimmer die Kappe von ihres Vaters Veilchenöl und kippte drei Viertel des Inhalts in den Ausguß. Dann füllte sie die Flasche wieder mit der ‹Goldblonden Haarfarbe, extra stark› von ihrer Mutter auf. Sie hatte klugerweise genug Haarwasser in der Flasche ihres Vaters gelassen, so daß es immer noch einigermaßen purpurn aussah, nachdem sie das Ganze tüchtig geschüttelt hatte. Dann stellte sie die Flasche wieder auf die Ablage über dem Waschbecken und vergaß auch nicht, die Flasche ihrer Mutter in das Badezimmerschränkchen zurückzustellen. So weit, so gut.

Beim Frühstück saß Matilda ruhig am Eßtisch und aß ihre Getreideflocken. Ihr Bruder saß ihr mit dem Rücken zur Tür gegenüber und verdrückte dicke Brotschnitten, die mit einer Mischung aus Erdnußbutter und Erdbeermarmelade bestrichen waren. Die Mutter war im Augenblick nicht zu sehen, weil sie nebenan in der Küche stand und das Frühstück für Herrn Wurmwald zubereitete, das stets aus zwei Spiegeleiern auf geröstetem Brot mit drei Schweinswürstchen, drei Scheiben Speck und ein paar gebratenen Tomaten bestand.

In diesem Augenblick betrat Herr Wurmwald geräusch-

voll das Zimmer. Er hätte keinen Raum leise betreten können, besonders nicht zum Frühstück. Er mußte stets mit
Getöse und Getön in Erscheinung treten, und man hörte
ihn fast sagen: ‹Ich bin's! Hier komme ich, der große Meister in eigener Person. Der Herr des Hauses, der Geldver-
diener, derjenige, dem ihr es alle verdankt, daß ihr so herrlich und in Freuden leben könnt! Nehmt mich wahr und
betet mich an!›

An diesem besonderen Tag trat er auf, schlug seinem
Sohn auf den Rücken und rief: «Also, mein Junge, dein
Vater hat das Gefühl, daß ihm heute wieder ein schöner
Tag zum Geldverdienen in der Garage bevorsteht! Ich hab
ein paar kleine Schmuckstücke, die ich den Idioten heute
früh noch unterjubeln werde. Wo bleibt mein Frühstück?»

«Kommt schon, mein Schatz», rief Frau Wurmwald
aus der Küche.

Matilda hielt den Kopf über ihre Getreideflocken ge-
beugt. Sie wagte nicht aufzuschauen. Erstens wußte sie
nicht genau, was sie zu sehen bekommen würde. Und
wenn sie zweitens das, was sie zu sehen hoffte, wahrhaftig
sah, dann wußte sie nicht, ob sie sich auf ihre unbewegte
Miene verlassen konnte. Der Sohn starrte geradewegs aus
dem Fenster und stopfte sich mit Erdnußbutterbrot und
Erdbeermarmelade voll.

Der Vater war gerade im Begriff, sich auf seinen Platz
am Ende des Tisches zu setzen, als die Mutter aus der Küche mit einem Teller angefegt kam, der hoch mit Spiegeleiern und Würstchen und Speck und Tomaten beladen
war. Sie schaute auf. Sie erblickte ihren Gatten. Sie erstarrte. Sie stieß einen Schrei aus, der sie senkrecht in die

Luft zu katapultieren schien, und sie ließ den Teller mit Krach und Klirren auf den Boden fallen. Alle sprangen auf, auch Herr Wurmwald.

«Was zum Teufel ist denn mit dir los, Frau?» schrie er. «Schau dir an, was du für eine Schweinerei auf dem Teppich gemacht hast?»

«Deine Haare!» schrie die Mutter und deutete mit bebendem Zeigefinger auf ihren Mann. «Schau dir deine Haare an! Was hast du mit deinen Haaren gemacht?»

«Was ist denn um des Himmels willen mit meinen Haaren los?» fragte er.

«O mein Gott, Vati, was hast du mit deinem Haar gemacht!» rief der Sohn.

Im Frühstückszimmer begann sich die herrlichste Keiferei zu entwickeln.

Matilda sagte gar nichts. Sie saß nur da und bewunderte die prachtvolle Wirkung ihrer eigenen Geschicklichkeit. Der dichte schwarze Haarschopf von Herrn Wurmwald sah jetzt schmutzig silbern aus, diesmal wie das Kostüm einer Seiltänzerin, die es seit Anfang der Zirkussaison nicht gewaschen hat. «Du hast ... Du hast ... Du hast es gefärbt!» keuchte die Mutter. «Warum hast du denn das gemacht, du Idiot! Es sieht einfach gräßlich aus! Ekelhaft! Du siehst aus wie eine Mißgeburt!»

«Zum Donnerwetter, von was redet ihr denn?» brüllte der Vater und fuhr sich mit beiden Händen in die Haare. «Ich hab sie mir ganz bestimmt nicht gefärbt. Was soll das heißen, ich hätt sie mir gefärbt? Was ist denn damit passiert? Oder ist das ein übler Scherz?» Sein Gesicht nahm allmählich eine hellgrüne Farbe an, genau wie unreife, saure Äpfel.

47

«Du mußt es dir gefärbt haben, Vati», sagte der Sohn, «es hat jetzt genauso eine Farbe wie Mamis, nur, es sieht viel dreckiger aus.»

«Natürlich hat er's gefärbt!» schrie die Mutter. «Haare kriegen nicht von ganz alleine eine andere Farbe. Was um des Himmels willen hast du bloß damit beabsichtigt, wolltest du schöner aussehen oder was? Jetzt siehst du aus wie irgendwessen Großmutter, die den Verstand verloren hat!»

«Her mit einem Spiegel!» heulte der Vater. «Steht hier nicht rum und schreit mich an! Bringt mir einen Spiegel!»

Die Handtasche der Mutter lag auf dem Stuhl am anderen Ende des Tisches. Sie klappte die Handtasche auf und holte eine Puderdose heraus, die innen im Deckel einen kleinen Spiegel hatte. Sie machte die Puderdose auf und reichte sie ihrem Mann. Er griff danach und hielt sie sich vors Gesicht und verschüttete dabei den halben Puder, der vorn auf seine knallbunte Tweedjacke rieselte.

«Paß doch auf!» kreischte die Mutter. «Jetzt sieh doch nur, was du wieder angestellt hast! Das ist mein bester Elizabeth Arden-Gesichtspuder!»

«Allmächtiger!» heulte der Vater und starrte in den kleinen Spiegel. «Was ist denn mit mir passiert! Ich sehe ja schrecklich aus! Genauso, als ob es bei dir schiefgegangen wäre. So kann ich nicht in den Betrieb. So kann ich keine Autos verkaufen! Wie konnte das nur passieren?» Er starrte in die Runde, richtete den Blick zuerst auf die Mutter, dann auf den Sohn, schließlich auf Matilda. «Wie konnte das nur passieren?» rief er.

«Ich könnte mir denken, Vati», antwortete Matilda ruhig, «daß du nicht genau hingeschaut hast und einfach

48

Mamis Flasche mit dem Haarzeugs vom Regal genommen hast, statt deine eigene.»

«Ja natürlich, so muß es gewesen sein!» stöhnte die Mutter. «Also wirklich, Harry, wie kann man nur so blöd sein? Man muß sich doch das Etikett anschauen, eh man sich so was eimerweise auf den Kopf schüttet! Meins wirkt außergewöhnlich kräftig. Ich soll nur einen einzigen Eßlöffel davon in ein ganzes Waschbecken voll Wasser geben, und du schüttest dir alles direkt auf den Schädel! Paß nur auf, wahrscheinlich gehen dir jetzt alle Haare aus. Spürst du schon ein Brennen auf dem Kopf, Liebling?»

«Glaubst du, daß ich meine ganzen Haare verliere?»

«Sicher», antwortete die Mutter, «Wasserstoffsuperoxyd ist eine sehr starke Chemikalie. So was gießt man auch ins Klo, um den Abfluß zu desinfizieren, nur da wird es anders genannt.»

«Was sagst du denn da!» schrie der Ehemann. «Ich bin doch kein Klobecken! Ich muß nicht desinfiziert werden!»

«Selbst so verdünnt, wie ich es benutze», fuhr die Mutter fort, «gehen mir davon eine Masse Haare aus. Weiß also der Himmel, was mit dir passieren wird. Ich würd mich nicht wundern, wenn dir der halbe Kopf abgeht.»

«Was soll ich denn machen?» heulte der Vater. «Schnell, sag's mir, ehe es anfängt auszufallen.»

Matilda sagte: «Ich würd's tüchtig waschen, Vati, wenn ich du wäre, mit Wasser und Seife. Aber beeilen mußt du dich.»

«Wird dann die Farbe wieder zurückkommen?» fragte der Vater ängstlich.

«Natürlich nicht, du Dummkopf», sagte die Mutter.

«Was soll ich denn dann machen? Ich kann doch nicht ewig so rumlaufen!»

«Du mußt es wieder schwarz färben», sagte die Mutter, «aber zuerst wasch es lieber mal, sonst bleibt nichts mehr zum Färben übrig.»

«Also gut!» rief der Vater und ergriff wieder die Initiative. «Melde mich sofort bei deinem Friseur zum Haarfärben an! Sag ihnen, daß es sich um einen Notfall handelt! Sollen sie eben irgend jemanden von ihren Anmeldungen streichen. Ich geh jetzt rauf und wasch mir die Haare!» Damit stürzte der Mann aus dem Zimmer, und Frau Wurmwald begab sich mit tiefem Seufzen zum Telefon, um in ihrem Schönheitsinstitut anzurufen.

«Er macht in letzter Zeit wirklich komische Sachen, findest du nicht auch, Mami?» fragte Matilda.

Die Mutter antwortete, während sie die Telefonnummer wählte: «Ach weißt du, Männer sind nicht immer so gescheit, wie sie sich einbilden. Das wirst du schon noch lernen, wenn du ein bißchen älter bist, mein Mädelchen.»

Fräulein Honig

Matilda war verhältnismäßig spät in die Schule gekommen. Die meisten Kinder wurden mit fünf oder noch jünger in die Vorschule gebracht, aber Matildas Eltern kümmerten sich in keiner Weise um die Erziehung ihrer Tochter und hatten einfach vergessen, rechtzeitig die entsprechenden Schritte zu unternehmen. Sie war fünf und ein halbes Jahr alt, als sie zum erstenmal die Schule betrat.

Die örtliche Grundschule befand sich in einem düsteren Backsteinbau und hieß Mahlheim Hall. Sie hatte zweihundertfünfzig Schüler und Schülerinnen im Alter von fünf bis knapp zwölf Jahren. Die Schulleiterin, die Chefin, die oberste Befehlshaberin dieses Instituts war eine stattliche Dame mittleren Alters, die Fräulein Knüppelkuh hieß.

Matilda kam natürlich in die unterste Klasse, in der achtzehn andere kleine Jungen und Mädchen etwa in ihrem Alter waren. Ihre Lehrerin hieß Fräulein Honig, und sie konnte nicht älter als dreiundzwanzig oder vierundzwanzig sein. Sie hatte ein liebliches blasses, ovales Madonnengesicht mit blauen Augen und hellbraune Haare. Sie war so schlank und zerbrechlich, daß man das Gefühl bekam, wenn sie hinfiele, müßte sie in tausend Stücke zerspringen, wie eine Porzellanfigur.

Fräulein Florentine Honig war eine freundliche und ruhige Person, die niemals die Stimme erhob und die man selten lächeln sah. Aber zweifelsohne besaß sie die seltene Gabe, von jedem der Kinder, die ihrer Obhut anvertraut waren, angebetet zu werden. Sie schien vollkommen die Verwirrung und die Angst zu verstehen, die Kinder so oft überfällt, wenn sie das erste Mal im Leben in einen Klassenraum gepfercht werden und gehorchen müssen. Irgendeine seltsame Wärme, die man fast spüren konnte, leuchtete aus Fräulein Honigs Gesicht, wenn sie mit einem verwirrten Neuankömmling in der Klasse sprach, der schon Heimweh hatte.

Fräulein Knüppelkuh, die Schulleiterin, war vollkommen anders. Sie war ein Riesenweib, ein heiliger Schrekken, ein wildes tyrannisches Ungeheuer, das Kinder und Lehrer gleichermaßen in Panik versetzte. Selbst aus der

Entfernung hatte sie etwas Drohendes, und wenn sie einem dicht auf den Leib rückte, konnte man ihre gefährliche Hitze so wahrnehmen, als ob sie ein Stück glühendes Eisen wäre. Wenn sie marschierte – Fräulein Knüppelkuh ging niemals, sondern marschierte immer wie eine Sturmtruppe mit langen Schritten und schwingenden Armen –, wenn sie also einen Korridor entlangmarschierte, konnte man sie tatsächlich bei jedem Schritt schnauben hören, und wenn ihr einmal eine Kinderschar im Wege war, pflügte sie sich querbeet durch wie ein Panzer, so daß die Kleinen nach rechts und links zur Seite spritzten. Gott sei Dank stoßen wir auf dieser Welt auf nicht allzu viele ihresgleichen, aber es gibt sie, sie existieren, und keinem von uns wird es erspart, mindestens einmal im Leben auf so eine Person zu stoßen. In diesem Fall kann ich euch nur raten, genauso zu verfahren, als ob ihr im Busch einem wütenden Rhinozeros begegnet – rennt zum nächsten Baum, klettert rauf und bleibt dort, bis es weg ist. Es ist fast unmöglich, dieses Weib samt all seinen Verrücktheiten zu beschreiben, aber ich werde später noch einmal den schwachen Versuch dazu machen. Jetzt wollen wir sie für einen Augenblick in Ruhe lassen und zu Matilda zurückkehren und zu ihrem ersten Tag in Fräulein Honigs Klasse.

Nachdem Fräulein Honig wie üblich die Namen aller Kinder vorgelesen hatte, teilte sie funkelnagelneue Übungshefte aus. «Ich hoffe, ihr habt alle eure eigenen Bleistifte mitgebracht», sagte sie.

«Ja, Fräulein Honig», antworteten sie im Chor.

«Gut. Dies ist also euer erster Schultag. Er ist der Anfang von mindestens elf langen Jahren des Lernens, die ihr hinter euch bringen müßt. Und sechs von diesen Jahren werdet ihr in Mahlheim Hall verbringen, wo, wir ihr ja wißt, Fräulein Knüppelkuh eure Rektorin ist. Ich möchte euch zu eurem eigenen Nutzen etwas zu Fräulein Knüppelkuh sagen. Sie besteht darauf, daß an der ganzen Schule strengste Disziplin herrscht, und wenn ich euch einen Rat geben darf, so wäre es nur zu eurem Besten, wenn ihr euch in ihrer Gegenwart mustergültig benehmt. Kein Trotz. Niemals widersprechen. Immer parieren. Wenn ihr Fräulein Knüppelkuh gegen euch aufbringt, dann kann sie euch wie eine Mohrrübe durchs Schnitzelwerk treiben. Da gibt's gar nichts zu lachen, Lavendel. Auch nichts zu grinsen. Ihr solltet euch alle miteinander hinter die Ohren schreiben, daß Fräulein Knüppelkuh mit jedem, der aus der Reihe tanzt, sehr, sehr streng verfahren wird. Habt ihr das verstanden?»

«Ja, Fräulein Honig», zirpten achtzehn eifrige kleine Stimmen.

«Ich selber», fuhr Fräulein Honig fort, «möchte euch soviel wie möglich beibringen, solange ihr in meiner Klasse seid. Ich weiß nämlich, daß das für euch die Dinge später leichter machen wird. Ich erwarte zum Beispiel, daß jeder bis zum Wochenende das Einmalzwei auswendig lernt. In einem Jahr könnt ihr dann hoffentlich das ganze Einmaleins bis zum Einmalzwölf. Wenn ihr das schafft, wird es euch ganz ungeheuer weiterbringen. Also, hat einer von euch zufällig schon das Einmalzwei gelernt?»

Matilda meldete sich. Sie war die einzige.

Fräulein Honig betrachtete eingehend das kleine Mädchen mit den dunklen Haaren und dem runden Gesicht, das in der zweiten Reihe saß.

«Wunderbar», sagte sie, «bitte steh auf und sag es uns auf, so weit du kannst.»

Matilda stand auf und begann das Einmalzwei aufzusagen. Als sie zu zwei mal zwölf ist vierundzwanzig kam, machte sie nicht Schluß. Sie fuhr einfach fort, «zwei mal dreizehn ist sechsundzwanzig, zwei mal vierzehn ist achtundzwanzig, zwei mal fünfzehn ist dreißig, zwei mal sechzehn ist ...»

«Halt!» sagte Fräulein Honig. Sie hatte wie gebannt diesem fehlerlosen Vortrag zugehört, und jetzt fragte sie: «Wie weit kannst du denn weiterrechnen?»

«Wie weit?» fragte Matilda. «Das weiß ich nicht genau, Fräulein Honig. Ich glaube, noch ein ganzes Stück.»

Fräulein Honig brauchte ein paar Augenblicke, um diese merkwürdige Feststellung zu verarbeiten. «Du meinst also», sagte sie, «daß du mir sagen könntest, wieviel zwei mal achtundzwanzig ist?»

«Ja, Fräulein Honig.»

«Und wieviel ist das?»

«Sechsundfünfzig, Fräulein Honig.»

«Und wenn wir es etwas schwieriger machen, zum Beispiel zwei mal vierhundertsiebenundachtzig? Könntest du mir das auch ausrechnen?»

«Ich glaube ja», erwiderte Matilda.

«Bist du ganz sicher?»

«Aber ja, Fräulein Honig, ich bin ziemlich sicher.»

«Wieviel ist also zwei mal vierhundertsiebenundachtzig?»

«Neunhundertvierundsiebzig», erwiderte Matilda wie aus der Pistole geschossen. Sie sprach ruhig und höflich und ohne die geringste Spur von Angabe.

Fräulein Honig starrte Matilda vollkommen fassungslos an, aber als sie den Mund wieder aufmachte, klang ihre Stimme gefaßt. «Das ist wirklich fabelhaft», sagte sie, «aber mit zwei zu multiplizieren ist natürlich viel leichter als mit höheren Zahlen. Wie steht's denn mit dem Rest vom Einmaleins? Kannst du da noch etwas?»

«Ich glaube schon, Fräulein Honig. Ich glaube ja.»

«Was denn, Matilda. Wie weit bist du gekommen?»

«Ich ... Ich weiß nicht genau», entgegnete Matilda, «ich weiß nicht, was Sie meinen.»

«Ich wollte nur wissen, ob du zufällig auch das Einmaldrei kannst?»

«Ja, Fräulein Honig.»

«Und das Einmalvier?»

«Ja, Fräulein Honig.»

«Also, wie viele Einmaleinse kannst du denn, Matilda? Alle bis zum Einmalzwölf?»

«Ja, Fräulein Honig.»

«Wieviel ist sieben mal zwölf?»

«Vierundachtzig», antwortete Matilda.

Fräulein Honig hielt inne und lehnte sich in ihrem Stuhl hinter dem einfachen Tisch zurück, der mitten vor der Klasse stand. Sie war durch dieses Frage- und Antwort-Spiel ziemlich durcheinander, aber sie hütete sich, es zu zeigen. Sie war noch nie auf eine Fünfjährige, ja, nicht mal auf eine Zehnjährige gestoßen, die mit solcher Leichtigkeit multiplizieren konnte.

«Ich hoffe, daß ihr andern gut zugehört habt», sagte sie zur Klasse. «Matilda ist ein wahrer Glückspilz. Sie hat wunderbare Eltern, die ihr schon das Malnehmen beigebracht haben. Ist es deine Mutter gewesen, Matilda?»

«Nein, Fräulein Honig, die war's nicht.»

«Dann mußt du einen großartigen Vater haben. Er muß ein erstklassiger Lehrer sein.»

«Nein, Fräulein Honig», antwortete Matilda ruhig, «mein Vater hat mir nichts beigebracht.»

«Willst du damit sagen, daß du dir alles selber beigebracht hast?»

«Ich weiß nicht genau», antwortete Matilda aufrichtig, «ich finde einfach nur, es ist gar nicht schwer, eine Zahl mit der anderen malzunehmen.»

Fräulein Honig holte tief Luft und stieß sie langsam wieder aus. Sie betrachtete sich abermals das kleine Mädchen mit den lebhaften Augen, das so verständig und gelassen neben seinem Pult stand. «Du sagst, du findest es nicht schwer, eine Zahl mit der anderen zu multiplizieren», sagte Fräulein Honig. «Könntest du versuchen, das ein wenig zu erklären.»

«Ach du liebe Zeit», entgegnete Matilda, «ich weiß wirklich nicht.»

Fräulein Honig wartete. Die Klasse war vollkommen still, alle hatten die Ohren gespitzt.

«Wenn ich dich zum Beispiel», fuhr Fräulein Honig fort, «darum bitte, vierzehn mit neunzehn malzunehmen ... Nein, das ist zu schwer ...»

«Das ist zweihundertundsechsundsechzig», sagte Matilda leise.

Fräulein Honig starrte sie an, dann griff sie nach einem Bleistift und rechnete sich das Ergebnis rasch auf einem Stück Papier aus. «Wieviel, hast du gesagt?» fragte sie und schaute auf. «Zweihundertundsechsundsechzig», wiederholte Matilda.

Fräulein Honig legte den Bleistift hin, nahm die Brille ab und begann, die Gläser mit einem Papiertaschentuch blankzureiben. Die Klasse saß mäuschenstill, beobachtete sie und wartete darauf, was als nächstes käme. Matilda stand schweigend neben ihrem Pult.

«Jetzt sag mir einmal, Matilda», fuhr Fräulein Honig fort, während sie weiterpolierte, «versuch mir einmal genau zu beschreiben, was in deinem Kopf vorgeht, wenn du so eine Multiplikation ausführst. Du mußt es ja irgendwie ausrechnen, aber du scheinst fast sofort zu deinem Ergebnis zu kommen. Nimm mal die Aufgabe, die ich dir grade gegeben habe, vierzehn mal neunzehn.»

«Ich ... ich ... Ich merk mir einfach die Vierzehn und nehm sie mit Neunzehn mal», antwortete Matilda. «Es tut mir leid, aber ich weiß nicht, wie ich es anders erklären soll. Ich hab mir immer gedacht, wenn das so ein kleiner Taschenrechner kann, warum sollte ich's nicht auch zustande bringen?»

«Ja, wirklich», sagte Fräulein Honig, «das menschliche Hirn ist etwas Wunderbares.»

«Ich finde, es ist viel besser als ein Stückchen Metall», sagte Matilda, «und mehr ist ein Rechner ja nicht.»

«Wie recht du hast», sagte Fräulein Honig. «Taschenrechner sind übrigens an dieser Schule verboten.» Fräulein Honig fühlte sich ganz zitterig. Sie zweifelte nicht daran, daß sie auf einen wahrhaft außergewöhnlichen mathematischen Verstand gestoßen war, und Begriffe wie frühreifes Wunderkind, Begabung und Auslese schossen ihr durch den Kopf. Sie wußte, daß Wunder dieser Art von Zeit zu Zeit in der Welt auftauchen, aber nur ein- oder zweimal in hundert Jahren. Mozart war schließlich auch erst fünf, als er mit seinen Kompositionen für Klavier begann, und man braucht sich nur anzuschauen, was aus ihm geworden ist.

«Das ist nicht gerecht», sagte Lavendel. «Wieso kann sie das und wir nicht?»

«Keine Angst, Lavendel, du holst sie bald ein», tröstete sie Fräulein Honig mit einer Notlüge.

Und nachdem sie schon so weit gekommen war, konnte Fräulein Honig der Versuchung nicht widerstehen, den Verstand dieses erstaunlichen Kindes noch etwas weiter zu prüfen. Sie wußte, daß sie sich auch dem Rest der Klasse widmen sollte, aber sie war viel zu aufgeregt, um die Angelegenheit schon ruhen zu lassen.

«Also», sagte sie, indem sie so tat, als ob sie sich an die ganze Klasse richtete, «wollen wir die Zahlen mal für einen Augenblick beiseite lassen und sehen, ob sich einer von euch schon mit dem Buchstabieren beschäftigt hat. Hände hoch, wer Katze buchstabieren kann.»

Drei Hände fuhren in die Höhe. Sie gehörten Lavendel, einem kleinen Jungen namens Nigel und Matilda.

«Buchstabiere Katze, Nigel.»

Nigel buchstabierte das Wort.

Fräulein Honig beschloß nun, eine Frage zu stellen, die sie normalerweise nicht mal im Traum an einem ersten Schultag gestellt hätte. «Jetzt möchte ich einmal wissen», fuhr sie fort, «ob einer von euch drei Katzenbuchstabierern auch schon gelernt hat, wie man eine ganze Gruppe von Wörtern liest, wenn sie in einem Satz zusammengefaßt sind.»

«Hab ich», antwortete Nigel.

«Kann ich auch», sagte Lavendel.

58

Fräulein Honig ging zur Tafel und schrieb mit ihrer weißen Kreide den Satz: *Ich habe schon zu lernen begonnen, wie man lange Sätze liest.* Sie hatte den Satz mit Absicht etwas schwierig formuliert, und sie wußte, daß es nur ziemlich wenige Fünfjährige gab, die damit zu Rande kamen.

«Kannst du mir sagen, was das heißt, Nigel?» fragte sie.

«Das ist mir zu schwer», antwortete Nigel.

«Lavendel?»

«Das erste Wort heißt ‹Ich›», sagte Lavendel.

«Kann einer von euch den ganzen Satz lesen?» fragte Fräulein Honig und wartete auf das Ja, das, wie sie sicher wußte, von Matilda kommen würde.

«Ja», sagte Matilda.

«Dann los», sagte Fräulein Honig.

Matilda las den Satz ohne das geringste Zögern.

«Das ist wirklich recht gut», stellte Fräulein Honig fest, wobei sie so wie noch nie in ihrem Leben untertrieb. «Wieviel kannst du denn lesen, Matilda?»

«Ich glaube, daß ich die meisten Sachen lesen kann, Fräulein Honig», antwortete Matilda, «wenn ich auch leider nicht immer verstehe, was die Wörter bedeuten.»

Fräulein Honig stand auf und schritt entschlossen aus dem Klassenzimmer, kam jedoch nach dreißig Sekunden mit einem dicken Buch zurück. Sie schlug es wahllos auf und legte es auf Matildas Pult. «Dies ist ein Buch mit lustigen Geschichten», erklärte sie, «probier mal, ob du uns dies vorlesen kannst.»

Ohne zu stocken und ohne eine Pause zu machen, begann Matilda flink und flott vorzulesen:

«Ein Epikur aß in Neuhaus
und fand in der Suppe 'ne Maus.
　　Rief der Kellner: Gemach!
　　Kein Geschrei und kein Krach,
sonst wolln nämlich alle so 'n Graus!»

Einige Kinder verstanden den Witz des Gedichtes und
lachten. Fräulein Honig fragte: «Weißt du, was ein Epikur
ist, Matilda?»

«Das ist einer, der beim Essen wählerisch ist», antwortete Matilda.

«Das ist richtig», entgegnete Fräulein Honig. «Und
weißt du zufällig auch, wie man diese ganz besondere Art
von Gedichten nennt?»

«Das nennt man Limerick», erwiderte Matilda, «und
dies ist ein besonders hübscher. Er ist so komisch.»

«Er ist auch ziemlich berühmt», sagte Fräulein Honig,
nahm das Buch und kehrte zu ihrem Tisch vor der Klasse
zurück. «Einen witzigen Limerick zu verfassen ist sehr
schwer», setzte sie hinzu, «sie sehen so leicht aus, sind es
aber ganz und gar nicht.»

«Ich weiß», sagte Matilda, «ich hab's schon ein paarmal versucht, aber meine werden nie sehr gut.»

«Ach wirklich?» fragte Fräulein Honig, deren Verblüffung immer größer wurde. «Also, Matilda, ich würde sehr
gerne einen von diesen Limericks hören, die du, wie du
sagst, geschrieben hast. Ob du dich vielleicht für uns noch
an einen erinnern kannst?»

«Also», antwortete Matilda zögernd, «ich hab eben
grad versucht, einen auf Sie zu dichten, Fräulein Honig,
während Sie hier gesessen haben.»

«Auf mich!» rief Fräulein Honig. «Na, den wollen wir doch ganz bestimmt hören, nicht wahr?»

«Ich weiß aber nicht, ob ich ihn sagen mag, Fräulein Honig.»

«Ach bitte, tu's doch», bat Fräulein Honig, «ich versprech dir auch, daß ich nichts übelnehmen werde.»

«Vielleicht tun Sie das doch, Fräulein Honig, denn ich habe Ihren Vornamen benutzt, damit sich die Zeilen reimen, und deshalb möchte ich es doch lieber nicht aufsagen.»

«Woher kennst du denn meinen Vornamen?» fragte Fräulein Honig.

«Ich hab gehört, wie Sie eine andere Lehrerin gerufen hat, kurz bevor wir hier reinkamen», sagte Matilda, «sie hat Sie Flo genannt.»

«Ich bestehe aber darauf, diesen Limerick zu hören», sagte Fräulein Honig, wobei sie übers ganze Gesicht lächelte, was nur sehr selten geschah. «Stell dich hin und sag ihn auf.» Widerwillig erhob sich Matilda und sagte sehr langsam und zappelig ihren Limerick auf:

«Es fragen sich alle bei Flo
und raten und rätseln nur so:
    Gewiß gibt es nicht
    überall ein Gesicht,
das so hübsch ist wie ihrs? Nirgendwo.»

Fräulein Honig blasses und freundliches Gesicht wurde puterrot, und sie lächelte abermals. Diesmal aber viel heiterer, so wie man lächelt, wenn man sich wirklich über etwas freut.

«Danke schön, Matilda», sagte sie und lächelte immer noch. «Obwohl es nicht stimmt, ist es ein sehr guter Limerick. Ach je, je, den muß ich wirklich auswendig lernen.»

Aus der dritten Bankreihe sagte Lavendel: «Das ist gut. Das gefällt mir.»

«Und stimmen tut es auch», sagte ein kleiner Junge namens Rupert. «Und ob es stimmt», sagte Nigel.

Die ganze Klasse schwärmte schon für Fräulein Honig, obgleich sie kaum ein Kind außer Matilda richtig wahrgenommen hatte.

«Wer hat dir das Lesen beigebracht, Matilda?» fragte Fräulein Honig.

«Ich hab's mir irgendwie selbst beigebracht, Fräulein Honig.»

«Und hast du schon irgendwelche Bücher gelesen, ich meine: Kinderbücher?»

«Ich habe alle gelesen, die es in der Stadtbücherei in der Hauptstraße gibt, Fräulein Honig.»

«Und haben sie dir gefallen?»

«Ein paar fand ich wirklich ganz gut», antwortete Matilda, «aber die meisten waren ziemlich langweilig.»

«Nenn mir eins, das dir gefallen hat.»

«‹Der König von Narnia›», sagte Matilda. «Ich finde, daß Herr C. S. Lewis ein sehr guter Schriftsteller ist. Er hat nur einen Fehler. In seinen Büchern gibt es keine lustigen Stellen.»

«Da hast du recht», entgegnete Fräulein Honig.

«Und bei Herrn Tolkien gibt es auch nicht viele komische Stellen», sagte Matilda.

«Findest du denn, daß alle Kinderbücher etwas Lustiges haben sollten?» fragte Fräulein Honig.

«Ja», antwortete Matilda, «Kinder sind nicht so ernst-
haft wie Erwachsene, und sie lachen gerne.»

Fräulein Honig war von der Weisheit dieses kleinen
Mädchens vollkommen verblüfft. Sie sagte: «Und was
machst du jetzt, nachdem du alle Kinderbücher ausgelesen
hast?»

«Ich lese andere Bücher», entgegnete Matilda, «ich leih
sie mir aus der Stadtbücherei. Frau Phelps ist sehr nett zu
mir. Sie hilft mir bei der Auswahl.»

Fräulein Honig beugte sich weit über ihren Arbeitstisch
und betrachtete das Kind voller Staunen. Sie hatte den
Rest der Klasse vollkommen vergessen. «Was für andere
Bücher?» murmelte sie.

«Charles Dickens mag ich besonders gern», sagte Matilda, «er macht mich immer wieder lachen. Besonders
Mr. Pickwick.»

In diesem Augenblick schepperte die Glocke und verkündete das Ende der Schulstunde.

Die Knüppelkuh

Fräulein Honig verließ in der Pause den Klassenraum und
ging geradewegs zum Arbeitszimmer der Schulleiterin. Sie
war vollkommen außer sich. Sie war auf ein kleines Mädchen gestoßen, das hochbegabt war oder das ihr wenigstens so vorkam. Sie hatte noch nicht feststellen können,
wie der genaue Grad dieser Begabung war, hatte aber genug mitgekriegt, um zu dem Schluß zu kommen, daß in
dieser Sache so bald wie möglich etwas geschehen mußte.

Es wäre geradezu lächerlich, wenn man solch ein Kind bei den Abc-Schützen ließe.

Normalerweise verspürte Fräulein Honig eine heilige Angst vor der Schulleiterin und hielt sich möglichst fern von ihr, aber in diesem Augenblick hatte sie das Gefühl, daß sie es mit jedem aufnehmen könnte. Sie klopfte an die Tür des gefürchteten privaten Arbeitszimmers.

«Herein!» dröhnte die tiefe und gefährliche Stimme von Fräulein Knüppelkuh.

Schulleiter bekommen ihre Stellung meistens deshalb, weil sie über eine Anzahl von hervorragenden Eigenschaften verfügen. Sie verstehen Kinder, und nichts liegt ihnen so am Herzen wie die Interessen dieser Kinder. Sie sind liebenswürdig. Sie sind gerecht, und sie beschäftigen sich eingehend mit Erziehungsfragen. Fräulein Knüppelkuh besaß jedoch keine dieser Eigenschaften, und wie sie zu ihrer augenblicklichen Stelle gekommen war, blieb ein ewiges Geheimnis.

Sie war zudem ein gewaltiges Weib. Früher war sie eine bekannte Athletin gewesen, und ihre Muskeln fielen einem heute noch auf. Man konnte sie auf ihrem Stiernacken erkennen, den breiten Schultern, den dicken Armen, den sehnigen Handgelenken und an den mächtigen Beinen. Beim Anblick von Fräulein Knüppelkuh bekam man sofort das Gefühl, jemanden vor sich zu haben, der Eisenstangen verbiegen und Telefonbücher quer durchreißen konnte. Auf ihrem Gesicht zeigte sich leider nicht die geringste Spur von Schönheit, noch war es ein erfreulicher Anblick. Sie besaß ein eigensinniges Kinn, einen grausamen Mund und kleine hochmütige Augen. Und was ihre Kleider anbelangt ... Sie waren zumindest außergewöhnlich sonderbar. Sie steckte immer in einem braunen Baumwollkittel, der um die Hüften von einem breiten Ledergürtel zusammengehalten wurde. Dieser war vorn mit einer riesigen Silberschnalle verschlossen. Die fetten Hüften, die unter dem strammen Gürtel hervorquollen, steckten in merkwürdigen Reithosen aus grobem Köperstoff in einem flaschengrünen Farbton. Diese Hosen reichten bis knapp über die Knie, und dazu trug sie mit Vorliebe grüne Strümpfe, die oben einmal umgeschlagen wurden und ihre Wadenmuskeln in aller Deutlichkeit zeigten. Ihre Füße steckten in flachen braunen Haferlschuhen. Sie sah also, kurz gesagt, eher wie ein ziemlich verrückter und blutdürstiger Jäger hinter der Meute scharfer Jagdhunde aus als wie die Leiterin einer netten Grundschule.

Als Fräulein Honig das Arbeitszimmer betrat, stand Fräulein Knüppelkuh mit ungeduldiger und finsterer Miene neben ihrem gewaltigen Schreibtisch. «Ja, Fräulein Honig», sagte sie, «was wollen Sie? Sie sehen ja vollkommen aufgelöst aus. Was ist los mit Ihnen? Haben diese kleinen Stinker Sie mit Papierkügelchen beschossen?»

«Nein, Frau Rektorin, keineswegs.»

«Was ist es denn dann? Heraus damit. Ich bin eine beschäftigte Frau.» Während sie sprach, griff sie nach einem Krug, der immer auf ihrem Schreibtisch stand, und goß sich ein Glas Wasser ein.

«Ich habe in meiner Klasse ein kleines Mädchen namens Matilda Wurmwald ...» begann Fräulein Honig.

«Das ist die Tochter von dem Mann, dem Wurmwald-Motoren in der Stadt gehört», bellte Fräulein Knüppelkuh. Sie sprach fast niemals mit normaler Stimme. Sie bellte entweder, oder sie brüllte. «Guter Mann, der

65

Wurmwald», fuhr sie fort, «bin erst gestern bei ihm gewesen. Hat mir einen Wagen verkauft. Fast neu. Nur zehntausend Kilometer drauf. Hat einer alten Dame gehört, die den Wagen höchstens einmal im Jahr aus der Garage holte. Da hab ich ein Mordsgeschäft gemacht. Ja, Wurmwald gefällt mir. Eine wahre Säule unserer Gesellschaft. Hat mir gesagt, seine Tochter sei allerdings ein schlimmes Stück. Ich sollte ein wachsames Auge auf sie haben. Er hat gesagt, wenn in der Schule jemals was passierte, so steckte bestimmt seine Tochter dahinter. Ich hab die kleine Ratte noch nicht zu sehen gekriegt, aber ich werd sie schon erkennen, wenn es soweit ist. Ihr Vater sagt, sie sein ein richtiges Früchtchen.»

«O nein, Frau Rektorin, das kann nicht stimmen!» rief Fräulein Honig.

«O ja, Fräulein Honig, und ob das stimmt! Wenn ich nämlich richtig darüber nachdenke, so geh ich jede Wette ein, daß sie es war, die mir heute früh eine Stinkbombe unter den Tisch gelegt hat. Das Zimmer hat wie eine Kloake gerochen! Natürlich ist sie das gewesen! Das werd ich ihr heimzahlen, passen Sie nur auf! Wie sieht sie aus? Wahrscheinlich wie ein widerlicher kleiner Wurm. Ich habe nämlich in meiner langen Karriere als Lehrerin herausgefunden, Fräulein Honig, daß ein schlimmes Mädchen weitaus gefährlicher ist als ein schlimmer Junge. Und dann kommt noch hinzu, sie sind viel schwerer fertigzumachen. Ein schlimmes Mädchen zu erledigen, das ist so, als ob man versuchte, eine Schmeißfliege zu zerquetschen. Man haut drauf, und weg ist das verdammte Ding. Abscheuliche schmutzige Dinger diese Mädchen. Ich bin nur froh, daß ich nie eins war.»

«Oh, aber einmal müssen Sie doch auch ein kleines Mädchen gewesen sein, Frau Rektorin. Ganz bestimmt.»

«Wenigstens nicht lange», bellte Fräulein Knüppelkuh und grinste, «bin im Handumdrehen eine Frau geworden.»

Sie ist völlig verrückt, sagte sich Fräulein Honig, knatschverrückt. Sie blieb entschlossen vor der Schulleiterin stehen. Ein einziges Mal wollte sie sich nicht abweisen und unterdrücken lassen. «Ich muß Ihnen erklären, Frau Rektorin», sagte sie, «daß Sie ganz und gar im Irrtum sind, wenn Sie meinen, Matilda hätte eine Stinkbombe unter Ihren Schreibtisch gelegt.»

«Ich irre mich nie, Fräulein Honig.»

«Aber Frau Rektorin, es ist der erste Schultag des Kindes, und es ist direkt in den Klassenraum ...»

«Um Himmels willen, keine Widerworte, Weib! Diese kleine miese Matilde, oder wie sie heißt, hat mir mein Arbeitszimmer stinkbombardiert! Daran gibt's nichts zu drehen und zu deuteln! Besten Dank, daß Sie mich darauf hingewiesen haben.»

«Ich habe Sie nicht darauf hingewiesen, Frau Rektorin.»

«Aber natürlich haben Sie das getan! Also, was haben Sie noch auf dem Herzen, Fräulein Honig? Warum verplempern Sie meine Zeit?»

«Ich wollte mich mit Ihnen über Matilda unterhalten, Frau Rektorin. Ich muß Ihnen etwas ganz Außergewöhnliches über dieses Kind berichten. Darf ich Ihnen bitte erzählen, was gerade eben in der Klasse geschehen ist?»

«Hat wahrscheinlich Ihren Rock in Brand gesteckt und Ihre Unterhosen angesengelt!» schnaubte Fräulein Knüppelkuh.

«Nein, aber nein!» rief Fräulein Honig aus. «Matilda ist ein Genie.»

Bei der Erwähnung dieses Wortes lief Fräulein Knüppelkuhs Gesicht purpurrot an, und ihr ganzer Leib schien sich aufzublähen und zu schwellen wie bei einem Ochsenfrosch. «Ein *Genie*!» brüllte sie. «Was für einen Quatsch versuchen Sie mir da einzureden, meine Dame? Sie müssen den Verstand verloren haben! Ich habe das Wort ihres Vaters, daß dieses Kind ein Gangster ist!»

«Ihr Vater irrt sich, Frau Rektorin.»

«Seien Sie doch nicht albern, Fräulein Honig! Sie haben dieses kleine Biest eine halbe Stunde vor der Nase gehabt, ihr Vater kennt sie ihr ganzes Leben!»

Fräulein Honig war jedoch so fest entschlossen, diesmal das zu sagen, was sie auf dem Herzen hatte, daß sie einfach anfing, von Matildas erstaunlichen Rechenkunststücken zu erzählen.

«Dann hat sie also ein paar Einmaleinse auswendig gepaukt. Na und?» bellte Fräulein Knüppelkuh. «Das, meine Liebe, macht doch noch kein Genie aus ihr! Höchstens einen Papagei!»

«Aber Frau Rektorin, sie kann *lesen*.»

«Das kann ich auch», fauchte Fräulein Knüppelkuh.

«Ich bin der Ansicht», sagte Fräulein Honig, «daß Matilda aus meiner Klasse genommen und sofort in die letzte Klasse zu den Elfjährigen versetzt werden sollte.»

«Ha!» schnaubte Fräulein Knüppelkuh. «Sie wollen sie also loswerden, was? Sie werden also nicht mit ihr fertig? Sie wollen sie also der unglückseligen Plimbim in der letzten Klasse aufbürden, wo sie noch mehr Unfug stiften wird?»

«Nein, nein!» rief Fräulein Honig. «Das sind ganz und gar nicht meine Beweggründe!»

«Und ob sie das sind!» brüllte Fräulein Knüppelkuh. «Ich habe Ihre kleine jämmerliche List von Anfang an durchschaut, meine Liebe. Und meine Antwort lautet: nein! Matilda bleibt, wo sie ist, und Sie sind dafür verantwortlich, daß sie sich benimmt.»

«Aber Frau Rektorin, bitte ...»

«Kein Wort mehr!» brüllte Fräulein Knüppelkuh. «Außerdem herrscht hier in meiner Schule die Regel, daß alle Kinder in ihrer Altersgruppe bleiben, ohne Rücksicht auf Begabung. Grundgütiger, ich denke gar nicht daran, eine kleine fünfjährige Gaunerin zu den ältesten Jungen und Mädchen zu versetzen. Wo gibt's denn so was?»

Fräulein Honig stand vor dieser mächtigen, stiernackigen Riesin hilflos da. Es gab noch viel, was sie gern gesagt hätte, aber sie wußte, daß es zwecklos war. So sagte sie leise: «Nun gut, es ist Ihre Entscheidung, Frau Rektorin.»

«Und ob es das ist», bellte Fräulein Knüppelkuh, «und vergessen Sie nicht, meine Beste, daß wir es mit einer kleinen Schlange zu tun haben, die mir eine Stinkbombe unter meinen Tisch ...»

«Das hat sie nicht getan, Frau Rektorin!»

«Aber natürlich!» dröhnte Fräulein Knüppelkuh. «Und ich will Ihnen mal was verraten. Ich wünschte zum Himmel, daß ich noch die Birkenrute und den Gürtel benutzen dürfte wie in der guten alten Zeit. Ich würde Matilda so den Hintern versohlen, daß sie einen Monat lang nicht mehr sitzen könnte!»

Fräulein Honig wandte sich ab und ging aus dem Arbeitszimmer, ziemlich niedergeschlagen, aber keineswegs besiegt. Ich werde etwas für dieses Kind unternehmen, schwor sie sich insgeheim. Ich weiß nicht, was das sein kann, aber ich werde einen Weg finden, wie ich ihr doch noch helfen kann.

Die Eltern

Als Fräulein Honig aus dem Zimmer der Schulleiterin trat, befanden sich die meisten Kinder draußen auf dem Schulhof. Ihr erster Schritt bestand darin, daß sie die Runde machte bei den verschiedenen Lehrern, die in der obersten Klasse unterrichteten, und sich von ihnen eine Reihe von Lehrbüchern auslieh, für Algebra, Geometrie, Französisch, Literatur und so weiter. Dann suchte sie Matilda und bat sie ins Klassenzimmer. «Es hat keinen Sinn», begann sie, «daß du hier herumsitzt und Däumchen drehst, während ich den anderen das Einmalzwei beibringe und wie man Katze und Ratte und Maus buchstabiert. Ich werde dir also in jeder Stunde eins von diesen Lehrbüchern geben, mit denen du dich beschäftigen kannst. Am Ende der Stunde kannst du zu mir kommen, und falls du irgendwelche Fragen hast, werde ich versuchen, dir zu helfen. Was meinst du dazu?»

«Vielen Dank, Fräulein Honig», sagte Matilda, «das finde ich gut.»

«Ich bin fest davon überzeugt», fuhr Fräulein Honig fort, «daß wir es schaffen werden, dich später ein paar Klassen überspringen zu lassen, aber im Augenblick wünscht die Schulleiterin, daß du bleibst, wo du bist.»

«Gut, Fräulein Honig», sagte Matilda, «und vielen Dank, daß Sie mir diese Bücher besorgt haben.»

Was ist sie doch für ein nettes Kind, dachte Fräulein Honig. Es ist mir schnuppe, was ihr Vater über sie gesagt hat, mir kommt sie sehr ruhig und sanft vor und kein bißchen aufgeblasen trotz all ihrer Gescheitheit. Im Grunde genommen scheint sie sich dessen gar nicht bewußt zu sein.

Als sich die Kinder wieder in der Klasse versammelten, ging Matilda zu ihrem Pult und begann, ein Geometriebuch zu studieren, das ihr Fräulein Honig gegeben hatte. Die Lehrerin behielt sie die ganze Zeit mit im Auge und verfolgte, wie sich das Kind ziemlich rasch völlig in das Buch vertiefte. Sie schaute während der ganzen Stunde kein einziges Mal auf.

Fräulein Honig kam unterdessen zu einem zweiten Entschluß. Sie nahm sich vor, sobald wie möglich selber zu Matildas Eltern zu gehen und sich mit ihnen unter sechs Augen zu unterhalten. Sie wollte sich einfach nicht damit abfinden, alles so zu lassen, wie es war. Die ganze Angelegenheit war einfach lächerlich. Sie mochte es nicht glauben, daß die Eltern die bemerkenswerten Eigenschaften ihrer Tochter noch gar nicht wahrgenommen hatten. Schließlich war Herr Wurmwald ein erfolgreicher Autohändler, deshalb nahm sie an, daß er selber ganz gescheit sein mußte. Auf jeden Fall neigten Eltern niemals dazu, die Fähigkeiten ihrer eigenen Kinder zu unterschätzen. Ganz im Gegenteil. Manchmal war es einem Lehrer fast unmöglich, den stolzen Vater oder die Mutter davon zu überzeugen, daß ihr geliebter Sprößling ein völliger Versager war. Fräulein Honig war sicher, daß es ihr keine Schwierigkeiten machen würde, Herrn und Frau Wurmwald davon zu überzeugen, daß Matilda wirklich etwas ganz Besonderes war. Das Problem lag vermutlich eher darin, ihre Begeisterung zu bremsen. Und dann begannen Fräulein Honigs Hoffnungen noch höher zu steigen. Sie überlegte, ob sie sich nicht von den Eltern die Erlaubnis erbitten sollte, Matilda nach der Schule Privatunterricht zu geben. Die Aussicht, ein so helles Kind wie dieses zu fördern, regte ihren Berufsinstinkt als Lehrerin ganz ungeheuer an. Und plötzlich beschloß sie, schon an diesem Abend Herrn und Frau Wurmwald zu besuchen. Sie wollte nicht allzu früh zu ihnen gehen, erst zwischen neun und zehn Uhr, wenn Matilda bestimmt schon im Bett war.

Und genauso machte sie es auch. Sie besorgte sich die Anschrift aus den Schulakten, und kurz nach neun machte sie sich auf den Weg zum Haus der Wurmwalds. Sie entdeckte es in einer hübschen Straße, in der die kleinen Eigenheime durch ein Stückchen Garten voneinander getrennt standen. Es war ein modernes Backsteinhaus, das nicht billig gewesen sein konnte, und der Name über der Gartentür lautete LAUSCHIGER WINKEL. Lärmige Hinkel hätte besser gepaßt, dachte Fräulein Honig. Sie hatte eine Schwäche für solche Wortspiele. Sie ging den Gartenweg entlang und läutete an der Haustür, und während sie dastand und wartete, konnte sie drinnen den Fernsehapparat plärren hören.

Die Tür wurde von einem kleinen Mann mit einem Rattengesicht und einem dünnen Rattenschnurrbärtchen geöffnet, der ein Sportsakko mit orangefarbenen und roten Streifen trug. «Ja?» fragte er und blinzelte zu Fräulein Honig hinaus. «Wenn Sie Lose verkaufen, ich will keine.»

«Das tue ich nicht», antwortete Fräulein Honig, «und bitte verzeihen Sie mir, daß ich so hereinplatze. Ich bin Matildas Lehrerin, und es ist wichtig, daß ich mich mit Ihnen und Ihrer Frau unterhalte.»

«Hat schon Ärger gemacht, was?» fragte Herr Wurmwald und blockierte den Eingang. «Also, dafür sind jetzt Sie verantwortlich. Sie müssen mit ihr fertig werden.»

«Sie hat nicht im geringsten Ärger gemacht», sagte Fräulein Honig. «Ich bin mit guten Nachrichten über sie gekommen. Ganz erstaunlichen Nachrichten, Herr Wurmwald. Meinen Sie, daß ich ein paar Minuten hereinkommen und mit Ihnen über Matilda sprechen könnte?»

«Wir sind gerade dabei, uns eine unserer Lieblingssendungen anzuschauen», sagte Herr Wurmwald, «das paßt jetzt gar nicht. Warum kommen Sie nicht ein andermal wieder?»

Fräulein Honig begann die Geduld zu verlieren. «Herr Wurmwald», sagte sie, «wenn Sie finden, daß irgendein schwachsinniges Fernsehprogramm wichtiger ist als die Zukunft Ihrer Tochter, dann hätten Sie nicht Vater werden sollen! Warum stellen Sie das verflixte Ding nicht ab und hören mir zu?»

Das brachte Herrn Wurmwald vollkommen durcheinander. Er war nicht daran gewöhnt, daß man so mit ihm sprach. Er beäugte mißtrauisch die schlanke, zerbrechliche Frau, die so entschlossen vor seiner Schwelle stand. «Na, also gut», fuhr er sie an, «rein mit Ihnen, damit wir's schnell hinter uns bringen.»

Fräulein Honig trat energisch ein.

«Frau Wurmwald wird Ihnen dafür nicht sehr dankbar sein», sagte er, während er sie ins Wohnzimmer führte, wo eine füllige wasserstoffblonde Frau hingerissen auf den Bildschirm starrte.

«Wer ist das?» fragte die Frau, ohne sich umzudrehen.

«'ne Lehrerin», antwortete Herr Wurmwald. «Sie sagt, sie muß mit uns über Matilda reden.» Er ging zum Fernsehgerät und stellte den Ton ab, ließ aber das Bild weiterlaufen.

«Laß das doch, Harry!» rief Frau Wurmwald aus. «Hans-Joachim ist gerade dabei, Angelika einen Heiratsantrag zu machen!»

«Kannst ja zugucken, während wir reden», sagte Herr Wurmwald. «Dies ist Matildas Lehrerin. Sie sagt, sie hätte irgendwelche Neuigkeiten für uns.»

«Mein Name ist Florentine Honig», sagte Fräulein Honig. «Guten Abend, Frau Wurmwald.»

Frau Wurmwald glotzte sie an und fragte: «Was ist denn los?»

Niemand lud Fräulein Honig zum Sitzen ein, deshalb suchte sie sich einen Stuhl aus und nahm unaufgefordert Platz. «Heute», sagte sie, «war der erste Schultag Ihrer Tochter.»

«Das wissen wir», sagte Frau Wurmwald ziemlich gereizt, weil sie ihre Sendung verpaßte. «Ist das alles, was Sie uns zu sagen haben?»

Fräulein Honig starrte in die feuchten grauen Augen der anderen Frau, und sie ließ das Schweigen sich so lange ausdehnen, bis es Frau Wurmwald unbehaglich wurde. «Wünschen Sie, daß ich den Grund meines Kommens erkläre?» fragte Fräulein Honig.

«Schießen Sie los», sagte Frau Wurmwald.

«Sie wissen sicher», begann Fräulein Honig, «daß man

von Kindern, die gerade eingeschult werden, nicht erwartet, daß sie schon lesen oder buchstabieren oder mit Zahlen umgehen. Fünfjährige können das nicht. Matilda aber kann das alles. Und wenn ich ihr glauben darf ...»

«Würd ich nie», sagte Frau Wurmwald. Sie war immer noch wütend, weil sie den Ton im Fernsehen nicht mitkriegte.

«Hat sie etwa gelogen», fragte Fräulein Honig, «als sie mir sagte, daß ihr keiner das Multiplizieren oder das Lesen beigebracht hat? Hat sie einer von Ihnen unterrichtet?»

«Was unterrichtet?» fragte Herr Wurmwald.

«Lesen. Bücher lesen», sagte Fräulein Honig. «Vielleicht haben Sie sie ja unterrichtet. Vielleicht hat sie geschwindelt. Vielleicht ist Ihr ganzes Haus voller Bücher und Bücherregale. Das kann ich nicht wissen. Vielleicht sind Sie beide ja große Leser.»

«Natürlich lesen wir», antwortete Herr Wurmwald. «Reden Sie doch keinen Kokolores. Ich lese jede Woche das ‹Auto› und ‹Der Motor› von vorne bis hinten durch.»

«Das Kind hat bereits eine erstaunliche Anzahl an Büchern gelesen», fuhr Fräulein Honig fort. «Ich wollte nur in Erfahrung bringen, ob sie aus einer Familie kommt, in der gute Literatur geschätzt wird.»

«Also vom Bücherlesen halten wir nicht viel», sagte Herr Wurmwald. «Man kann's zu nichts bringen, wenn man nur auf seinen vier Buchstaben hockt und Geschichtenbücher liest. So was haben wir nicht im Hause.»

«Aha», sagte Fräulein Honig, «nun, ich wollte Ihnen nur berichten, daß Matilda hochbegabt ist. Aber das wissen Sie vermutlich schon längst.»

«Daß sie lesen kann, das weiß ich schon», sagte die

Mutter, «sie steckt Tag und Nacht oben in ihrem Zimmer und vergräbt sich in irgendwelchen blöden Büchern.»

«Aber ist es Ihnen nicht aufgefallen», fragte Fräulein Honig, «daß ein kleines fünfjähriges Kind dicke Bücher für Erwachsene von Dickens und Hemingway liest? Reißt Sie das nicht vor Aufregung aus dem Sessel?»

«Eigentlich nicht», antwortete die Mutter. «Von Blaustrümpfen halt ich nicht viel. Ein Mädchen sollte über sein Aussehen nachdenken und wie es attraktiv wird, damit es später einen guten Mann erwischt. Das Aussehen ist viel wichtiger als Bücher, Fräulein Marmelade ...»

«Mein Name ist Honig», sagte Fräulein Honig.

«Also schauen Sie doch mich an», fuhr Frau Wurmwald fort, «und dann schauen Sie sich an. Sie haben sich für die Bücher entschieden. Ich fürs gute Aussehen.»

Fräulein Honig betrachtete sich die dicke dumme Person mit dem Puddinggesicht, die ihr gegenübersaß. «Was haben Sie gesagt?» fragte sie.

«Ich sagte, Sie hätten Bücher gewählt und ich das Aussehen», wiederholte Frau Wurmwald. «Und wer hat das Bessere erwischt? Ich natürlich. Ich sitze gemütlich in einem hübschen Haus mit einem erfolgreichen Geschäftsmann, und Sie müssen sich abschuften, um einer Horde von gräßlichen kleinen Rangen das Abc einzubleuen.»

«Ganz recht, Zuckerpfläumchen», sagte Herr Wurmwald und bedachte seine Frau mit einem so affektierten und dreckigen Grinsen, daß es ein Pferd zum Kotzen hätte bringen können.

Fräulein Honig kam zu dem Schluß, daß sie ihre Beherrschung nicht verlieren durfte, wenn sie mit diesen Leuten zu irgendeinem Ergebnis gelangen wollte. «Ich habe Ihnen noch nicht alles berichtet», sagte sie. «So weit ich es in diesem frühen Stadium übersehen kann, ist Matilda auch eine Art mathematisches Genie. Sie kann in Blitzgeschwindigkeit hohe Zahlen miteinander multiplizieren.»

«Was hat das für einen Sinn, wenn's überall Taschenrechner zu kaufen gibt?» fragte Herr Wurmwald.

«Ein Mädchen kriegt keinen Mann, wenn es auf gescheit macht», stellte Frau Wurmwald fest. «Schauen Sie sich zum Beispiel diese Filmstars an», setzte sie hinzu, indem sie auf den schweigenden Bildschirm deutete, wo ein weibliches Wesen mit schwellendem Busen im Mondschein von einem markigen Mimen umarmt wurde. «Bilden Sie sich etwa ein, den hätt sie sich geschnappt, wenn sie ihm was vormultipliziert hätte? Also wirklich nicht. Und jetzt wird sie heiraten, das werden Sie schon sehen, und dann lebt sie in einem Herrenhaus mit einem Butler und ganzen Scharen von Dienstmädchen.»

Fräulein Honig konnte kaum glauben, was sie da hörte. Sie hatte zwar schon davon gelesen, daß es solche Eltern im ganzen Lande gab und daß sich ihre Kinder zu Verbrechern und Taugenichtsen entwickelten, aber es wirkte wie ein Schock, so ein Elternpaar in Fleisch und Blut zu treffen.

«Das Problem für Matilda», setzte sie noch einmal an, «liegt darin, daß sie allen anderen in ihrer Umgebung so weit voraus ist. Daher würde es sich vielleicht lohnen, über so etwas wie private Förderstunden nachzudenken. Wenn sie richtig angeleitet würde, so glaube ich in allem Ernst, daß sie innerhalb von zwei oder drei Jahren zur Universitätsreife gebracht werden könnte.»

«Universität?» schrie Herr Wurmwald und fuhr in seinem Sessel hoch. «Wer will denn um des Himmels willen auf die Universität? Alles was sie da lernen ist Faulenzen und Randalieren.»

«Das stimmt nicht», widersprach Fräulein Honig. «Wenn Sie in diesem Augenblick einen Herzinfarkt hätten und nach einem Arzt riefen, so hätte dieser Arzt eine Universität absolviert. Wenn Sie Ärger kriegten, weil Sie jemandem einen miserablen Gebrauchtwagen verkauft haben, so müßten Sie sich einen Rechtsanwalt nehmen, und auch der hätte an einer Universität studiert. Sie dürfen gebildete Menschen nicht verachten, Herr Wurmwald. Aber ich sehe schon, daß wir uns nicht einigen werden. Es tut mir leid, daß ich so bei Ihnen hereingeplatzt bin.» Fräulein Honig erhob sich und schritt aus dem Zimmer.

Herr Wurmwald folgte ihr bis zur Haustür und sagte: «Nett von Ihnen, daß Sie gekommen sind, Fräulein Hering, oder war es Fräulein Hühnchen?»

«Keins von beiden», entgegnete Fräulein Honig, «aber das macht nichts.» Und damit entschwand sie.

Hammerwurf

Das Nette an Matilda war: wenn man sie zufällig traf und sich mit ihr unterhielt, hätte man sie für ein vollkommen normales fünfeinhalbjähriges Kind gehalten. Fast nichts deutete auf ihre Begabung hin, und sie gab auch niemals an. «Das ist ein sehr vernünftiges und ruhiges kleines Mädchen», hättest du dir gesagt. Und wenn du sie nicht aus irgendeinem Grunde in eine Diskussion über Literatur

78

oder Mathematik verwickelt hättest, so wäre dir das Ausmaß ihres Verstandes gar nicht klargeworden.

Es fiel Matilda deshalb leicht, sich mit anderen Kindern anzufreunden. Alle in ihrer Klasse mochten sie gern. Sie wußten natürlich, daß sie «klug» war, weil sie das in dem Gespräch mit Fräulein Honig am ersten Schultag gehört hatten. Und sie wußten auch, daß sie während des Unterrichts schweigend mit einem Buch dasitzen durfte und nicht auf die Lehrerin zu achten brauchte. Aber Kinder in diesem Alter gehen den Dingen nicht genau auf den Grund. Sie sind so sehr mit ihren eigenen kleinen Problemen befaßt, daß sie sich nicht sonderlich darum kümmern, was die anderen treiben und warum.

Unter Matildas neuen Freunden war ein Mädchen namens Lavendel. Schon am allerersten Schultag hatten die beiden begonnen, in der kleinen und in der großen Pause miteinander auf den Schulhof zu gehen. Lavendel war für ihr Alter außergewöhnlich klein, eine zarte dünne Elfe mit dunkelbraunen Augen und dunklen Haaren, die ihr in Simpelfransen über die Stirn fielen. Matilda mochte sie gern, weil sie Schwung und Mut besaß und Abenteuer liebte. Und genau aus denselben Gründen mochte Lavendel Matilda.

Schon in der ersten Woche ihrer Schulzeit begannen sich bei den Abc-Schützen gräßliche Geschichten über Fräulein Knüppelkuh, die Direktorin, zu verbreiten. Als Matilda und Lavendel am dritten Tag in der kleinen Pause in einem Winkel des Schulhofs standen, näherte sich ihnen eine schlampige Zehnjährige, die Hortensia hieß und einen Pickel auf der Nase hatte. «Neuer Nachschub, was?» bemerkte Hortensia und schaute von ihrer großen

Höhe zu ihnen hinab. Sie schüttelte eine extragroße Tüte Kartoffelchips und stopfte sich das Zeugs mit vollen Händen in den Mund. «Willkommen in der Besserungsanstalt für jugendliche Schwerverbrecher», setzte sie hinzu, und dabei stoben die Krümel wie Schneegestöber aus ihrem Mund.

Die beiden Kleinen wahrten im Angesicht dieser Riesin ein wachsames Schweigen.

«Seid ihr schon an die Knüppelkuh geraten?» fragte Hortensia.

«Wir haben sie beim Morgengebet gesehen», antwortete Lavendel, «aber getroffen haben wir sie noch nicht.»

«Na, da habt ihr ja noch was Schönes vor euch», sagte Hortensia. «Kleine Kinder kann sie nicht ausstehen. Deshalb findet sie die erste Klasse zum Kotzen. Sie findet, Fünfjährige sind Maden oder Raupen, die noch nicht ausgeschlüpft sind.» Rein mit der nächsten Hand Kartoffelchips und, als sie den Mund wieder aufklappte, raus das nächste Krümelgestöber. «Wenn ihr das erste Jahr hier überlebt, dann schafft ihr's vielleicht grade, euch durch den Rest eurer Zeit hier durchzumogeln. Aber viele überleben erst gar nicht. Sie werden auf Bahren rausgetragen, heulend und schreiend. Hab ich oft gesehen.» Hortensia hielt inne, um zu überprüfen, wie diese Bemerkungen auf die beiden Fliegengewichte wirkten. Sie kamen ihr ziemlich ungerührt vor. Also beschloß die Große, sie mit weiteren Informationen zu füttern.

«Wahrscheinlich wißt ihr ja, daß die Knüppelkuh in ihrer Wohnung einen verschlossenen Schrank hat, den man den Luftabschneider nennt. Habt ihr schon vom Luftabschneider gehört?»

Matilda und Lavendel schüttelten den Kopf und starrten unverwandt zu der Riesin empor. Weil sie so klein waren, neigten sie dazu, allen Geschöpfen zu mißtrauen, die sie überragten, vor allem älteren Schulmädchen.

«Der Luftabschneider», fuhr Hortensia fort, «ist ein sehr hoher, aber ganz schmaler Schrank. Der Boden ist knapp einen halben Meter breit, man kann sich also nicht hinsetzen und hinhocken auch nicht. Man muß stehen. Und drei von den Wänden sind aus Zement mit lauter Glasscherben, die überall rausragen, man kann sich also nicht anlehnen. Wenn man da eingesperrt wird, muß man die ganze Zeit stehen, kerzengerade stehen. Das ist fürchterlich.»

«Kann man sich nicht an die Tür lehnen?» fragte Matilda.

«Sei nicht so blöd», sagte Hortensia. «Die Tür ist mit tausend scharfen Nagelspitzen gespickt. Sie sind von draußen durchgehämmert, wahrscheinlich höchstpersönlich von der Knüppelkuh.»

«Bist du da schon mal dringewesen?» fragte Lavendel.

«In der ersten Klasse sechsmal», antwortete Hortensia, «zweimal einen ganzen Tag und die andern Male jedesmal zwei Stunden. Aber zwei Stunden sind schon schlimm genug. Es ist stockfinster, und man muß kerzengerade stehen und darf sich nicht rühren, und wenn man wackelt, zerfleischt man sich entweder an den Glasscherben in den Wänden oder an den Nägeln in der Tür.»

«Warum bist du denn eingesperrt worden?» fragte Matilda. «Was hast du gemacht?»

«Beim erstenmal», erzählte Hortensia, «hab ich eine halbe Dose Ahornsirup auf den Sitz von dem Stuhl gekippt, auf dem die Knüppelkuh beim Morgengebet immer sitzt. Es war wunderbar. Als sie sich auf dem Stuhl niedergelassen hat, da gab's so ein Quatschen, wie es ein Rhinozeros macht, wenn es mit seinen Füßen in den Uferschlamm des Flusses Limpopo hineinstampft. Aber ihr seid ja zu klein und zu dumm, als daß ihr schon die ‹Geschichten für den allerliebsten Liebling› von Kipling gelesen hättet. Stimmt's?»

«Ich hab sie gelesen», antwortete Matilda.

«Du bist eine Hochstaplerin», sagte Hortensia freundlich, «du kannst ja noch nicht einmal lesen. Aber was soll's. Als sich also die Knüppelkuh auf den Ahornsirup setzte, schmatzte der Quatsch ganz wunderbar, und als sie wieder aufsprang, klebte der Stuhl sozusagen am Hosenboden dieser grauenhaften grünen Säcke fest, die sie immer trägt, und stieg mit ihr ein paar Sekunden in die Höhe, bis der zähe Sirup langsam nachgab. Und dann fuhr sie mit den Händen an ihr Hosenhinterteil, und schon hatte sie sich alle beiden Hände mit dem Kleisterzeugs verschmiert. Ihr hättet mal hören sollen, wie sie geheult hat.»

«Aber woher hat sie denn gewußt, daß du das warst?» fragte Lavendel.

«Ein kleiner Mistkerl namens Ole Sumpfblase hat mich verpfiffen», antwortete Hortensia. «Ich hab ihm die Vorderzähne eingeschlagen.»

«Und die Knüppelkuh hat dich für einen ganzen Tag im Luftabschneider eingesperrt?» fragte Matilda mit großen Augen.

«Den ganzen Tag lang», entgegnete Hortensia. «Ich war fix und fertig, als sie mich rausließ. Ich hab wie ein Idiot geröchelt und gesabbert.»

«Und was war das andere, wofür du in den Luftabschneider gesteckt worden bist?» fragte Lavendel.

«Ach, an alles kann ich mich gar nicht erinnern», sagte
Hortensia. Sie redete wie ein alter Krieger, der so viele
Schlachten geschlagen hat, daß ihm Heldenmut ganz
selbstverständlich ist. «Das ist alles so lange her», setzte
sie hinzu und warf sich eine neue Ladung Kartoffelchips in
den Mund. «Ah ja, eins fällt mir noch ein. Also, da ist
folgendes passiert. Ich hab mir genau den Zeitpunkt aus-
gesucht, wo ich gewußt hab, die Knüppelkuh war weg und
aus dem Weg und gab in der sechsten Klasse Unterricht,
da hab ich mich also gemeldet und gefragt, ob ich mal
austreten darf. Aber statt daß ich dahin gegangen bin, hab
ich mich ins Zimmer von der Knüppelkuh geschlichen.
Dann hab ich gesucht, in rasender Eile, und hab auch die
Schublade gefunden, in der sie all ihre Turnhosen aufbe-
wahrt.»

«Weiter», sagte Matilda gebannt, «was ist dann passiert?»

«Ja, weißt du, ich hab mir bei so einer Versandfirma ein
besonders kräftiges Juckpulver bestellt», sagte Hortensia,
«es war ganz schön teuer, und es hat der Haut-Aufheizer
geheißen. In der Beschreibung stand, daß es aus den ge-
mahlenen Zähnen von Giftschlangen besteht, und sie haben einem garantiert, daß es auf der Haut Blasen macht,
so groß wie Walnüsse. Also, ich hab dieses Pulver in alle
Hosen gestreut, die in der Schublade waren, und dann hab
ich sie wieder schön und ordentlich zusammengefaltet.»
Hortensia machte eine Pause, um sich wieder Kartoffelchips in den Mund zu stopfen.

«Hat es gewirkt?» fragte Lavendel.

«Tja», sagte Hortensia, «ein paar Tage später, grad beim Gebet, hat die Knüppelkuh plötzlich angefangen, sich wie verrückt am Hintern zu kratzen. Aha, hab ich zu mir gesagt, jetzt geht's los, sie hat also das Turnzeug schon drunter. Es war einfach wunderbar, so dazusitzen und alles genau verfolgen zu können und zu wissen, daß ich der einzige Mensch in der ganzen Schule war, der haargenau gewußt hat, was da in den Hosen von der Knüppelkuh vor sich geht. Und ich hab mich außerdem bombensicher gefühlt. Ich hab gewußt, keiner konnte mich schnappen. Und dann ist die Kratzerei schlimmer geworden. Sie konnte gar nicht mehr aufhören. Sie muß gedacht haben, sie hätte ein Wespennest da unten drin, und dann ist sie mitten im Vaterunser aufgesprungen, hat sich den Hintern festgehalten und ist aus der Aula gestürzt.»

Matilda und Lavendel waren alle beide wie verzaubert. Es war ihnen vollkommen klar, daß sie in diesem Augenblick vor einer Meisterin standen. Hier war jemand, der die Kunst der Gemeinheit in Vollendung beherrschte und darüber hinaus bereit war, bei ihrer Ausübung Kopf und Kragen zu riskieren. Sie starrten diese Göttin voller Ehrfurcht an, und plötzlich war selbst der Pickel auf ihrer Nase nicht mehr lächerlich, sondern ein Abzeichen des Mutes.

«Aber wie hat sie dich denn erwischt?» fragte Lavendel fast atemlos vor Bewunderung.

«Hat sie gar nicht», antwortete Hortensia, «aber ich hab trotzdem einen Tag im Luftabschneider verpaßt gekriegt.»

«Warum denn?» fragten beide wie aus einem Mund.

«Die Knüppelkuh», erklärte Hortensia, «hat eine widerwärtige Art, den Nagel auf den Kopf zu treffen. Wenn sie nicht weiß, wer der Schuldige ist, dann rät sie einfach drauflos, und es ist ein Jammer, wie recht sie meistens hat. Ich war diesmal die Hauptverdächtige wegen der Sache mit dem Sirup, und obwohl sie genau wußte, daß sie nicht den geringsten Beweis hatte, konnte ich sagen, was ich wollte, es half mir nichts. Ich schrie die ganze Zeit: ‹Wie hätt ich das denn machen können, Fräulein Knüppelkuh? Ich hab ja nicht mal eine Ahnung, daß Sie Ihre Ersatzunterhosen in der Schule aufbewahren! Ich weiß erst recht nicht, was Juckpulver ist! Ich hab noch nie davon gehört!› Aber das Leugnen hat mir nichts genützt. Trotz meines ganzen Theaters. Die Knüppelkuh hat mich einfach am Ohr gepackt und hat mich Hals über Kopf zum Luftabschneider geschleift und hineingestoßen und die Tür verrammelt. Das war mein zweiter ganzer Tag im Kasten. Es war eine regelrechte Folter. Als ich wieder rauskam, war ich am ganzen Leibe zerschlitzt und zerschnitten.»

«Das ist ja wie Krieg», sagte Matilda fassunglos.

«Da hast du verdammt recht, das ist wie Krieg», schrie Hortensia, «und die Verluste sind ungeheuerlich. Wir sind die Kreuzfahrer, die todesmutige Armee, wir kämpfen um unser Leben, fast völlig ohne Waffen, und die Knüppelkuh ist der Fürst der Finsternis, die heimtückische Schlange, der feuerspeiende Drache, ihr stehen alle Waffen zur Verfügung. Es ist ein hartes Leben. Jeder von uns versucht, dem andern Beistand zu leisten.»

«Auf uns kannst du dich verlassen», sagte Lavendel und streckte ihre ein Meter zwanzig in die Höhe, so hoch es ging.

«Nein, das kann ich nicht», entgegnete Hortensia, «ihr

seid nur kleine Krabben. Aber man weiß schließlich nie. Kann sein, daß wir eines Tages irgendeine Untergrundarbeit für euch haben.»

«Erzähl uns noch ein bißchen mehr davon, was sie so macht», bettelte Matilda, «bitte.»

«Ihr seid ja noch keine Woche hier, ich darf euch keinen zu großen Schrecken einjagen», antwortete Hortensia.

«Tust du auch nicht», antwortete Lavendel. «Wir sind zäh, wenn wir auch noch klein sind.»

«Na, dann hört zu», fuhr Hortensia fort, «erst gestern hat die Knüppelkuh einen Jungen erwischt, den Julius Rottwinkel, der in der Schönschreibstunde Lakritze gelutscht hat. Sie hat ihn einfach am Arm gepackt und hochgehoben und aus dem offenen Fenster geworfen. Unser Klassenzimmer ist im ersten Stock, und wir haben Julius Rottwinkel wie eine Frisbeescheibe über den Garten segeln sehen, bis er mit einem Plumps mitten im Salat gelandet ist. Dann hat sich die Knüppelkuh an uns gewandt und hat gesagt: ‹Von jetzt an fliegt jeder aus dem Fenster, den ich beim Kauen erwische.›»

«Hat sich dieser Julius Rottwinkel die Knochen gebrochen?» fragte Lavendel.

«Nur ein paar», antwortete Hortensia. «Du darfst nicht vergessen, daß die Knüppelkuh mal bei der Olympiade in der britischen Mannschaft gewesen ist, als Hammerwerferin. Deshalb ist sie so stolz auf ihren rechten Arm.»

«Was ist denn Hammerwurf?» fragte Lavendel.

«Der Hammer», erklärte Hortensia, «ist eigentlich eine verdammt schwere Kanonenkugel am Ende von einem langen Stück Draht, und der Hammerwerfer wirbelt sie immer um seinen oder ihren Kopf herum und rum und rum und immer schneller, und dann läßt er sie los. Du mußt dazu wahnsinnig stark sein. Die Knüppelkuh wirft und wirbelt alles durch die Gegend, um den Arm in Form zu halten, und ganz besonders gerne Kinder.»

«Du meine Güte», sagte Lavendel.

«Ich hab sie mal sagen hören», fuhr Hortensia fort, «daß ein großer Junge ungefähr das gleiche Gewicht besitzt wie ein olympischer Hammer und daß man deshalb mit ihm besonders gut üben kann.»

In diesem Augenblick geschah etwas Merkwürdiges. Der Schulhof, auf dem bis eben noch die Schreie und Rufe der spielenden Kinder erschollen waren, wurde plötzlich so still wie ein Grab.

«Paßt auf!» zischte Hortensia.

Matilda und Lavendel schauten sich um und sahen die Riesengestalt von Fräulein Knüppelkuh, die sich mit drohenden Schritten durch die Schar der Jungen und Mädchen drängte. Die Kinder wichen hastig zurück, um sie vorbeizulassen, und so ähnelte ihr Marsch über den Asphalt dem von Moses durchs Rote Meer, vor dem sich die Wasser geteilt hatten. Auch sie war in ihren grünen Hosen und ihrem Kittel mit dem Gürtel eine bemerkenswerte Figur. Unterhalb der Kniekehlen wölbten sich die Wadenmuskeln in den wollenen Strümpfen so rund und prall wie Grapefruits. «Amanda Tripp!» rief sie. «Komm hierher, Amanda Tripp!»

«Jetzt haltet euch fest», flüsterte Hortensia.

«Was wird denn passieren?» flüsterte Lavendel zurück.

«Diese blöde Amanda», erklärte Hortensia, «hat sich die Haare in den Schulferien noch länger wachsen lassen, und ihre Mutter hat sie ihr zu Zöpfen geflochten. Völlig schwachsinnig, so was zu machen.»

«Warum schwachsinnig?» fragte Matilda.

«Wenn's eins gibt, was die Knüppelkuh nicht ausstehen kann, so sind das Zöpfe», antwortete Hortensia.

Matilda und Lavendel sahen die Riesin in den grünen Kniehosen auf ein Mädchen von etwa zehn Jahren zuschreiten, dem ein Paar goldblonde Zöpfe auf dem Rücken hingen. Jeder Zopf war mit einer blauen Seidenschleife zugebunden, und das sah alles in allem sehr niedlich aus. Das Mädchen mit den Zöpfen, Amanda Tripp, stand mucksmäuschenstill da und beobachtete die nahende Riesin. Den Ausdruck auf ihrem Gesicht hätte man auch auf dem eines Menschen entdecken können, der sich in einem kleinen Gatter allein mit einem wütenden Stier eingesperrt findet, der gerade zum Angriff ansetzt. Das Mädchen war vor Schreck wie festgenagelt. Es bebte. Die Augen quollen ihm aus dem Kopf, und es wußte, daß ihm endlich der Tag des Jüngsten Gerichtes anbrach.

Fräulein Knüppelkuh hatte unterdessen das Opfer erreicht und blieb darübergebeugt stehen. «Ich will, daß diese zerzausten Zöpfe verschwunden sind, wenn du dich morgen hier in der Schule wieder blicken läßt!» bellte sie. «Schneid sie ab und schmeiß sie in den Mülleimer, hast du mich verstanden?»

Amanda, starr vor Angst und Schrecken, konnte nur noch stottern: «Meine Mammamamami mag sie aber. Sie flicht sie mir jeden Morgen.»

«Bei deiner Mami piept's!» bellte die Knüppelkuh. Sie deutete mit einem Finger, so dick wie eine Salami, auf den Kopf des Kindes und kreischte: «Du siehst aus wie eine Ratte, der der Schwanz aus dem Kopf kommt!»

«Meine Mammamamami findet, ich sehe hübsch aus, Fräulein Knüknüknüppelkuh», stotterte Amanda und zitterte wie ein Wackelpudding.

«Was deine Mami denkt, kümmert mich einen feuchten Kehricht!» heulte die Knüppelkuh und beugte sich bei diesen Worten vor. Mit ihrer rechten Faust packte sie Amandas Zöpfe und riß das Mädchen einfach vom Boden hoch. Dann fing sie an, sie um den Kopf herumzuwirbeln, herum und herum und immer schneller, und Amanda schrie wie am Spieß, und die Knüppelkuh brüllte: «Ich werd dich Zöpfe flechten lehren, du kleine Ratte!»

«Wie bei der Olympiade», murmelte Hortensia. «Sie nimmt jetzt Geschwindigkeit auf, genauso wie sie es mit dem Hammer gemacht hat. Zehn zu eins, daß sie Amanda wirft.»

Und nun lehnte sich die Knüppelkuh zurück, gegen das Gewicht des wirbelnden Mädchens, drehte sich gekonnt auf den Zehenspitzen um die eigene Achse, wirbelte weiter herum, und bald kreiste Amanda Tripp so schnell durch die Luft, daß sie nur noch ein Farbfleck war, und plötzlich ließ die Knüppelkuh die Zöpfe mit einem wilden Grunzen fahren, und Amanda schoß wie eine Rakete hoch über den Drahtzaun des Schulhofs in den Himmel hinauf.

«Guter Wurf, Meister!» rief jemand draußen vorm Schulhof, und Matilda, die die ganze Wahnsinnsangelegenheit gebannt beobachtet hatte, sah, wie Amanda Tripp in einem langen anmutigen Bogen drüben auf dem Sportplatz niederging. Sie landete auf dem Rasen, prallte dreimal auf und kam schließlich zum Stillstand. Dann richtete sie sich erstaunlicherweise auf. Sie wirkte etwas benommen, was man ihr wirklich nicht vorwerfen konnte, aber nach ungefähr einer Minute war sie wieder auf den Füßen und trottete zum Schulhof zurück. Dort stand die Knüppelkuh und klopfte sich den Staub von den Händen. «Nicht schlecht», bemerkte sie, «wenn man bedenkt, daß ich eigentlich nicht im Training bin. Gar nicht so schlecht.» Damit schlenderte sie davon.

«Sie ist verrückt», sagte Hortensia.

«Aber beschweren sich die Eltern denn nicht?» fragte Matilda.

«Würden deine das tun?» fragte Hortensia dagegen. «Meine würden sich nicht mucksen, das weiß ich ganz genau. Sie behandelt die Mütter und Väter genauso wie die Kinder, und sie haben alle einen Heidenrespekt vor ihr. Ich seh euch sicher wieder, ihr beiden.»

Damit hüpfte sie davon.

Theo Torfkopp und die Torte

«Wie kann sie damit durchkommen?» fragte Lavendel Matilda. «Wenn die Kinder nach Hause gehen, erzählen sie doch sicher ihren Eltern davon. Ich weiß bestimmt, mein Vater würde einen fürchterlichen Wirbel machen, wenn ich ihm erzählte, daß mich die Schulleiterin bei den Haaren gepackt und über den Schulzaun geschleudert hätte.»

«Nee, das wird er nicht machen», antwortete Matilda, «und ich will dir auch sagen warum. Er würde dir einfach nicht glauben.»

«Aber natürlich wird er das.»

«Wird er nicht», sagte Matilda, «und der Grund dafür ist klar. Deine Geschichte würde so verrückt klingen, daß sie keiner glaubt. Und das ist der große Trick der Knüppelkuh.»

«Was für ein Trick?» fragte Lavendel.

Matilda antwortete: «Wenn man mit etwas durchkommen will, darf man keine halben Sachen machen. Du mußt unverschämt sein und immer mit vollem Dampf voraus. Und du mußt darauf achten, daß alles, was du anstellst, so absolut wahnsinnig ist, daß es keiner glaubt. Kein Vater und keine Mutter werden diese Zopfgeschichte schlucken, auch nicht in einer Million Jahren. Meine ganz bestimmt nicht. Sie würden sagen, lüg nicht so.»

«Wenn das so ist», sagte Lavendel, «wird Amandas Mutter ihr auch nicht die Zöpfe abschneiden.»

«Nein, sie bestimmt nicht», antwortete Matilda, «das muß Amanda selber tun. Du wirst schon sehen, was passiert.»

«Glaubst du, daß sie verrückt ist?» fragte Lavendel.

«Wer?»

«Die Knüppelkuh.»

«Nein, daß sie verrückt ist, glaube ich nicht», entgegnete Matilda, «aber sie ist sehr gefährlich. Wenn man in diese Schule geht, dann ist es genauso, als ob man zusammen mit einer Kobra in einem Käfig steckt. Man muß ziemlich flink sein.»

Am folgenden Tag erlebten sie wieder, wie gefährlich die Schulleiterin werden konnte. Während der großen Pause wurde angekündigt, daß sich die ganze Schule gleich danach in der Aula versammeln sollte.

Nachdem sich alle ungefähr zweihundertundfünfzig Jungen und Mädchen in der Aula niedergelassen hatten, kam die Knüppelkuh auf die Bühne marschiert. Keiner der anderen Lehrer begleitete sie. In der rechten Hand trug sie eine Reitpeitsche. Sie baute sich in ihren grünen Hosen mit gespreizten Beinen mitten auf der Bühne auf, den Reitstock in der Hand, und starrte in das Meer der zu ihr emporgewandten Gesichter.

«Was passiert denn jetzt?» flüsterte Lavendel.

«Keine Ahnung», flüsterte Matilda zurück.

Die ganze Schule wartete gespannt auf das, was nun kommen würde.

«Theo Torfkopp!» bellte die Knüppelkuh plötzlich. «Wo steckt Theo Torfkopp?»

Mitten zwischen den Kindern fuhr eine Hand in die Höhe.

«Komm hier rauf», schrie die Knüppelkuh, «und ein bißchen hopp hopp!»

Ein elfjähriger Junge, der ausgesprochen wohlgenährt war, stand auf und watschelte rasch nach vorn. Er kletterte auf die Bühne. «Stell dich hierher!» befahl die Knüppelkuh und deutete mit dem Finger auf die Stelle. Der Junge stellte sich neben sie. Er wirkte nervös. Er wußte sehr wohl, daß er nicht hier heraufgerufen worden war, um einen Preis entgegenzunehmen. Er beobachtete die Schulleiterin mit wachsendem Mißtrauen und schuffelte mit kleinen Schritten immer weiter beiseite, so wie vielleicht eine Ratte vor einem Terrier zurückweicht, der sie von der anderen Seite des Zimmers aus beobachtet. Sein rundes Mopsgesicht war vor angstvoller Erwartung grau geworden. Seine Socken rutschten ihm über die Knöchel.

«Dieser Dummkopf», dröhnte die Rektorin und deutete mit dem Reitstock wie mit einem Degen auf ihn, «dieser widerliche Pickel, diese Pestbeule, diese Giftwarze, die ihr hier vor euch seht, ist nichts anderes als ein verachtenswerter Verbrecher, ein Bürger der Unterwelt, ein Mitglied der Mafia!»

«Wer ich?» fragte Theo Torfkopp ehrlich verblüfft.

«Ein Dieb!» kreischte die Knüppelkuh. «Ein Hehler. Ein Seeräuber! Ein Straßenräuber! Ein Beutelschneider!»

«Also aber wirklich», sagte der Junge, «ich wollte sagen, das können Sie vergessen, Frau Rektorin.»

«Leugnest du etwa, du hinterlistiger kleiner Giftzwerg? Behauptest du, nicht schuldig zu sein?»

«Ich hab ja gar keine Ahnung, wovon Sie reden», sagte der Junge, der immer verwirrter wurde.

«Ich werd dir sagen, wovon ich rede, du ekelhafter kleiner Fettfleck!» schrie die Knüppelkuh. «Gestern vormittag bist du in der Pause wie eine Schlange in die Küche geschlichen und hast dir eine Scheibe von meinem privaten Schokoladenkuchen von meinem Teetablett gestohlen! Dieses Tablett war gerade ganz speziell für mich von der Köchin vorbereitet worden. Es war mein Vormittagsimbiß. Und was den Kuchen anbelangt, so stammte er aus meinen privaten Vorräten! Das war kein Kuchen für euch Knaben! Du bildest dir wohl keine Sekunde lang ein, daß ich den Fraß auch nur anrühre, den ich euch geben lasse? Dieser Kuchen war eine Torte, und der Teig enthielt echte Butter und wirkliche Sahne! Und er, dieser Bandit und Wegelagerer, dieser Safeknacker, dieser Räuber, der da drüben mit seinen Rutschestrümpfen steht, er hat die Torte gestohlen und verschlungen!»

«Hab ich nicht!» rief der Junge aus und wurde leichen-
blaß statt grau.

«Lüg mich nicht an, Torfkopp», bellte die Knüppelkuh,
«die Köchin hat dich gesehen! Und nicht nur das, sie hat
auch gesehen, wie du gekaut hast.»

Die Knüppelkuh hielt inne, um sich einen Flocken
Schaum von den Lippen zu wischen. Als sie abermals zu
reden begann, klang ihre Stimme plötzlich milde und ge-
schmeidig, und sie beugte sich mit einem Lächeln zu dem
Knaben hinab. «Hat dir meine ganz spezielle Schokoladentorte gut geschmeckt, Torfkopp? Ist sie nicht köstlich?
Schmeckt sie nicht lecker, Torfkopp?»

«Ja, sehr lecker», murmelte der Junge. Die Worte waren ihm entschlüpft, ehe er sich beherrschen konnte.

«Du hast recht», antwortete die Knüppelkuh, «sie ist
überaus lecker. Deshalb bin ich der Ansicht, daß du der
Köchin gratulieren solltest. Wenn ein Herr eine besonders
gute Mahlzeit genossen hat, Torfkopp, dann läßt er dem
Küchenchef immer seine Komplimente ausrichten. Das
hast du nicht gewußt, nicht wahr, Torfkopp? Aber diejenigen, die sich in der Unterwelt der Verbrecher heimisch
fühlen, zeichnen sich selten durch gute Manieren aus.»

Der Junge verharrte in Schweigen.

«Köchin!» rief die Knüppelkuh und wandte den Kopf
zur Tür. «Herein mit Ihnen, Köchin! Torfkopp möchte
Ihnen sagen, wie gut er Ihren Schokoladenkuchen findet.»

Die Köchin, eine verschrumpelte Frau, die aussah, als
ob ihr schon vor langer Zeit der ganze Lebenssaft in einem
heißen Backofen verdampft wäre, trat in einer schmutzigen Schürze auf die Bühne. Ihr Auftritt war ganz offensichtlich vorher von der Schulleiterin arrangiert worden.

«Also los, Torfkopp», dröhnte die Knüppelkuh, «sag der Köchin, was du von ihrem Schokoladenkuchen hältst.»

«Sehr gut», murmelte der Junge. Man konnte genau erkennen, wie er sich den Kopf zerbrach, auf was dieses alles hinauslief. Das einzige, was er genau wußte, war: das Gesetz verbot der Knüppelkuh, ihn mit der Reitgerte zu verprügeln, mit der sie sich ununterbrochen gegen die Schenkel schlug. Das war ein gewisser Trost, wenn auch ein schwacher, denn die Knüppelkuh war vollkommen unberechenbar. Man wußte nie, was sie als nächstes unternehmen würde.

«Na also, Köchin», rief die Knüppelkuh, «Torfkopp hat Ihre Torte geschmeckt. Er betet Ihre Torte an. Haben Sie nicht vielleicht noch ein bißchen Torte übrig, die Sie ihm geben könnten?»

«Das habe ich in der Tat», antwortete die Köchin. Sie schien diesen Satz auswendig gelernt zu haben.

«Dann holen Sie sie rasch. Und bringen Sie auch ein Messer mit, damit man sie anschneiden kann.»

Die Köchin verschwand. Doch fast im Handumdrehen war sie wieder da und wankte unter dem Gewicht einer gewaltigen runden Schokoladentorte auf einem Tortenteller aus Porzellan. Der Kuchen maß einen guten halben Meter im Durchmesser und war mit dunkelbrauner Schokoladenglasur überzogen. «Stellen Sie sie dort auf den Tisch», befahl die Knüppelkuh.

Auf der Bühne befand sich ein kleiner Tisch, hinter dem ein Stuhl stand. Die Köchin stellte die prachtvolle Torte vorsichtig auf dem Tisch ab. «Setz dich, Torfkopp», sagte die Knüppelkuh, «setz dich hierher.»

Der Junge schob sich vorsichtig zum Tisch und setzte sich hin. Er starrte den riesenhaften Kuchen an.

«Da hast du's nun, Torfkopp», sagte die Knüppelkuh, und ihre Stimme bekam abermals den sanften, überredenden, fast zärtlichen Ton. «Das ist alles für dich, bis zum letzten Bissen. Weil dir die eine Scheibe, die du gestern gegessen hast, so gut geschmeckt hat, hab ich der Köchin befohlen, eine extragroße Torte ganz allein für dich zu backen.»

«Oh, danke schön», sagte der Junge vollkommen verstört. «Du mußt der Köchin danken, nicht mir», sagte die Knüppelkuh.

«Vielen Dank, Köchin», sagte der Junge.

Die Köchin stand wie ein zusammengeschnirrter Schnürsenkel da, Lippen fest zusammengepreßt, feindselig, mißgünstig. Sie sah so aus, als ob sie in eine Zitrone gebissen hätte.

«Also los», sagte die Knüppelkuh, «warum schneidest du dir nicht eine schöne dicke Scheibe ab und kostest die Torte erst einmal?»

«Was? Jetzt?» fragte der Junge mißtrauisch. Er wußte, daß die Sache irgendeinen Haken hatte, nur nicht wo. «Kann ich sie nicht einfach mit nach Hause nehmen?»

«Das wäre unhöflich», antwortete die Knüppelkuh mit einem boshaften Grinsen. «Du mußt der Köchin hier doch zeigen, wie dankbar du ihr für all die Arbeit und Mühe bist, die sie auf sich genommen hat.»

Der Junge regte sich nicht.

«Also hopp jetzt, fang an», sagte die Knüppelkuh. «Schneid dir eine Scheibe ab und beiß rein. Wir haben nicht den ganzen Tag Zeit.»

Der Junge hob das Messer auf und war schon im Begriff, in die Torte zu schneiden, als er innehielt. Er beäugte die Torte. Dann schaute er zur Knüppelkuh empor, dann zu der langen dürren Köchin mit ihrem Zitronensaftmund. Alle Kinder in der Aula sahen gespannt zu und warteten darauf, daß irgend etwas geschah. Denn das, hatten sie das Gefühl, war unvermeidlich. Die Knüppelkuh gehörte nicht zu den Menschen, die einem eine ganze Schokoladentorte aus reiner Nächstenliebe schenkten. Einige tippten darauf, daß sie mit Pfeffer oder Rizinusöl gefüllt war oder irgendeine Zutat enthielt, die so ekelerregend schmeckte, daß der Junge wie ein Reiher würde kotzen müssen. Es konnte auch Arsen sein, und dann würde er in genau zehn Sekunden tot umfallen. Oder vielleicht war es eine Scherztorte, und das ganze Ding flog in die Luft, sowie man es anschnitt, wobei Torfkopp mitgerissen würde. Alles das trauten die Schüler der Knüppelkuh zu, ohne mit der Wimper zu zucken.

«Ich möchte nichts davon essen», sagte der Junge.

«Du probierst sie, du Lauselümmel», sagte die Knüppelkuh, «du beleidigst die Köchin.»

Da begann der Junge sehr zimperlich und vorsichtig, sich eine dünne Scheibe aus der Riesentorte zu schneiden. Dann hob er die Scheibe heraus. Er legte das Messer hin und nahm das klebrige Stück in die Hand und begann es langsam zu essen.

«Lecker, nicht wahr?» fragte die Knüppelkuh.

«Sehr gut», antwortete der Junge, während er kaute und schluckte. Er aß das Stück auf.

«Nimm dir noch eins», sagte die Knüppelkuh.

«Ich hab genug, vielen Dank», murmelte der Junge.

«Ich hab gesagt, nimm dir noch eins», wiederholte die Knüppelkuh, und jetzt erklang ein sehr viel schärferer Ton in ihrer Stimme. «Iß die zweite Scheibe! Tu was man dir sagt!»

«Ich mag kein zweites Stück», sagte der Junge.

Plötzlich explodierte die Knüppelkuh. «Iß!» schrie sie und schlug sich mit der Reitgerte gegen die Schenkel. «Wenn ich dir sage, daß du essen sollst, dann wirst du essen. Du hast Torte gewollt! Du hast Torte gestohlen! Und jetzt hast du Torte gekriegt! Nicht nur das, du wirst sie auch essen. Du verläßt diese Bühne nicht, und keiner verläßt die Aula, bis du die ganze Torte aufgegessen hast, die vor dir steht. Habe ich mich deutlich ausgedrückt, Torfkopp? Hast du verstanden, was ich meine?»

Der Junge schaute die Knüppelkuh an. Dann schaute er auf die Riesentorte.

«Iß! Iß! Iß!» schrie die Knüppelkuh.

Zögernd schnitt sich der Junge ein zweites Stück ab und begann es zu essen.

Matilda war fasziniert. «Glaubst du, daß er es schafft?» flüsterte sie Lavendel zu.

«Nein», flüsterte Lavendel zurück. «Das ist unmöglich. Es wird ihm übel sein, eh er die Hälfte verputzt hat.»

Der Junge kaute weiter. Als er das zweite Stück aufgegessen hatte, zögerte er und schaute zur Knüppelkuh.

«Iß!» schrie sie. «Gierige kleine Diebe, die gerne Kuchen mögen, müssen Kuchen kriegen! Iß schneller, Junge! Iß schneller! Wir wollen hier nicht den ganzen Tag rumsitzen! Und keine Pausen so wie jetzt! Wenn du noch einmal eine Pause machst, eh du ganz und gar fertig bist, geht's geradewegs in den Luftabschneider, und ich werde höchstpersönlich die Tür verschließen und den Schlüssel in den Brunnen werfen!»

Der Junge schnitt sich eine dritte Scheibe ab und begann sie zu verzehren. Er war damit rascher als mit den ersten beiden fertig, und sofort griff er nach dem Messer und schnitt sich die nächste Scheibe ab. Er schien auf eine merkwürdige Art und Weise zu seinem eigenen Rhythmus zu kommen.

Matilda, die wie gebannt zuschaute, erkannte an dem Jungen noch keine Anzeichen von Verzweiflung. Er schien vielmehr in dem Maße Zuversicht zu gewinnen, in dem er weitermachte.

«Er kommt gut voran», flüsterte sie Lavendel zu.

«Es wird ihm schon bald übel werden», flüsterte Lavendel zurück. «Das wird grauenhaft sein.»

Als Theo Torfkopp die erste Hälfte dieser Riesentorte verdrückt hatte, hielt er nur für ein paar Sekunden inne und holte ein paarmal tief Luft.

Schon stand die Knüppelkuh mit den Händen auf den Hüften neben ihm und schaute ihn drohend an. «Vorwärts! Weiter!» rief sie. «Aufessen!»

Plötzlich ließ der Junge einen gigantischen Rülpser fahren, der wie Donner durch die Aula rollte. Viele Schüler fingen an zu kichern. «Ruhe!» brüllte die Knüppelkuh.

Der Junge schnitt sich abermals ein dickes Stück ab und fing an, es mit großer Geschwindigkeit zu verschlingen. Es waren ihm noch immer weder Erschöpfung noch Übelkeit anzumerken. Er sah ganz und gar nicht so aus, als müßte er abbrechen und ausrufen: «Ich kann nicht mehr, ich kann keinen einzigen Bissen mehr! Ich muß mich übergeben!» Er war immer noch im besten Schwung.

Und nun bahnte sich bei den zweihundertundfünfzig Kindern, die ihm in der Aula zuschauten, ein leiser Wandel an. Zu Beginn hatten sie ein drohendes Unheil gewittert. Sie hatten sich auf eine unerfreuliche Szene eingestellt, in der der unglückselige Junge, bis zu den Kiemen mit Schokoladentorte vollgestopft, aufgeben und um Gnade flehen müßte, und dann hätten sie zuschauen müssen, wie die triumphierende Knüppelkuh mehr und immer mehr Torte in den Mund des keuchenden Jungen stopfte.

Aber so verlief die Sache ganz und gar nicht. Theo Torfkopp hatte sich zu drei Vierteln durchgefuttert und zeigte immer noch keine Schwäche. Man hatte vielmehr das Gefühl, daß es ihm allmählich fast Spaß machte. Er mußte einen Berg erklimmen, und er war fest entschlossen, den Gipfel zu erreichen oder dabei umzukommen. Und er war sich unterdessen seiner Zuschauer sehr bewußt geworden und wie sie ihm stillschweigend alle den Daumen drückten. Dies war ja nichts anderes als ein Entscheidungskampf zwischen ihm und der mächtigen Knüppelkuh.

Plötzlich schrie einer: «Weiter, Theo! Du schaffst es!»

Die Knüppelkuh fuhr herum und heulte: «Ruhe!»

Die Zuschauer verfolgten alles wie gebannt. Der Wettkampf hatte sie gepackt. Sie sehnten sich danach, Theo anzuspornen, aber sie wagten es nicht.

«Ich glaube, er schafft es», flüsterte Matilda.

«Ich glaub's fast auch», flüsterte Lavendel zurück. «Ich hätte nie im Leben geglaubt, daß jemand eine Torte von dieser Größe ganz allein aufessen könnte.»

«Die Knüppelkuh hat das auch nicht geglaubt», flüsterte Matilda, «schau sie doch an. Sie wird immer röter. Wenn er gewinnt, wird sie ihn erschlagen.»

Der Junge wurde jetzt langsamer, es war nicht zu bezweifeln. Aber er stopfte sich das Zeug mit der verbiesterten Ausdauer eines Langstreckenläufers in den Mund, der schon die Ziellinie sieht und weiß, er muß nur einfach noch durchhalten. Als der allerletzte Happen verschwand, erhob sich in der Aula ein ohrenbetäubender Jubel, die Kinder sprangen von ihren Stühlen auf und jubelten und klatschten und riefen: «Bravo, Theo! Gut gemacht, Theo! Du hast eine Goldmedaille gewonnen, Theo!»

Die Knüppelkuh stand reglos auf der Bühne. Ihr großes Pferdegesicht hatte die Farbe von geschmolzener Lava angenommen, und ihre Augen funkelten vor Wut. Sie starrte Theo Torfkopp an, der wie eine fette, überfütterte Made auf seinem Stuhl saß, zum Platzen voll, halb betäubt, unfähig, sich zu rühren oder zu reden. Feine Schweißperlen glitzerten auf seiner Stirn, aber auf seinem Gesicht lag ein triumphierendes Grinsen.

Plötzlich griff die Knüppelkuh nach vorn und packte die große leere Porzellanplatte, auf der die Torte gewesen war. Sie hob sie hoch in die Luft und ließ sie genau auf den Schädel des unglücklichen Theo Torfkopp knallen, daß es nur so klirrte und die Scherben auf der ganzen Bühne herumflogen.

Der Junge war aber so mit Torte angefüllt, daß er einem Sack voll nassem Zement glich, und man hätte ihm nicht einmal mit einem Schmiedehammer etwas anhaben können. Er schüttelte also nur ein paarmal den Kopf und grinste weiter.

«Fahr zur Hölle!» kreischte die Knüppelkuh und marschierte von der Bühne. Die Köchin folgte ihr auf den Fersen.

Lavendel

Mitten in der ersten Woche von Matildas erstem Schuljahr sagte Fräulein Honig zur Klasse:

«Ich habe einige wichtige Mitteilungen für euch, hört also genau zu. Du auch, Matilda. Leg das Buch einen Augenblick beiseite und paß mit auf.»

Lauter kleine emsige Gesichter schauten auf, und alle hörten zu.

«Es ist die Gewohnheit der Schulleiterin», fuhr Fräulein Honig fort, «die Klasse in jeder Woche für eine Schulstunde zu übernehmen. Sie macht das in allen Klassen in der Schule, und jede Klasse kommt an einem ganz bestimmten Tag und zu einer ganz bestimmten Zeit an die Reihe. Bei uns ist das immer zwei Uhr am Donnerstagnachmittag, unmittelbar nach dem Mittagessen. Fräulein Knüppelkuh wird also morgen um zwei eine Stunde von mir übernehmen. Ich werde selbstverständlich auch dasein, aber nur als stumme Zuhörerin, habt ihr das verstanden?»

«Ja, Fräulein Honig», zirpten sie.

«Noch eine Warnung für euch alle», fuhr Fräulein Honig fort, «die Frau Rektorin ist mit allem sehr streng. Achtet also darauf, daß eure Kleider sauber sind, daß eure Gesichter sauber sind und daß eure Hände sauber sind. Redet nur, wenn ihr angesprochen werdet. Wenn sie euch eine Frage stellt, so steht auf, bevor ihr die Antwort gebt. Laßt euch nie auf einen Streit mit ihr ein. Widersprecht ihr niemals. Versucht niemals, witzig zu sein. Das macht sie ärgerlich, und wenn die Frau Rektorin ärgerlich wird, müßt ihr ganz gehörig auf der Hut sein.»

«Das kann man wohl sagen», murmelte Lavendel.

«Ich bin fest davon überzeugt», fuhr Fräulein Honig fort, «daß sie prüfen wird, was ihr in dieser Woche habt lernen sollen, nämlich das Einmalzwei. Ich rate euch also dringend, es noch einmal schön zu üben, wenn ihr nachher zu Hause seid. Bittet eure Mutter oder euren Vater, euch abzuhören.»

«Worin wird sie uns denn noch prüfen?» erkundigte sich jemand.

«Im Buchstabieren», antwortete Fräulein Honig. «Versucht euch gut an alles zu erinnern, was ihr in diesen letzten paar Tagen gelernt habt. Und noch etwas. Es muß hier immer ein Krug Wasser und ein Glas auf dem Tisch stehen, wenn die Frau Rektorin eintritt. Ohne das erteilt sie niemals Unterricht. Wer will also die Verantwortung übernehmen und darauf achten, daß alles vorhanden ist?»

«Ich», antwortete Lavendel sofort.

«Sehr gut, Lavendel», sagte Fräulein Honig, «es wird nun deine Aufgabe sein, kurz vor Beginn der Stunde in die Küche zu gehen und den Krug zu holen und mit Wasser zu füllen und hier auf diesen Tisch neben ein sauberes leeres Glas zu stellen.»

«Und was, wenn der Krug nicht in der Küche ist?» erkundigte sich Lavendel.

«Es gibt in der Küche Dutzende von Krügen und Gläsern, die der Frau Rektorin gehören», antwortete Fräulein Honig, «sie werden überall in der Schule gebraucht.»

«Ich werde es nicht vergessen», sagte Lavendel. «Ich verspreche, daß ich es nicht vergesse.»

Schon begann Lavendels planender Verstand sich mit den Möglichkeiten zu befassen, die sich durch diese Wasserkrugsache für sie eröffneten. Sie war ganz versessen darauf, eine wahre Heldentat zu vollbringen. Sie betete das ältere Mädchen Hortensia fast an wegen seiner wagemutigen Streiche, die es hier in der Schule gespielt hatte. Sie bewunderte auch Matilda, die ihr unter dem Siegel der Verschwiegenheit von der Papageiengeschichte erzählt hatte, die sie zu Hause durchgeführt hatte, und auch von dem großen Haarwasserstreich, dem ihr Vater die blonden Haare verdankt hatte. Jetzt war sie an der Reihe, eine Heldin zu werden, sie mußte sich nur einen fabelhaften Plan zurechtlegen.

Als sie an diesem Nachmittag von der Schule nach Hause ging, begann sie die verschiedenen Möglichkeiten zu erwägen, und als sie schließlich den Keim einer blendenden Idee erwischte, hegte und pflegte sie ihn, ließ ihn wachsen und gedeihen und arbeitete ihren Schlachtplan genauso sorgfältig aus wie der Herzog von Wellington vor der Schlacht von Waterloo. Wenn der Feind in diesem Fall auch nicht Napoleon war, so hätte man in Mahlheim Hall doch keinen getroffen, der zugegeben hätte, daß die Schulleiterin ein weniger gefährlicher Gegner als der berühmte Franzose wäre. Lavendel sagte sich, daß sie mit großem Geschick vorgehen und tiefes Schweigen bewahren müßte, wenn sie diese Unternehmung bei lebendigem Leibe überstehen wollte.

Am Ende von Lavendels Garten gab es einen verschlammten Teich, der eine Kolonie von Wassermolchen beherbergte. Der Molch, obgleich in englischen Teichen und Seen recht verbreitet, zeigt sich den Menschen nur selten, weil er ein scheues Geschöpf ist, das im Schatten lebt. Er ist ein unbeschreiblich häßliches Tier, sieht eklig aus, ungefähr wie ein Krokodilbaby, nur mit einem kürzeren Kopf. Er ist vollkommen harmlos, was man ihm aber nicht ansieht. Er ist etwa zwanzig Zentimeter lang und ziemlich glitschig, die Haut auf seinem Rücken ist grünlichgrau und die unten auf dem Bauch orangefarben. Er gehört, ganz korrekt gesagt, zu den Amphibien, die im Wasser und auf dem Trockenen leben können.

An diesem Abend ging Lavendel hinten in den Garten und war fest entschlossen, einen Molch zu fangen. Molche sind sehr flinke Tiere, und sie lassen sich nicht leicht erwischen.

Lavendel lag lange Zeit auf der Lauer und wartete geduldig, bis sie einen wahren Mordskerl ausmachte. Da schlug sie zu, indem sie ihren Schulhut als Fangnetz benutzte, und erwischte den Molch. Sie hatte ihren Griffelkasten schon vorsorglich als Behältnis für das Tier mit Gras ausgefüttert, stellte nun aber fest, daß es gar nicht so einfach war, den Molch aus dem Hut und in den Griffelkasten zu bugsieren. Er zippelte und zappelte wie Quecksilber, und der Kasten war nur so lang, daß er gerade hineinpaßte. Als sie ihn schließlich drinnen hatte, mußte sie aufpassen, daß sie ihm den Schwanz nicht einklemmte, als sie den Deckel zuschob. Ein Junge in der Nachbarschaft, der Rupert Einwinkel hieß, hatte ihr erzählt, daß der abgehackte Schwanz eines Molches lebendig blieb und aus sich heraus einen neuen Molch wachsen ließ, der zehnmal größer war als der erste. Er konnte ganz gut so groß wie ein Alligator werden. Lavendel glaubte das zwar nicht ganz, wollte jedoch dieses Risiko vermeiden.

Schließlich gelang es ihr, den Deckel des Griffelkastens richtig zuzuschieben, und damit hatte sie den Molch.

Dann fiel ihr aber etwas ein, und sie schob den Deckel ein winziges bißchen auf, damit das Tier auch atmen konnte.

Am nächsten Tag transportierte sie ihre Geheimwaffe im Ranzen in die Schule. Sie platzte fast vor Aufregung. Sie hätte am liebsten Matilda in ihren ganzen Schlachtplan eingeweiht. Am allerliebsten hätte sie es der ganzen Klasse erzählt. Aber sie kam schließlich zu dem Entschluß, keinem etwas zu sagen. So war es besser, denn dann konnte keinem ihr Name entschlüpfen, selbst wenn die härteste Folter angewandt wurde.

So kam die Zeit für die Mittagspause. Es gab heute Würstchen und gebackene Bohnen, Lavendels Lieblingsessen, aber sie konnte keinen Bissen herunterbringen.

«Geht's dir nicht gut, Lavendel?» fragte Fräulein Honig vom Tischende.

«Ich hab so viel gefrühstückt», antwortete Lavendel, «ich kann wirklich noch nichts wieder essen.»

Sofort nach dem Essen stürzte sie in die Küche und nahm sich einen der berühmten Knüppelkuh-Krüge. Es war ein großes dickes Ding aus blauglasiertem Steingut. Lavendel füllte den Krug halb mit Wasser voll, trug ihn mit einem Glas ins Klassenzimmer und stellte ihn auf den Lehrertisch. Blitzgeschwind holte Lavendel ihren Griffelkasten aus dem Ranzen und schob den Deckel nur ein klitzekleines bißchen auf. Der Wassermolch lag reglos da. Da hob sie den Kasten mit großer Vorsicht über die Schnauze des Kruges, zog den Deckel ganz und gar auf und kippte den Molch hinein. Es platschte, als er im Wasser landete, und dann fuhr er ein paar Sekunden lang wie wild herum, ehe er sich in dem Krug einrichtete. Und damit er sich dort auch richtig wie zu Hause fühlte, beschloß Lavendel, ihm auch das Grünzeug aus dem Griffelkasten ins Wasser zu geben.

Damit war die Tat getan. Alles war fertig und vorbereitet. Lavendel packte ihre Bleistifte wieder in den ziemlich feuchten Griffelkasten und stellte diesen auf seinen angestammten Platz auf ihrem eigenen Pult. Dann lief sie hinaus und gesellte sich zu den anderen auf dem Schulhof, bis es Zeit für die nächste Unterrichtsstunde war.

Wochenprüfung

Schlag zwei Uhr versammelte sich die Klasse wieder, Fräulein Honig eingeschlossen, die sich davon überzeugte, daß der Wasserkrug und das Glas an ihrem Platz standen. Dann nahm sie den ihren ein und stellte sich hinten in das Zimmer. Und schon nahte die gewaltige Gestalt der Schulleiterin in ihrem gegürteten Kittel und den grünen Kniehosen und marschierte herein.

«Guten Tag, Kinder», bellte sie.

«Guten Tag, Fräulein Knüppelkuh», zirpten sie.

Die Schulleiterin stellte sich vor der Klasse auf, Beine gespreizt, Hände auf den Hüften, und funkelte die kleinen Buben und Mädchen an, die voller Unruhe vor ihr an ihren Pulten saßen.

«Kein sehr erfreulicher Anblick», sagte sie. Ihre Miene drückte tiefsten Ekel aus, als ob sie etwas betrachtete, was ein Hund mitten auf dem Fußboden erledigt hätte. «Was seid ihr nur für eine Horde von kotzwürdigen kleinen Kröpsen.»

Alle waren vernünftig genug, um mucksmäuschenstill zu bleiben.

«Ich möchte mich übergeben», fuhr sie fort, «wenn ich nur daran denke, daß ich mich in den nächsten sechs Jahren mit so einem Haufen Müll in meiner Schule befassen muß, wie ihr es seid. Aber ich werde schon dafür sorgen, daß möglichst viele rausfliegen, und zwar ein bißchen plötzlich, sonst wär's ja nicht zum Aushalten.» Sie hielt inne und schnaubte ein paarmal. Das war ein merkwürdiges Geräusch. Man kann die gleichen Töne hören, wenn man einmal beim Füttern durch einen Pferdestall geht. «Ich nehme an», fuhr sie fort, «daß euch eure Mütter und Väter einblasen, ihr wäret wunderbar. Also, ich bin hier, um euch das Gegenteil zu sagen, und ihr solltet lieber mir glauben. Alle Mann aufgestanden!»

Sie stellten sich geschwind auf ihre Füße.

«Jetzt die Hände nach vorne gestreckt. Und wenn ich an euch vorbeigehe, dann wünsche ich, daß ihr sie umdreht, damit ich prüfen kann, ob sie von beiden Seiten sauber sind.»

Die Knüppelkuh begann einen langsamen Marsch zwischen den Bankreihen hindurch und inspizierte die Hände. Alles ging gut, bis sie zu einem kleinen Jungen in der zweiten Reihe kam.

«Dein Name?» bellte sie.

«Nigel», antwortete der Junge.

«Nigel was?»

«Nigel Hicks», sagte der Junge.

«Nigel Hicks was?» bellte die Knüppelkuh so laut, daß sie den kleinen Kerl fast durchs Fenster gepustet hätte.

«Das ist alles», antwortete Nigel, «außer Sie wollen

108

meinen zweiten Vornamen auch noch wissen.» Er war ein tapferer kleiner Junge, und man konnte sehen, daß er versuchte, sich nicht in Angst und Schrecken versetzen zu lassen von der Menschenfresserin, die da vor ihm aufragte.

«Ich bin nicht im geringsten an deinem zweiten Vornamen interessiert, du Wanze!» bellte die Menschenfresserin. «Wie lautet mein Name?»

«Fräulein Knüppelkuh», antwortete Nigel.

«Dann benutz ihn gefälligst, wenn du mit mir sprichst! Also los, wollen wir es noch mal versuchen. Wie heißt du?»

«Nigel Hicks, Fräulein Knüppelkuh», entgegnete Nigel.

«Schon besser», knurrte die Knüppelkuh. «Deine Hände starren vor Dreck, Nigel! Wann hast du sie das letzte Mal gewaschen?»

«Also, da muß ich mal nachdenken», sagte Nigel. «Es ist ziemlich schwer, sich genau daran zu erinnern. Es könnte gestern gewesen sein, oder vielleicht auch vorgestern.»

Der ganze Körper der Knüppelkuh samt ihrem Gesicht schienen so anzuschwellen, als ob sie jemand mit der Fahrradpumpe aufgepumpt hätte. «Wußte ich's doch!» bellte sie. «Ein Blick auf dich, und ich hab genau gewußt, daß du nichts als ein Stück Dreck bist. Was tut dein Vater, karrt er den Müll weg?»

«Er ist Arzt», antwortete Nigel, «und ein richtig guter. Er sagt, wir sind alle miteinander so voll von Bazillen, daß einem ein bißchen Extradreck auch nicht viel schadet.»

«Da bin ich nur froh, daß er nicht mein Hausarzt ist»,
sagte die Knüppelkuh. «Und wenn ich fragen dürfte,
warum klebt dir eine gebackene Bohne vorne am Hemd?»

«Die gab's zu Mittag, Fräulein Knüppelkuh.»

«Und schmierst du dir immer dein Mittagessen vorne
aufs Hemd, Nigel? Hat dir das dein berühmter Arzt-Vater
beigebracht?»

«Gebackene Bohnen lassen sich schlecht essen, Fräulein
Knüppelkuh. Sie fallen mir immer von der Gabel.»

«Du bist ekelhaft!» fauchte die Knüppelkuh. «Du bist
eine wandelnde Bazillenfabrik! Ich wünsche nicht, dich
heute noch einmal zu sehen. Los, stell dich in die Ecke, und
zwar auf einem Bein und mit dem Gesicht zur Wand!»

«Aber Fräulein Knüppelkuh ...»

«Keine Widerworte, Junge. Sonst laß ich dich Kopf-
stand machen! Also tu, was ich dir gesagt habe!»

Nigel schlich davon.

«Jetzt bleib, wo du bist, Junge, während ich deine
Rechtschreibung prüfe, um zu sehen, ob du in dieser Woche überhaupt etwas gelernt hast. Und dreh dich nicht um,
wenn du mit mir sprichst. Laß dein scheußliches kleines
Gesicht an der Wand. Und jetzt los, buchstabier Pferd.»

«Welches denn?» fragte Nigel. «Das, was der Wagen
tut, oder das, was den Wagen zieht?» Er war zufällig ein
ungewöhnlich aufgewecktes Kind, und seine Mutter hatte
ihm schon zu Hause ziemlich viel Lesen und Schreiben beigebracht.

«Das, was den Wagen zieht, du Holzkopf!»

Nigel buchstabierte das Wort fehlerfrei, was die Knüppelkuh verblüffte. Sie hatte sich eingebildet, sie hätte ihm
ein Wort mit besonders vielen Fußfallen gegeben, eins, das

110

er vielleicht noch gar nicht gehabt hatte, und es verdarb ihr die Laune, daß er die Aufgabe richtig gelöst hatte.

Da sagte Nigel, der immer noch auf einem einzigen Bein balancierte und die Klassenwand anschaute: «Fräulein Honig hat uns gestern beigebracht, ein ganz langes neues Wort zu buchstabieren.»

«Und was ist das für ein Wort gewesen?» fragte die Knüppelkuh mit milder Stimme. Je milder ihre Stimme wurde, desto größer wurde die Gefahr. Aber das konnte Nigel noch nicht wissen.

«Kapuziner», antwortete Nigel, «jetzt können alle in der Klasse Kapuziner buchstabieren.»

«Was für ein Unfug!» bemerkte die Knüppelkuh. «So lange Wörter sollt ihr frühestens mit acht oder neun lernen. Du kannst mir also nicht vormachen, daß jeder in der Klasse dieses Wort buchstabieren kann. Du lügst mir ins Gesicht, Nigel.»

«Fragen Sie doch wen», sagte Nigel in einem Anfall von Tollkühnheit, «fragen Sie, wen Sie wollen.»

Die gefährlich glitzernden Augen der Knüppelkuh wanderten gemächlich durch die Klasse. «Du», sagte sie und deutete auf ein winziges und ziemlich dämliches kleines Mädchen namens Paula, «buchstabier Kapuziner.»

Verblüffenderweise buchstabierte Paula das Wort wie aus der Pistole geschossen und ohne einen Fehler.

Die Knüppelkuh war völlig baff. «Hm», schnaubte sie, «soll ich also annehmen, daß Fräulein Honig eine ganze Unterrichtsstunde vergeudet hat, nur um euch beizubringen, wie man ein einziges Wort buchstabiert?»

«O nein, ganz und gar nicht», piepste Nigel. «Fräulein Honig hat es uns in drei Minuten so beigebracht, daß wir es nie wieder vergessen. Sie hat uns viele Wörter in drei Minuten beigebracht.»

«Und worin beruht diese Zaubermethode, Fräulein Honig?» fragte die Schulleiterin.

«Ich werd's Ihnen vormachen», piepste wieder der tapfere Nigel, um Fräulein Honig zu retten. «Darf ich bitte mein Bein wieder runternehmen und mich umdrehen, wenn ich's Ihnen vormache?»

«Weder noch!» fuhr ihn die Knüppelkuh an. «Bleib wie du bist und wo du bist und mach's mir trotzdem vor.»

«Na schön», antwortete Nigel, der wie betrunken auf seinem einen Bein hin und her schwankte. «Fräulein Honig bringt uns zu jedem Wort ein kleines Liedchen bei, und dann singen wir's alle zusammen und haben im Handumdrehen das Buchstabieren gelernt. Möchten Sie vielleicht gerne unser Kapuziner-Lied hören?»

«Ich kann mich kaum zurückhalten», säuselte die Knüppelkuh mit einer Stimme, die vor Hohn und Spott nur so triefte.

«Das geht so», sagte Nigel:

«K, a – ka
p, u – pu
apu – kapu – z
apuziner Kapuziner –
Das ist nett.

So buchstabiert man Kapuziner.»

«So etwas Idiotisches!» schnaubte die Knüppelkuh. «Und so ein Durcheinander! Außerdem sollt ihr keine Gedichte lernen, wenn Rechtschreibung auf dem Stundenplan steht. Das wird in Zukunft gestrichen, Fräulein Honig.»

«Aber es hilft ihnen so gut, einige von den schwereren Wörtern richtig zu behalten», murmelte Fräulein Honig.

«Keine Widerworte, Fräulein Honig», donnerte die Schulleiterin. «Sie tun, was ich Ihnen sage! Ich werde die Klasse jetzt im Malnehmen prüfen, mal sehen, ob Fräulein Honig imstande gewesen ist, euch wenigstens in dieser Hinsicht etwas beizubringen.» Die Knüppelkuh hatte wieder ihren Platz vor der Klasse eingenommen, und ihr teuflischer Blick schweifte langsam durch die Reihen ihrer kleinen Schüler. «Du!» bellte sie und deutete auf einen kleinen Jungen namens Rupert in der ersten Reihe. «Wieviel ist zwei mal sieben?»

«Sechzehn», antwortete Rupert dummerweise, ohne richtig darüber nachzudenken.

Die Knüppelkuh begann sich langsam und auf leisen Füßen an Rupert anzuschleichen wie eine Tigerin, die ein kleines Beutetier gewittert hat. Rupert wurde sich plötzlich der drohenden Gefahr bewußt und versuchte, sich schnell zu verbessern. «Achtzehn!» schrie er. «Zwei mal sieben ist achtzehn, nicht sechzehn!»

«Du schwachsinnige kleine Schnecke!» zischte die Knüppelkuh. «Du hirnloser Hornochse! Du hohlköpfiger Hamster! Du dummerhaftiger Dreckskerl!» Sie hatte sich unterdessen direkt hinter Rupert aufgepflanzt, und plötzlich streckte sie eine Hand von der Größe eines Tennisschlägers aus und grub die Finger in Ruperts Haare. Rupert hatte einen üppigen goldblonden Haarschopf, der seiner Mutter so gut gefiel, daß sie ihn hegte und pflegte und zu ihrem eigenen Entzücken relativ lang wachsen ließ.

Der Knüppelkuh waren nun langhaarige Knaben ebenso zuwider wie Mädchen mit Zöpfen und Rattenschwänzen, und sie schickte sich an, diesen Widerwillen praktisch zu beweisen. Sie ballte ihre gewaltige Faust fest in Ruperts langen goldenen Locken und hob ihren muskelstrotzenden rechten Arm, so daß der hilflose Junge schwups aus seiner Bank gehoben wurde und in der Luft schwebte.

Rupert schrie. Er zappelte und strampelte, fuhr mit den Füßen in der Luft herum und kreischte wie ein abgestochenes Schwein, während Fräulein Knüppelkuh röhrte: «Zwei mal sieben ist vierzehn! Zwei mal sieben ist vierzehn! Ich laß dich nicht los, bis du das kapiert hast!»

Aus dem Hintergrund der Klasse rief Fräulein Honig: «Fräulein Knüppelkuh! Lassen Sie ihn bitte los! Sie tun ihm doch weh! Sie können ihm die Haare ausreißen!»

«Und ob das passieren kann, wenn er so weiter zappelt!» schnaubte die Knüppelkuh. «Halt still, du winselnder Wurm!»

Es war wirklich ein ganz außerordentlicher Anblick, wie diese riesenhafte Lehrerin den kleinen Jungen hoch in der Luft baumeln ließ, während dieser wie ein Häufchen Unglück am Ende einer Strippe zu hängen und sich um sich selbst zu drehen schien und sich dabei die Seele aus dem Leibe schrie.

«Sprich mir nach!» bellte die Knüppelkuh. «Sag, zwei mal sieben ist vierzehn! Und ein bißchen Beeilung, sonst fang ich an, dich auf- und abzuschütteln, und dann reißen dir die Haare wahrscheinlich wirklich aus, und das wird reichen, um ein ganzes Sofa damit zu polstern. Also vorwärts, Junge! Sag, zwei mal sieben ist vierzehn, dann laß ich dich los!»

«Zweizweizwei ... zwei mal siesie ... sieben ist viervier ... vierzehn», keuchte Rupert, woraufhin die Knüppelkuh, getreu ihrem Versprechen, einfach die Faust öffnete und ihn buchstäblich losließ. Er hatte noch ziemlich hoch über dem Boden geschwebt, als sie ihn befreite, und er stürzte ab, knallte auf den Boden und prallte wie ein Fußball ab und in die Höhe.

«Stell dich hin und hör auf zu heulen!» befahl die Knüppelkuh.

Rupert stand auf und ging zu seinem Pult zurück, wobei er sich mit beiden Händen den Schädel rieb. Die Knüppelkuh baute sich wieder vor der Klasse auf. Die Kinder saßen wie gebannt. So etwas hatten sie noch nie erlebt. Das war eine fabelhafte Vorstellung, viel besser als eine Pantomime, allerdings mit einem großen Unterschied. Hier in diesem Zimmer ragte eine gewaltige menschliche Bombe vor ihnen auf, die in jedem Augenblick explodieren und irgendeinen in der Luft zerreißen konnte. Die Kinder ließen die Schulleiterin nicht aus den Augen. «Kleine Leute kann ich nicht ausstehen», sagte sie gerade, «kleine Leute sollten unsichtbar bleiben. Man sollte sie wie Haarnadeln und Knöpfe in Kästen sperren. Aus den Augen, aus dem Sinn. Mir ist wirklich schleierhaft, warum Kinder so lange zum Wachsen brauchen. Ich werd das Gefühl nicht los, daß sie mit Absicht so herumtrödeln.»

Ein zweiter tollkühner kleiner Junge in der ersten Bank ergriff das Wort und sagte: «Aber Sie sind doch sicher auch einmal ein kleines Kind gewesen, Fräulein Knüppelkuh, nicht wahr?»

«Ich bin *niemals* klein gewesen», fuhr sie ihn an, «ich bin immer schon groß gewesen, mein ganzes Leben lang.

Und ich seh nicht ein, warum die andern das nicht genauso können.»

«Aber Sie müssen doch auch als Säugling angefangen haben», sagte der Junge.

«Ich! Ein Säugling!» schrie die Knüppelkuh. «Wie kannst du es nur wagen, so etwas zu behaupten! Was für eine Frechheit! Was für eine infernalische Ignoranz! Wie heißt du, Junge? Und steh auf, wenn du mit mir sprichst!»

Der Junge stand auf. «Mein Name ist Erich Tinte, Fräulein Knüppelkuh», antwortete er.

«Erich was?» rief die Knüppelkuh.

«Tinte», sagte der Junge.

«Benimm dich nicht so albern, Junge! So heißt man nicht!»

«Sie brauchen nur im Telefonbuch nachzuschlagen», sagte Erich, «da finden Sie meinen Vater unter Tinte.»

«Na gut», sagte die Knüppelkuh, «dann heißt du also Tinte, junger Mann, aber ich will dir mal etwas verraten. In der Tinte sitzt du schon, und ich werd dich in die Tinte tauchen, wenn du noch einmal versuchst, derartig unverschämt zu sein. Buchstabiere Grieß.»

«Dies?» stotterte Erich. «Was denn, wen denn?»

«Grieß, du Idiot, nicht dies! Also: Buchstabier Grieß!»

«G ... R ... I ... S», antwortete Erich ein wenig zu hastig.

Ein unheilschwangeres Schweigen breitete sich aus.

«Du kannst es noch einmal versuchen», sagte die Knüppelkuh, ohne sich zu regen.

«Ach ja, ich weiß schon», sagte Erich. «Da muß noch ein E rein. G ... R ... I ... E ... S. Das ist ja ganz klar.»

Mit zwei gewaltigen Schritten stand die Knüppelkuh

hinter Erichs Pult und blieb dort stehen, eine Salzsäule, die wie das rächende Schicksal selbst über dem hilflosen Jungen aufragte.

Erich warf über die Schulter einen ängstlichen Blick auf das Ungeheuer. «Es war doch richtig, nicht?» murmelte er unruhig.

«Falsch war's!» krächzte die Knüppelkuh. «Du scheinst mir eine von diesen pickeligen Pockennarben zu sein, die alles falsch machen! Du sitzt falsch! Du siehst falsch aus! Du redest falsch! Du bist am ganzen Leibe falsch! Ich geb dir noch eine allerletzte Gelegenheit, es richtig zu machen. Los, buchstabier Grieß!»

Erich zögerte. Dann sagte er sehr langsam: «Es ist nicht G ... R ... I ... S, es ist auch nicht G ... R ... I ... E ... S. Aha, ich weiß schon. Es muß also G ... R ... I ... E ... Z sein.»

Die Knüppelkuh, die immer noch hinter Erich stand, griff sich den Jungen bei seinen beiden Ohren, wobei sie mit jeder Hand eines packte und sie zwischen Daumen und Zeigefinger zwickte und zwirbelte.

«Auatsch», rief Erich, «aua! Sie tun mir weh!»

«Damit hab ich noch gar nicht angefangen», sagte die Knüppelkuh kurz angebunden. Bei diesen Worten packte sie ihn noch fester bei den Ohren, hob ihn buchstäblich von seinem Platz und ließ ihn in der Luft schweben.

Erich heulte genauso auf wie vor ihm Rupert und schrie, daß die Wände wackelten.

Aus dem Hintergrund des Klassenraums rief Fräulein Honig:

«Nicht doch, Fräulein Knüppelkuh! Lassen Sie ihn bitte wieder los! Sie reißen ihm ja die Ohren ab!»

«Die reißen nicht ab», rief die Knüppelkuh zurück, «darin hab ich eine lange Erfahrung, Fräulein Honig, und ich habe festgestellt, daß den kleinen Jungen die Ohren ziemlich fest am Schädel sitzen.»

«Lassen Sie ihn los, Fräulein Knüppelkuh, bitte», bat Fräulein Honig, «Sie könnten ihn verletzen, ganz bestimmt. Sie könnten sie ihm abreißen!»

«Ohren sitzen bombenfest!» rief die Knüppelkuh. «Sie ziehen sich ganz erstaunlich in die Länge, wie es diese jetzt schon tun, aber abreißen, das kann ich Ihnen versichern, abreißen werden sie nie.»

Erich heulte noch lauter als zuvor und strampelte mit den Beinen in der Luft.

Matilda hatte noch niemals einen Jungen oder überhaupt einen Menschen gesehen, der nur an den Ohren in der Luft hing. Sie war genauso wie Fräulein Honig fest davon überzeugt, daß die Ohren durch das Gewicht, das an ihnen zog, in jedem Augenblick abreißen mußten.

Die Fräulein Knüppelkuh schrie: «Das Wort Grieß wird G ... R ... I ... E ... S ... Z geschrieben. Buchstabier's mir nach, du Lümmel.»

Erich zögerte keine Sekunde.

Er hatte aus dem, was er vor ein paar Minuten bei Rupert beobachtet hatte, sofort die Lehre gezogen: Je schneller man antwortet, desto schneller wird man befreit. «Grieß buchstabiert man: G ... R ... I ... E ... S ... Z», heulte er.

Die Knüppelkuh senkte ihn an beiden Ohren wieder auf seinen Platz hinter dem Pult. Dann marschierte sie vor die Klasse zurück und klopfte sich die Hände ab, als ob sie gerade etwas Schmutziges angefaßt hätte.

«So bringt man sie zum Lernen, Fräulein Honig», bemerkte sie. «Glauben Sie mir, es hat überhaupt keinen Zweck, wenn man es ihnen nur vorpredigt. Man muß es ihnen richtiggehend einbleuen. Es geht nichts über ein paar Kniffe und Püffe. Das hilft ihrem Gedächtnis auf die Sprünge. Das bringt sie dazu, sich prächtig zu konzentrieren.»

«Sie könnten ihnen aber einen bleibenden Schaden zufügen, Fräulein Knüppelkuh», rief Fräulein Honig aus.

«Das hab ich ganz bestimmt schon getan», antwortete die Knüppelkuh mit einem Grinsen. «In den letzten paar Minuten haben sich Erichs Ohren todsicher ein beträchtliches Stück gedehnt. Sie sind jetzt ein ganzes Stück länger als vorher. Aber das ist nicht schlimm, Fräulein Honig. Es wird ihm für den Rest seines Lebens eine hochinteressante Ähnlichkeit mit einem Gartenzwerg geben.»

«Aber Fräulein Knüppelkuh ...»

«Ach, halten Sie doch die Klappe, Fräulein Honig! Sie sind genauso ein Jammerlappen wie die anderen. Wenn Sie hier mit Ihrer Arbeit nicht zu Rande kommen, dann können Sie ja kündigen und sich in irgendeiner windelweichen Privatschule für verzogene reiche Fratzen eine neue Stellung suchen. Wenn Sie erst einmal so lange unterrichtet haben wie ich, dann werden Sie schon merken, daß es überhaupt keinen Sinn hat, zu Kindern freundlich zu sein. Lesen Sie einmal ‹Nicholas Nickleby›, Fräulein Honig, von Charles Dickens. Lesen Sie von diesem bewundernswürdigen Schulleiter von Dotheboys Hall. Der hat gewußt, wie man mit diesen kleinen Verbrechern umspringen muß, das kann man wohl sagen! Er hat genau gewußt, wie man die Birkenrute zu benutzen hat, das kann

119

man erst recht behaupten! Er hat ihre Hinterteile immer so glühend warm gehalten, daß man sich ein Spiegelei mit Speck darauf hätte braten können. Wirklich, ein hervorragendes Buch. Aber ich glaube nicht, daß diese Horde von Hohlköpfen, die hier vor uns versammelt sind, es jemals lesen können wird, denn so wie die aussehen, werden sie überhaupt nicht lesen lernen.»

«Ich hab's gelesen», sagte Matilda in aller Seelenruhe.

Die Knüppelkuh fuhr mit dem Kopf herum und musterte das kleine Mädchen mit den dunklen Haaren und den tiefbraunen Augen, das in der zweiten Reihe saß, genau und gründlich. «Was hast du gesagt?» fragte sie scharf.

«Ich habe gesagt, ich hab's gelesen, Fräulein Knüppelkuh.»

«Was gelesen?»

«‹Nicholas Nickleby›, Fräulein Knüppelkuh.»

«Du lügst mir ins Gesicht, mein Fräulein!» schrie die Knüppelkuh und glotzte Matilda an. «Ich bezweifle stark, daß es in der gesamten Schule auch nur ein einziges Kind gibt, das dieses Buch gelesen hat, und dann willst du hier, noch nicht trocken hinter den Ohren und in der untersten Klasse, mir so einen ungeheuerlichen Bären aufbinden! Was bildest du dir denn ein? Du mußt mich ja für eine Idiotin halten! Hältst du mich für eine Idiotin, Kind?»

«Also …» begann Matilda, zögerte dann jedoch. Sie hätte am liebsten gesagt: ‹Ja, und ob ich das tue›, aber das wäre Selbstmord gewesen. «Also …» wiederholte sie immer noch widerstrebend, immer noch nicht willens, einfach ‹nein› zu sagen.

Die Knüppelkuh ahnte, was im Kopf des Kindes vorging, und das behagte ihr gar nicht. «Steh auf, wenn du mit mir redest», fauchte sie. «Wie heißt du?»

Matilda stand auf und antwortete: «Mein Name ist Matilda Wurmwald, Fräulein Knüppelkuh.»

«Aha, Wurmwald?» wiederholte die Knüppelkuh. «In diesem Fall mußt du die Tochter des Mannes sein, dem die Wurmwald-Werkstatt gehört.»

«Ja, Fräulein Knüppelkuh!»

«Das ist vielleicht ein Gauner!» schrie die Knüppelkuh. «Vor einer Woche hat er mir einen Gebrauchtwagen verkauft und behauptet, er wäre so gut wie neu. Da hab ich ihn noch für einen schlauen Kerl gehalten. Aber als ich heute früh durch die Stadt gefahren bin, ist mir der ganze Motor aus dem Auto und auf die Straße gefallen. War voll bis obenhin mit Sägespänen! Dieser Mann ist ein Dieb und ein Räuber! Ich werde ihm das Fell über die Ohren ziehen lassen, darauf kannst du dich verlassen!»

«Er ist ein guter Geschäftsmann, sehr gescheit!» sagte Matilda.

«Gescheit! Daß ich nicht lache!» brüllte die Knüppelkuh. «Fräulein Honig hat mir gesagt, daß du auch gescheit sein sollst! Also, mein Fräulein, gescheite Leute kann ich ganz und gar nicht ausstehen! Heimtücker sind das alle! Und du bist ganz bestimmt eine Heimtückerin! Bevor ich mich mit deinem Vater erzürnt habe, hat er mir ein paar ziemlich häßliche Geschichten über dein häusliches Benehmen erzählt! Daß du mir ja nicht versuchst, hier in dieser Schule so etwas anzustellen, junge Dame. Ich werde von jetzt an ein wachsames Auge auf dich haben. Setz dich hin und halt den Mund.»

Das erste Wunder

Matilda nahm wieder an ihrem Pult Platz, und die Knüppelkuh ließ sich hinter dem Lehrertisch nieder. Es war das erste Mal, daß sie sich in dieser Stunde hingesetzt hatte. Als nächstes streckte sie die Hand aus und griff nach ihrem Wasserkrug. Während sie ihn festhielt, aber noch nicht anhob, sagte sie: «Ich habe nie begreifen können, warum kleine Kinder so widerwärtig sind. Sie sind der Nagel zu meinem Sarg. Sie sind wie Insekten. Man sollte sie so früh wie möglich vernichten. Fliegen wird man los mit Insektenspray und indem man Fliegenfänger aufhängt. Ich habe immer schon ein Mittel gegen kleine Kinder erfinden wollen. Wäre das wunderbar, wenn ich einfach nur mit einer großen Fliegenspritze in diese Klasse zu treten und dann nur noch zu pumpen brauchte! Ein paar breite Streifen Leimpapier wären natürlich noch besser. Ich würde sie überall in der Schule aufhängen, und ihr würdet samt und sonders dran hängenbleiben, und dann wäre es aus mit euch. Wäre das nicht eine gute Idee, Fräulein Honig?»

«Wenn das ein Scherz sein soll, Frau Rektorin, so halte ich ihn nicht für sehr gelungen», antwortete Fräulein Honig hinten im Klassenraum.

«So, so, so, Fräulein Honig. Das halten Sie also nicht für komisch», antwortete die Knüppelkuh, «aber ich habe nicht beabsichtigt, einen Scherz zu machen. In meiner Vorstellung von einer vollkommenen Schule, Fräulein Honig, kommen überhaupt keine Kinder vor. Und irgendwann werde ich eine solche Schule gründen. Ich glaube, daß sie ein großer Erfolg werden wird.»

Das Weib hat den Verstand verloren, sagte sich Fräulein

Honig. Sie ist jenseits von Gut und Böse. *Sie* ist diejenige, die man loswerden müßte.

Die Knüppelkuh hob nun den großen blauen Krug und goß sich etwas Wasser in ihr Glas. Und plötzlich schlüpfte mit der Flüssigkeit ein langer schlanker schleimiger Molch ins Glas, schlups!

Die Knüppelkuh stieß einen Schrei aus und fuhr von ihrem Stuhl in die Höhe, als ob darunter eine Silvesterrakete losgegangen wäre. Und jetzt sahen auch die Kinder das lange schlanke schleimige eidechsenartige Wasserwesen, das sich mit seinem gelben Bauch im Glas drehte und wandte, und sie kreischten und sprangen ebenfalls in die Höhe und schrien: «Was ist das? Oh, wie gräßlich! Das ist eine Schlange! Das ist ein kleines Krokodil! Ein Alligator!»

«Passen Sie auf, Fräulein Knüppelkuh!» rief Lavendel. «Das beißt bestimmt!»

Die Knüppelkuh aber, dieses machtvolle Riesenweib, stand in ihren grünen Reithosen da und zitterte und bebte wie ein Wackelpudding. Sie kochte vor Zorn, daß es jemandem gelungen war, sie so zu erschrecken und schreien zu lassen, denn sie bildete sich etwas auf ihre Unerschütterlichkeit ein. Sie glotzte das Geschöpf an, das in dem Glas zappelte und paddelte. Merkwürdigerweise hatte sie noch nie einen Wassermolch gesehen. Naturkunde war nicht gerade ihre Stärke. Sie hatte also keine blasse Ahnung, was das für ein Wesen war. Es sah auf jeden Fall höchst widerwärtig aus. Langsam ließ sie sich wieder auf ihrem Stuhl nieder. In diesem Augenblick wirkte sie fürchterlicher denn je. In ihren kleinen schwarzen Augen loderten die Flammen der Wut und des Hasses.

123

«Matilda!» bellte sie. «Steh auf!»

«Wer, ich?» fragte Matilda. «Was hab ich denn getan?»

«Steh auf, du widerwärtige Wanze!»

«Ich habe nichts gemacht, Fräulein Knüppelkuh, ganz bestimmt nicht. Ich habe dies eklige Ding noch nie gesehen!»

«Sofort stehst du auf, du kleiner Drecksack!»

Matilda stellte sich widerstrebend hin. Sie war in der zweiten Reihe. Lavendel saß in der Reihe hinter ihr und spürte schwache Gewissensbisse. Sie hatte nicht beabsichtigt, ihre Freundin in die Klemme zu bringen. Andererseits war sie felsenfest entschlossen, nichts zuzugeben.

«Du bist ein verschlagenes, heimtückisches, dickköpfiges, boshaftes kleines Biest!» donnerte die Knüppelkuh. «Du gehörst gar nicht in diese Schule. Du solltest hinter Gittern sitzen, da gehörtest du hin! Ich werde dich in Schimpf und Schande aus diesem Institut jagen! Ich werde die Lehrer dazu bringen, dich mit Hockeyschlägern durch die Gänge und aus dem Schultor zu prügeln. Ich werde dem gesamten Lehrkörper befehlen, dich schwerbewaffnet nach Hause zu begleiten. Und dann werde ich dafür sorgen, darauf kannst du dich verlassen, daß sie dich für mindestens vierzig Jahre in ein Zuchthaus für jugendliche Schwerverbrecherinnen stecken!»

Die Knüppelkuh hatte sich so in Wut geredet, daß ihr Gesicht wie gekocht aussah und sich Schaum in ihren Mundwinkeln gesammelt hatte. Aber sie war nicht die einzige, die ihre Gelassenheit verlor. Matilda begann ebenfalls rotzusehen. Es kümmerte sie überhaupt nicht, wenn sie für etwas gescholten wurde, was sie wirklich getan hatte, das entsprach ihrem Sinn für Gerechtigkeit. Aber für ein Verbrechen angeklagt zu werden, das sie ganz und gar nicht begangen hatte, war eine vollkommen neue Erfahrung für sie. Mit diesem Zappelding im Glas hatte sie absolut nichts zu schaffen. Verflixt und zugenäht, dachte sie, das laß ich mir von dieser niederträchtigen Knüppelkuh nicht anhängen!

«Ich hab es nicht getan!» schrie sie.

«Und ob du das hast!» keifte die Knüppelkuh zurück. «Keiner außer dir hätte so eine Gemeinheit ausbrüten können. Dein Vater hat schon recht gehabt, daß er mich vor dir gewarnt hat!»

Die Frau schien jetzt auch das letzte bißchen Selbstbeherrschung verloren zu haben. Sie raste wie eine Wahnsinnige. «Du bist in dieser Schule erledigt, junge Dame!» schrie sie. «Du bist überall erledigt. Ich werde persönlich dafür sorgen, daß man dich in ein so finsteres Loch steckt, daß nicht einmal die Krähen ihren Kot auf dich klackern lassen können. Nie mehr sollst du das Tageslicht sehen!»

«Ich habe Ihnen gesagt, daß ich es *nicht* getan habe!» schrie Matilda. «Ich habe so ein Tier noch nie in meinem Leben gesehen.»

«Du hast ein ... ein ... ein Krokodil in mein Trinkwasser gesetzt!» kreischte die Knüppelkuh zurück. «Es gibt auf der ganzen Welt kein schlimmeres Verbrechen gegen eine Schulleiterin! Also, setz dich hin und mucks dich nicht! Los, los, hingesetzt, aber ein bißchen plötzlich!»

«Aber ich sage Ihnen doch ...» schrie Matilda und dachte gar nicht daran, sich hinzusetzen.

«Und ich sage dir, daß du den Mund halten sollst!» brüllte die Knüppelkuh. «Wenn du nicht sofort die Klappe hältst und dich auf deine vier Buchstaben setzt, dann schnall ich mir den Gürtel ab und laß dich das Metallende schmecken!»

Langsam ließ sich Matilda nieder. Oh, diese Niedertracht! Diese Ungerechtigkeit! Wie konnten sie es wagen, sie für etwas von der Schule zu werfen, was sie nicht getan hatte!

Matilda spürte, wie sie immer wütender wurde und noch wütender und noch wütender... So unerträglich wütend, daß gleich in ihrem Inneren etwas zerbersten mußte.

Der Molch zappelte immer noch in dem hohen Wasserglas herum. Er sah jedoch so aus, als ob er sich gräßlich ungemütlich fühlte. Das Glas war nicht groß genug für ihn. Matilda starrte die Knüppelkuh an. Wie sie sie haßte! Sie starrte das Glas an, in dem der Molch schwamm. Wie gern wäre sie nach vorn marschiert, hätte das Glas gepackt und den ganzen Inhalt samt Molch und allem Drum und Dran der Knüppelkuh auf den Kopf geschüttet. Sie zitterte, wenn sie nur daran dachte, was die Knüppelkuh ihr antun würde, wenn sie das wirklich machte.

Die Knüppelkuh saß hinter dem Lehrertisch und starrte den im Glas strampelnden Wassermolch mit einer Mischung aus Faszination und Schrecken an. Auch Matildas Augen waren auf das Glas gerichtet. Und jetzt begann ein höchst ungewohntes und merkwürdiges Gefühl still und sachte von ihr Besitz zu ergreifen. Dieses Gefühl saß vor allem in den Augen. Es schien sich dort eine Art Elektrizität anzusammeln. Eine spürbare Kraft entwickelte sich in ihren Augen, das Gefühl einer großen Macht nistete sich tief in ihnen ein. Aber da war noch etwas anderes, eine Empfindung, die sie erst recht nicht begreifen konnte. Es zuckte auf wie Blitze, und es zischte in Wellen aus ihren Augen heraus. Ihre Augäpfel wurden regelrecht heiß und glühend, als ob sich irgendwo in ihrem Zentrum eine enorme Energiequelle gebildet hätte. Das war ein fabelhaftes Gefühl. Sie ließ ihre Augen unverwandt auf dem Glas ruhen, und jetzt richtete sich die gesamte Kraft auf einen kleinen Punkt in jedem Auge und wurde immer mächtiger, und es fühlte sich so an, als ob Millionen winzig kleiner unsichtbarer Arme, an denen Hände saßen, aus ihren Augen heraus und auf das Glas schossen, das sie anschaute.

«Kippt es um!» flüsterte Matilda. «Kippt es um!»

Sie sah das Glas schwanken. Es neigte sich tatsächlich ein wenig zur Seite, richtete sich dann aber wieder auf. Sie fuhr fort, mit all diesen Millionen und aber Millionen unsichtbarer kleiner Arme und Hände, die aus ihren Augen fuhren, dagegen zu stoßen, wobei sie ständig die Kraft fühlte, die aus den beiden kleinen schwarzen Punkten im innersten Inneren ihrer Augen strahlte. «Kippt es um!» flüsterte sie wieder. «Kippt es um!»

Das Glas schwankte abermals. Sie stieß noch kräftiger dagegen, zwang ihre Augen, noch stärkere Kraft herausstrahlen zu lassen. Und da, sehr sehr langsam, so langsam, daß sie es kaum verfolgen konnte, begann sich das Glas nach hinten zu neigen, mehr und mehr und immer mehr nach hinten, bis es auf der Kippe stand. Und so schwebte es ein paar Augenblicke lang, ehe es endgültig umkippte und mit einem scharfen Klirren auf die Tischplatte fiel. Das Wasser und der zappelnde Molch ergossen sich auf Fräulein Knüppelkuhs gewaltigen Busen. Die Schulleiterin stieß einen Schrei aus, der auch den letzten Dachziegel

127

auf dem ganzen Haus zum Klappern gebracht haben mußte, und schoß zum zweitenmal in den letzten fünf Minuten wie eine Rakete von ihrem Stuhl. Der Molch klammerte sich verzweifelt an dem Baumwollkittel fest, der den enormen Brustkasten umhüllte, und blieb dort mit seinen kleinen feuchten Klauen kleben. Die Knüppelkuh schaute nach unten, sah ihn, heulte womöglich noch lauter und wischte ihn mit einer einzigen Handbewegung ab, so daß das Tier quer durch den Klassenraum flog. Es landete neben Lavendels Pult, die sich geschwind bückte, es aufhob und zum zweitenmal in ihren Griffelkasten steckte. Es ist doch sehr nützlich, dachte sie bei sich, immer einen Wassermolch bei der Hand zu haben.

Die Knüppelkuh, deren Gesicht mehr denn je einem gekochten Schinken ähnelte, stand vor der Klasse und zitterte vor Zorn. Ihr gewaltiger Busen hob und senkte sich, und das Wasser, das ihr vorn heruntergelaufen war, hatte einen dunklen feuchten Fleck hinterlassen und sie vermutlich bis auf die Haut durchnäßt.

«Wer war das?» brüllte sie. «Los, los! Raus damit! Tritt heraus! Diesmal entkommst du mir nicht! Wer ist für diese Schweinerei verantwortlich? Wer hat das Glas umgestoßen?»

Keiner gab eine Antwort. Im ganzen Klassenzimmer herrschte Grabesstille.

«Matilda!» rief sie. «Das bist *du* gewesen! Ich weiß es genau, daß du es warst!»

Matilda saß auf ihrem Platz in der zweiten Reihe vollkommen reglos da und sagte kein Wort. Ein sonderbares Gefühl tiefer Ruhe und Sicherheit senkte sich über sie, und plötzlich merkte sie, daß sie sich vor nichts und niemandem auf der Welt mehr fürchtete. Nur mit der Kraft ihrer Augen hatte sie ein Glas Wasser zum Umkippen gebracht, so daß sich sein Inhalt auf diese fürchterliche Schulleiterin ergoß, und wer das vermochte, der konnte alles.

«Mach den Mund auf, du Eiterbeule!» dröhnte die Knüppelkuh. «Gib zu, daß du es warst!»

Matilda schaute direkt in die funkelnden Augen dieses wutschnaubenden Riesenweibs und sagte in aller Seelenruhe: «Seit Anfang dieser Schulstunde habe ich mich nicht von meinem Pult entfernt, Fräulein Knüppelkuh. Mehr kann ich dazu nicht sagen.»

Plötzlich schien sich die ganze Klasse gegen die Schulleiterin zu verbünden. «Sie hat sich nicht gerührt!» riefen sie. «Matilda hat sich nicht gerührt. Keiner hat sich gerührt! Sie müssen es selber getan haben!»

«Ich habe es ganz bestimmt nicht selber umgestoßen!» fauchte die Knüppelkuh. «Wie könnt ihr es nur wagen, so was zu behaupten! Und jetzt den Mund aufgemacht, Fräulein Honig. Sie müssen alles gesehen haben! Wer hat mein Glas umgestoßen?»

«Keins der Kinder, Fräulein Knüppelkuh», antwortete Fräulein Honig. «Ich kann beschwören, daß sich keiner von seinem Platz entfernt hat, seitdem Sie die Klasse betreten haben, außer Nigel, und der hat sich in seiner Ecke nicht gerührt.»

Fräulein Knüppelkuh glotzte Fräulein Honig an. Fräulein Honig hielt dem Blick stand, ohne mit der Wimper zu zucken. «Ich sage die Wahrheit, Frau Rektorin», fuhr sie fort. «Sie müssen es umgestoßen haben, ohne daß Sie es gemerkt haben. So etwas kann einem leicht passieren.»

«Ich hab die Nase voll von dieser Horde von Nichtsnutzen!» brüllte die Knüppelkuh. «Ich denke gar nicht daran, meine kostbare Zeit hier weiter zu verplempern!» Damit marschierte sie aus dem Klassenzimmer und knallte die Tür hinter sich zu.

In dem betäubten Schweigen, das ihrem Abgang folgte, schritt Fräulein Honig vor die Klasse und stellte sich hinter ihren Tisch. «Puh», sagte sie, «ich glaube, für heute haben wir genug gelernt, findet ihr nicht auch? Der Unterricht ist zu Ende. Ihr könnt alle hinaus auf den Schulhof laufen und dort warten, bis euch eure Eltern abholen.»

Das zweite Wunder

Matilda schloß sich nicht ihren Mitschülern an, die losstürmten und sich aus dem Klassenzimmer drängelten. Auch nachdem die anderen Kinder verschwunden waren, blieb sie noch ganz ruhig und in sich versunken vor ihrem Pult sitzen. Sie wußte, daß sie jemandem von dem erzählen mußte, was mit dem Glas geschehen war. Es war ihr unmöglich, so ein riesenhaftes Geheimnis in sich zu verschließen. Sie brauchte nur einen einzigen Menschen, einen klugen und mitfühlenden Erwachsenen, der ihr helfen konnte, die Bedeutung dieser außergewöhnlichen Vorgänge zu begreifen. Weder ihre Mutter noch ihr Vater wären in diesem Fall von Nutzen. Selbst wenn sie ihr diese Geschichte glaubten, und daran zweifelte sie sehr stark, würde ihnen ganz bestimmt entgehen, was für ein erstaunliches Ereignis an diesem Nachmittag in der Klasse stattgefunden hatte. Einer plötzlichen Eingebung folgend, erkannte Matilda, daß der einzige Mensch, dem sie sich gern anvertrauen würde, Fräulein Honig war.

Matilda und Fräulein Honig waren nun die einzigen, die sich noch im Klassenzimmer befanden. Fräulein Honig hatte sich an ihren Tisch gesetzt und blätterte einige Unterlagen durch. Sie blickte auf und sagte: «Nanu, Matilda, willst du nicht mit den anderen hinaus?»

Matilda erwiderte: «Darf ich mich bitte einen Augenblick mit Ihnen unterhalten?»

«Selbstverständlich. Was bedrückt dich denn?»

«Es ist etwas ganz Merkwürdiges mit mir passiert, Fräulein Honig.»

Fräulein Honig spitzte sofort die Ohren. Seit den beiden unglückseligen Zusammenkünften, die sie kürzlich wegen Matilda gehabt hatte – zuerst mit der Schulleiterin und dann mit dem grauenhaften Ehepaar Wurmwald –, hatte Fräulein Honig ununterbrochen über dieses Kind nachdenken müssen und sich gefragt, wie sie ihm wohl helfen könnte. Und jetzt saß Matilda mit einer sonderbar entrückten Miene vor ihr und bat um eine private Unterredung. Fräulein Honig hatte sie noch nie so überdreht und mit so weit aufgerissenen Augen erlebt.

«Also gut, Matilda», sagte sie, «erzähl mir, was dir Merkwürdiges zugestoßen ist.»

«Fräulein Knüppelkuh wird mich doch nicht von der Schule werfen, nicht wahr?» fragte Matilda. «Denn ich hab ihr dieses Tier wirklich nicht in den Wasserkrug getan. Ich schwöre, daß ich's nicht gewesen bin.»

«Ich weiß, daß du es nicht warst», sagte Fräulein Honig.

«Werd ich also rausgeschmissen?»

«Ich glaube nicht», antwortete Fräulein Honig. «Die Frau Rektorin hat sich nur ein bißchen aufgeregt, das war alles.»

«Gut», fuhr Matilda fort, «aber darüber wollte ich nicht mit Ihnen reden.»

«Worüber willst du denn mit mir reden?»

«Ich möchte mit Ihnen über das Wasserglas reden, in dem das Tier war», sagte Matilda. «Sie haben doch gesehen, wie es auf Fräulein Knüppelkuh kippte, nicht wahr?»

«Und ob ich das gesehen habe.»

«Also, Fräulein Honig, ich habe es nicht angerührt. Ich bin nicht einmal in seine Nähe gekommen.»

«Das weiß ich», sagte Fräulein Honig. «Du hast ja gehört, wie ich der Frau Rektorin gesagt habe, daß du es keineswegs gewesen sein kannst.»

«Ja, aber ich *bin* es gewesen, Fräulein Honig», sagte Matilda. «Genau darüber möchte ich mich mit Ihnen unterhalten.»

Fräulein Honig hielt inne und musterte das Kind gedankenvoll.

«Ich glaube, ich kann dir nicht folgen», sagte sie.

«Ich bin so wütend gewesen, weil sie mir was in die Schuhe schieben wollte, wofür ich nichts kann, daß ich es habe passieren lassen.»

«Du hast was passieren lassen, Matilda?»

«Ich hab das Glas umkippen lassen.»

«Ich begreife immer noch nicht ganz, was du damit sagen willst», bemerkte Fräulein Honig mit sanfter Stimme.

«Ich hab's mit meinen Augen gemacht», sagte Matilda. «Ich hab es angestarrt und hab mir gewünscht, daß es umkippt, und dann sind meine Augen ganz heiß und komisch

geworden, und so was wie eine Kraft ist aus ihnen hervor-
gebrochen, und dann ist das Glas einfach umgefallen.»

Fräulein Honig betrachtete Matilda unverwandt durch
ihre Stahlbrille, und Matilda erwiderte ihren Blick ebenso
fest und unverwandt.

«Ich kann dir immer noch nicht folgen», sagte Fräulein
Honig. «Meinst du wirklich, daß du das Glas mit deinen
Augen dazu gebracht hast umzustürzen?»

«Ja», erwiderte Matilda, «mit meinen Augen.»

Fräulein Honig schwieg einen Augenblick. Sie glaubte
nicht, daß ihr Matilda einen Bären aufband. Es kam ihr
wahrscheinlicher vor, daß Matildas lebhafte Einbildungs-
kraft mit ihr durchging. «Willst du damit sagen, daß du so
wie jetzt an deinem Platz gesessen und dem Glas gesagt
hast, es solle umkippen, und es ist wirklich umgekippt?»

«Ja, Fräulein Honig, irgendwie so.»

«Wenn du das getan hast, dann ist das ungefähr das
größte Wunder, das ein Mensch seit Christi Zeiten bewirkt hat.»

«Ich hab's aber gemacht, Fräulein Honig.»

Es ist wirklich erstaunlich, dachte Fräulein Honig, wie
oft kleine Kinder solche Anfälle von Phantasie haben. Sie
entschied, die Angelegenheit so leichthin wie möglich zu
beenden. «Könntest du das wohl wiederholen?» fragte
sie, nicht unfreundlich.

«Ich weiß nicht», antwortete Matilda, «aber ich
glaube, ich könnte es schaffen.»

Fräulein Honig schob das jetzt leere Glas mitten auf den
Tisch. «Soll ich Wasser hineingießen?» fragte sie mit
einem kleinen Lächeln.

«Ich glaube, das spielt keine Rolle», erwiderte Matilda.

«Na gut. Fang an und kipp es um.»

«Vielleicht dauert es aber etwas.»

«Laß dir so viel Zeit, wie du brauchst», entgegnete Fräulein Honig, «ich bin nicht in Eile.»

Matilda, die in ihrer zweiten Reihe ungefähr drei Meter von Fräulein Honig entfernt war, stemmte die Ellbogen auf das Pult und legte das Gesicht in ihre Hände. Diesmal gab sie gleich zu Beginn den Befehl: «Kippe, Glas, kippe!», wobei sie ihre Lippen jedoch nicht bewegte und keinen Laut von sich gab. Sie rief die Wörter einfach innen in ihrem Kopf. Und dann konzentrierte sie all ihre Gedanken und ihren Verstand und ihren Willen auf ihre Augen, und abermals, aber viel rascher als zuvor, spürte sie, wie sich die Elektrizität zusammenballte, wie die Kraft anschwoll und die Hitze ihr in die Augäpfel stieg, und dann schossen die Millionen winziger unsichtbarer Arme, an denen Hände saßen, aus ihnen heraus und auf das Glas zu, und ohne einen Laut von sich zu geben, schrie sie das Glas an, es solle umkippen. Sie sah, wie es schwankte, sich dann zur Seite neigte und schließlich einfach umkippte und mit einem leisen Klirren auf die Tischplatte fiel, keine Handbreit von Fräulein Honigs verschränkten Armen entfernt.

Fräulein Honigs Mund klappte auf, und sie riß ihre Augen so weit auf, daß man das Weiße ringsum sehen konnte. Sie sagte kein einziges Wort. Sie konnte es einfach nicht. Der Schock, die Zeugin eines Wunders zu sein, hatte ihr die Sprache geraubt. Sie starrte das Glas an und wich zurück, als ob es etwas Gefährliches wäre. Dann hob sie langsam den Kopf und schaute Matilda an. Sie sah das Kind, sah sein weißes Gesicht, weiß wie ein Leintuch, sah, wie es am ganzen Leib bebte und mit starren Augen geradeaus ins Leere schaute und nichts wahrnahm. Sein ganzes Gesicht hatte sich verändert, die Augen waren kugelrund und strahlten, und es saß sprachlos da, richtig schön, in einem Glanz aus Schweigen.

Fräulein Honig wartete geduldig, sie zitterte und bebte selbst etwas, und sie ließ das Kind nicht aus den Augen, während es sich langsam ins Bewußtsein zurückbewegte. Und dann plötzlich, klick, erstrahlte eine fast himmlische Ruhe auf seinem Gesicht. «Mir geht's gut», sagte Matilda und lächelte, «mir geht's wirklich gut, Fräulein Honig. Sie brauchen sich nicht zu erschrecken.»

«Es kam mir so vor, als wärst du ganz weit weg gewesen», flüsterte Fräulein Honig ehrfürchtig.

«Ach, das war ich auch. Ich bin auf silbernen Schwingen weit hinter den Sternen geflogen», sagte Matilda, «es war wunderbar.»

Fräulein Honig starrte das Kind immer noch in tiefem Staunen an, als ob es die Schöpfung wäre, der Anfang der Welt, der erste Morgen.

«Diesmal ging's viel schneller», bemerkte Matilda ruhig.

«Das ist doch nicht möglich!» keuchte Fräulein Honig. «Ich kann es nicht glauben! Ich kann es einfach nicht glauben!» Sie kniff die Augen zu und hielt sie ziemlich lange geschlossen, und als sie sie wieder aufschlug, schien sie ihre Fassung zurückgewonnen zu haben. «Würdest du wohl gerne Tee mit mir in meinem kleinen Häuschen trinken?» fragte sie.

«O ja, furchtbar gern», antwortete Matilda.

«Gut. Dann räum deine Sachen zusammen. In ein paar Minuten treffen wir uns draußen.»

«Aber Sie werden doch keinem davon erzählen ... Von dem, was ich gemacht hab, nicht wahr, Fräulein Honig?»

«Ich denke nicht im Traum daran», antwortete Fräulein Honig.

Fräulein Honigs Häuschen

Fräulein Honig gesellte sich draußen vor den Schultoren zu Matilda, und die beiden schritten schweigend die Hauptstraße des Ortes entlang. Sie gingen am Obst- und Gemüseladen mit seiner Auslage voll Orangen und Äpfeln vorbei, am Fleischer mit seinem Angebot von blutigen Fleischstücken und aufgehängten gerupften Hühnern, an der kleinen Bank, am Lebensmittelladen und am Elektriker, und dann kamen sie am anderen Ende der Stadt bei der schmalen Landstraße heraus, wo kein Mensch mehr zu sehen war und auch kaum Verkehr herrschte.

Und jetzt, wo sie vollkommen allein waren, wurde Matilda plötzlich wild und ausgelassen. Sie führte sich auf, als ob in ihrem Innersten ein Damm gebrochen wäre und einen gewaltigen Schwall von Lebenskraft freigegeben hätte. Sie hüpfte und hopste wie toll neben Fräulein Honig her, ihre Finger flatterten in der Luft, als ob sie sie in alle vier Himmelsrichtungen schnicken wollte, und die Worte sprudelten nur so aus ihr heraus, so geschwind wie davonzischende Feuerwerksraketen. Es war Fräulein Honig dies und Fräulein Honig das – «Fräulein Honig, ich glaub ganz bestimmt, daß ich fast alles auf der Welt in Bewegung setzen könnte, nicht nur Wassergläser und solchen anderen

Kleinkram ... Ich hab das Gefühl, daß ich Tische und Stühle umstürzen könnte, Fräulein Honig ... Selbst wenn noch wer auf den Stühlen säße, selbst dann glaub ich sicher, daß ich sie umstoßen könnte, und größere Sachen auch, viel größere Sachen als Tische und Stühle ... Ich brauch nur einen Augenblick, um meine Augen stark zu machen, und dann kann ich damit zustoßen, mit dieser Stärke, gegen einfach alles, ich muß es nur lange genug ganz fest anschauen ... Ich muß es regelrecht anstarren, Fräulein Honig, ganz, ganz fest, und dann merke ich, was da alles hinter meinen Augen passiert, und meine Augen werden so heiß, als ob sie glühten, aber das macht mir nichts aus, nicht im geringsten, und, Fräulein Honig ...»

«Beruhig dich doch, Kind, beruhige dich», sagte Fräulein Honig, «wir wollen uns nicht jetzt schon gleich so aufregen.»

«Aber Sie finden das doch interessant, nicht wahr?»

«O ja, interessant ist es schon», antwortete Fräulein Honig, «es ist mehr als interessant. Aber wir müssen von jetzt an Vorsicht walten lassen, Matilda.»

«Warum müssen wir Vorsicht walten lassen, Fräulein Honig?»

«Weil wir mit geheimnisvollen Kräften spielen, mein Kind, von denen wir nicht das geringste wissen. Ich halte sie nicht für schlecht, sie können sogar gut sein. Vielleicht sind sie sogar göttlich. Aber ganz egal, wie sie sind, vorsichtig müssen wir auf jeden Fall damit umgehen.»

Das waren weise Worte von einer klugen Eule, aber Matilda war viel zu aufgekratzt, um die Sache so zu betrachten. «Ich begreif nicht, warum wir so vorsichtig sein müssen», sagte sie und hüpfte immer weiter herum.

«Ich versuche dir ja gerade zu erklären», antwortete Fräulein Honig geduldig, «daß wir uns mit etwas Unbekanntem befassen. Es ist etwas Unerklärliches. Die richtige Bezeichnung dafür lautet: es ist ein Phänomen.»

«Bin ich auch ein Phänomen?» fragte Matilda.

«Es könnte durchaus möglich sein, daß du eins bist», sagte Fräulein Honig. «Aber es wäre mir sehr viel angenehmer, wenn du dir in dieser Situation nicht als etwas Besonderes vorkämst. Ich hatte mir gedacht, daß wir dieses Phänomen etwas genauer untersuchen könnten, nur wir beide, aber wir müssen uns darauf einigen, daß wir die Sache mit äußerster Vorsicht anpacken.»

«Wollen Sie, daß ich noch so was mache, Fräulein Honig?»

«Das hatte ich im Sinn, dir vorzuschlagen», erwiderte Fräulein Honig zurückhaltend.

«Toll», sagte Matilda.

«Ich selber», fuhr Fräulein Honig fort, «bin wahrscheinlich über das, was du getan hast, sehr viel mehr aus der Fassung geraten als du, und ich versuche eine vernünftige Erklärung zu finden.»

«Wie zum Beispiel?» fragte Matilda.

«Ob das zum Beispiel damit zusammenhängt oder nicht, daß du ganz außergewöhnlich frühreif bist.»

«Und was heißt das genau?» fragte Matilda weiter.

«Ein frühreifes Kind», erklärte Fräulein Honig, «läßt schon verhältnismäßig früh erstaunlich viel Intelligenz erkennen. Du bist ein unglaublich frühreifes Kind.»

«Wirklich?» fragte Matilda.

«Aber natürlich. Du mußt das doch merken. Denk doch nur an dein Lesen. Oder an dein Rechnen.»

«Wahrscheinlich haben Sie recht», sagte Matilda.

Fräulein Honig wunderte sich wieder über Matildas Mangel an Selbstbewußtsein und Eitelkeit.

«Ich muß immer darüber nachdenken», sagte sie, «ob diese plötzliche Gabe, die du nun besitzt, nicht etwas mit deiner Geisteskraft, deinem besonderen Gehirn, zu tun hat.»

«Wollen Sie damit sagen, daß es dem Hirn in meinem Schädel zu eng ist und daß es sich deshalb rausdrängelt?»

«So hab ich's eigentlich nicht gemeint», sagte Fräulein Honig und lächelte. «Aber was auch passiert, ich muß das noch einmal wiederholen, wir müssen von nun an sehr vorsichtig damit umgehen. Ich habe nicht vergessen, wie fremd und fern dein Gesicht geschimmert hat, nachdem du das Wasserglas umgekippt hattest.»

«Glauben Sie, daß es mir schadet? Glauben Sie das, Fräulein Honig?»

«Du hast dich ziemlich merkwürdig dabei gefühlt, nicht wahr?»

«Ich hab mich herrlich gefühlt», antwortete Matilda. «Ein oder zwei Augenblicke lang bin ich auf Silberschwingen an den Sternen vorbeigeflogen. Das hab ich Ihnen ja erzählt. Und soll ich Ihnen noch etwas verraten, Fräulein Honig? Das zweite Mal ging es leichter, viel, viel leichter. Ich glaube, es ist wie bei allem anderen, je mehr man übt, desto leichter flutscht es.»

Fräulein Honig ging langsam, so daß das kleine Kind mit ihr Schritt halten konnte, ohne zu schnell traben zu müssen, und jetzt, wo sie den Ort hinter sich gelassen hatten, war es hier draußen auf der Landstraße friedlich und ruhig. Es war einer dieser goldenen Herbsttage, in den

Hecken wuchsen Brombeeren und Ziegenbart, und die Früchte des Schlehdorns begannen rot und reif zu werden für die Vögel, die sie sich im kalten Winter holen würden. Auf beiden Seiten der Straße standen hohe Bäume, Eichen und Bergahorn und Eschen und hie und da eine echte Kastanie. Fräulein Honig, die für den Augenblick das Gesprächsthema wechseln wollte, nannte Matilda alle Namen und erklärte ihr, wie man sie an der Form ihrer Blätter und am Borkenmuster erkennen konnte. Matilda nahm das alles in sich auf und legte die Kenntnisse im Geiste sorgfältig ab.

Schließlich stießen sie an der linken Straßenseite auf eine Lücke in der Hecke, die mit einem Gattertor aus fünf Querbrettern versperrt war. «Hier entlang», sagte Fräulein Honig, wobei sie das Tor öffnete, Matilda durchließ und es hinter ihr wieder verschloß. Sie gingen jetzt einen schmalen Gartenpfad entlang, der nicht viel mehr als ein ausgefahrener Karrenweg war. Auf beiden Seiten wuchsen hohe Haselnußhecken, und man konnte ganze Büschel von reifen braunen Nüssen in ihren grünen Hüllen sehen. Die Eichhörnchen würden sich bald ans Einsammeln machen, sagte Fräulein Honig, und sie sorgsam verstecken für die kargen Monate, die vor ihnen lagen.

«Heißt das, daß Sie hier wohnen?» fragte Matilda.

«Ja», antwortete Fräulein Honig, ohne jedoch mehr dazu zu bemerken.

Matilda hatte noch nie einen Gedanken darauf verschwendet, wo Fräulein Honig wohnen mochte. Sie hatte sie immer nur als Lehrerin betrachtet, als eine Person, die aus dem Nichts auftaucht, in der Schule Unterricht gibt und dann wieder verschwindet. Hält sich irgendeins von uns Kindern damit auf, überlegte sie, darüber nachzudenken, wo unsere Lehrer nach dem Schulschluß bleiben? Denken wir darüber nach, ob sie alleine wohnen oder ob zu Hause eine Mutter auf sie wartet, eine Schwester oder ein Mann oder eine Frau? «Wohnen Sie ganz alleine, Fräulein Honig?» fragte sie.

«Ja», antwortete Fräulein Honig, «ganz alleine.»

Der Weg führte an den Karrenspuren im Lehm entlang, die von der Sonne fest und hart gebacken waren, und wenn man sich nicht den Knöchel verknacksen wollte, mußte man gut aufpassen, wohin man die Füße setzte. In den Haselnußzweigen hüpften ein paar kleine Vögel herum, und das war alles.

«Es ist nur eine Kate, die Hütte eines Landarbeiters», erklärte Fräulein Honig, «du darfst dir nicht zuviel erwarten. Wir sind auch gleich da.»

Sie kamen an eine kleine grüne Pforte, die rechts halb von der Hecke überwuchert war und sich hinter den überhängenden Haselnußzweigen fast versteckte. Fräulein Honig blieb stehen, die eine Hand auf der Pforte, und sagte: «Hier wären wir. Hier wohne ich.»

Matilda erkannte einen schmalen ungepflasterten Pfad, der zu einem Häuschen aus roten Backsteinen führte. Es war so klein, daß es mehr wie ein Puppenhaus als wie eine menschliche Behausung wirkte. Die Backsteine, aus denen es gemauert war, sahen alt und brüchig aus, und ihr Rot war schon sehr verblaßt. Die Hütte hatte ein graues Schieferdach, einen kleinen Schornstein und vorn zwei kleine Fenster. Jedes Fenster war nicht sehr viel größer als eine zusammengefaltete Zeitung, und es war klar zu erkennen, daß es in diesem Haus keinen ersten Stock gab. Zu beiden

Seiten des Gartenwegs wucherten Nesseln und Brombeer-
ranken und hohes braunes Gras wild durcheinander. Eine
gewaltige Eiche überschattete die Hütte. Ihre kräftigen,
knorrigen Äste schienen das winzige Häuschen zu umar-
men und zu behüten, vielleicht auch vor dem Rest der
Welt zu verbergen.

Fräulein Honig, deren Hand immer noch auf der Pforte
lag, die sie noch nicht geöffnet hatte, wandte sich zu Matilda und sagte: «Ein Dichter namens Dylan Thomas hat
einmal einige Zeilen geschrieben, an die ich immer denken
muß, wenn ich diesen Weg entlanggehe.»

Matilda wartete, und Fräulein Honig begann mit wunderbar langsamer Stimme das Gedicht aufzusagen:

«Nie und nimmer, mein Mädchen, herangereist
aus dem Lande der Sagen, im Schlaf fast gesprochen,
darfst du denken und fürchten, der Wolf im
   schneeweißen Schafspelz,
der heult und herumtobt wie toll, könnte springen,
   mein Lieb, meine Liebste,
aus dem Lager aus lockigem Laub, aus dem
   taufeuchten Jahr,
um dein Herz zu verzehren im Hause aus rosigem
   Holz.»

Einen Augenblick herrschte Schweigen, und Matilda, die
noch niemals große romantische Poesie laut gesprochen
gehört hatte, war tief bewegt. «Das ist wie Musik», flüsterte sie.

«Das ist wirklich Musik», antwortete Fräulein Honig.
Und dann, als sei sie erschrocken, einen geheimen Teil

ihres Wesens enthüllt zu haben, stieß sie rasch die Pforte auf und ging den Pfad entlang. Matilda blieb zurück. Dieser Ort jagte ihr jetzt doch ein bißchen Angst ein. Er schien so unwirklich zu sein, so abgelegen und phantastisch und so endlos weit vom Alltag entfernt. Er wirkte wie eine Illustration zu den Märchen der Brüder Grimm oder Hans Christian Andersens. Das war die Hütte, in der der arme Holzfäller mit Hänsel und Gretel lebte, wo Rotkäppchens Großmutter wohnte, und es war auch das Haus der sieben Zwerge und drei Bären und aller anderen. Es stammte direkt aus einem Märchenbuch.

«Komm, mein Liebes», rief Fräulein Honig, und Matilda folgte ihr den Pfad entlang.

Die Haustür war mit grüner Farbe gestrichen, die abplatzte, und es gab kein Schlüsselloch. Fräulein Honig hob einfach den Riegel, stieß die Tür auf und trat ein. Obgleich sie keine großgewachsene Frau war, mußte sie sich bücken, und Matilda lief hinter ihr her und fand sich in einer Art finsterem, engem Tunnel wieder.

«Du kannst gleich mit in die Küche durchkommen und mir beim Tee helfen», sagte Fräulein Honig und führte Matilda durch den Tunnel in die Küche, wenn man so etwas Küche nennen mochte. Sie war nicht viel größer als ein anständiger Kleiderschrank und hatte nur ein einziges kleines Fenster nach hinten hinaus mit einem Spülstein darunter, über dem sich jedoch keine Hähne befanden. An der anderen Wand war ein Brett, auf dem vermutlich das Essen vorbereitet wurde, und darüber hing ein einsamer Schrank. Auf dem Brett standen ein Primuskocher, ein Stieltopf und eine halbvolle Flasche Milch. Ein Primuskocher ist ein kleiner Campingherd, den man mit Paraffin füllt, oben anzündet, und dann muß man pumpen, um für die Flamme genug Druck zu bekommen.

«Du kannst mir etwas Wasser holen, während ich den Primus anzünde», sagte Fräulein Honig. «Der Brunnen ist draußen hinterm Haus. Nimm den Eimer hier. Am Brunnen findest du ein Seil. Du brauchst den Eimer nur am Ende des Seils einzuhaken und runterzulassen, aber fall nicht selber rein.»

Matilda war jetzt mehr denn je verwirrt, ergriff aber den Eimer und trug ihn in den Hintergarten hinaus. Der Brunnen hatte ein kleines hölzernes Dach, eine einfache Kurbel und ein Seil, das in einem dunklen, bodenlosen Loch verschwand. Matilda zog das Seil heraus und hakte den Eimergriff am Seilende fest. Dann ließ sie ihn hinab, bis sie es planschen hörte und das Seil locker wurde. Sie kurbelte es wieder hoch, und wahrhaftig, im Eimer war Wasser.

«Ist das genug?» fragte sie, nachdem sie es hineingetragen hatte.

«Gerade ausreichend», antwortete Fräulein Honig. «So etwas hast du wohl noch nie gemacht?»

«Nie in meinem ganzen Leben», antwortete Matilda. «Es macht Spaß. Wie kriegen Sie genug Wasser für Ihr Bad?»

«Ich bade gar nicht», sagte Fräulein Honig, «ich wasche mich im Stehen. Ich hole mir einen Eimer Wasser, und das mache ich mir hier auf diesem kleinen Herd heiß, und dann ziehe ich mich aus und wasche mich von Kopf bis zu den Füßen.»

«Ehrlich, das tun Sie?» fragte Matilda.

«Natürlich», sagte Fräulein Honig, «es ist noch gar

nicht lange her, da haben sich alle armen Leute in England so gewaschen. Und sie hatten noch nicht einmal einen Primuskocher. Sie mußten sich das Wasser auf dem Herdfeuer warm machen.»

«Sind Sie arm, Fräulein Honig?»

«Ja», antwortet Fräulein Honig, «ziemlich. Das ist ein guter kleiner Herd, nicht wahr?» Der Primuskocher ließ eine starke blaue Flamme röhren, und im Wasser im Topf begannen schon Blasen aufzusteigen. Fräulein Honig nahm einen Teetopf aus dem Hängeschrank und schüttete etwas Tee hinein. Sie entdeckte auch noch einen kleinen Laib Schwarzbrot. Sie schnitt zwei dünne Scheiben ab und strich etwas Margarine aus einer Plastikdose auf das Brot.

Margarine, dachte Matilda, sie muß wirklich arm sein.

Fräulein Honig nahm ein Tablett und stellte die beiden Becher, den Teetopf, die halbe Flasche Milch und einen Teller mit den beiden Brotscheiben darauf. «Es tut mir leid, aber ich habe keinen Zucker», sagte sie, «ich nehme niemals welchen.»

«Ich auch nicht», sagte Matilda. Sie schien sich in ihrer Weisheit vollkommen der heiklen Lage bewußt zu sein und gab sich große Mühe, nichts zu sagen, was ihre Gefährtin in Verlegenheit bringen könnte.

«Wir wollen den Tee im Wohnzimmer trinken», schlug Fräulein Honig vor, nahm das Tablett und ging vor, aus der Küche heraus durch den dunklen kleinen Tunnel hinüber in das Vorderzimmer. Matilda folgte ihr, aber in der Tür des sogenannten Wohnzimmers blieb sie wie festgenagelt stehen und schaute sich starr vor Staunen um. Der Raum war so klein, rechteckig und kahl wie eine Gefängniszelle. Das schwache Tageslicht, das hereinschien, kam durch ein winziges Fenster an der Vorderfront, vor dem keine Vorhänge hingen. Die einzigen Gegenstände in dem ganzen Raum waren zwei umgedrehte Holzkisten, die als Stühle dienten, und dazwischen eine dritte Kiste als Tisch. Das war alles. An den Wänden hingen keine Bilder, auf dem Boden lag kein Teppich, man sah nur die rohen Dielenbretter, und in den Ritzen dazwischen hatten sich Staubflocken und Dreckkrümel angesammelt. Die Decke war so niedrig, daß Matilda nur hätte hochzuspringen brauchen, schon hätte sie sie mit den Fingerspitzen berührt. Die Wände waren weiß, aber es sah nicht wie Farbe aus. Matilda rieb mit der flachen Hand darüber, und ein weißer Staub blieb daran haften. Es war Tünche, die einfache Kalkmilch, die man zum Weißen von Scheunen, Kuh- und Hühnerställen benutzt.

Matilda war verstört. Wohnte ihre ordentliche und immer so adrett gekleidete Lehrerin wirklich hier? Mußte sie nach ihrer Tagesarbeit immer hierher zurückkehren? Das war unglaublich. Und was konnte es für einen Grund dafür geben? Dahinter mußte etwas ganz Merkwürdiges stecken.

Fräulein Honig stellte das Tablett auf eine der hochkant gestellten Kisten. «Setz dich, mein Liebes, setz dich doch», sagte sie, «und dann wollen wir eine schöne Tasse Tee trinken. Nimm dir ein Stück Brot. Die beiden Scheiben sind für dich. Ich nehme nie etwas zu mir, wenn ich nach Hause komme. Ich greife mittags in der Schule tüchtig zu, und das reicht mir dann bis zum nächsten Morgen.»

Matilda ließ sich vorsichtig auf einer umgekippten Kiste nieder, griff mehr aus Höflichkeit nach einem Stück Margarinebrot und fing an, es zu essen. Zu Hause hätte sie

Toast mit Butter und Erdbeermarmelade bekommen und zum Abschluß wahrscheinlich noch ein Stück Biskuittorte. Trotzdem machte ihr dies hier sehr viel mehr Spaß. Es gab ein Geheimnis in diesem Haus. Ein großes Geheimnis, das stand außer Zweifel, und Matilda platzte geradezu vor Neugier. Sie wollte herausfinden, was das für ein Geheimnis war.

Fräulein Honig schenkte den Tee ein und goß in jede Tasse ein wenig Milch. Es schien ihr nicht das geringste auszumachen, in einem kahlen Raum auf einer umgekehrten Kiste zu sitzen und Tee aus einem Becher zu trinken, den sie auf ihren Knien balancierte.

«Weißt du», sagte sie, «ich habe über das, was du mit dem Glas gemacht hast, sehr gründlich nachgedacht. Du weißt sicher, mein Kind, daß dir eine große Macht verliehen worden ist.»

«Ja, Fräulein Honig, das weiß ich», antwortete Matilda und kaute ihr Margarinebrot.

«Soviel ich weiß», fuhr Fräulein Honig fort, «hat bis jetzt noch keiner in der Weltgeschichte einen Gegenstand bewegen können, ohne daß er ihn berührt oder dagegengepustet oder irgendeine andere fremde Hilfe in Anspruch genommen hätte.»

Matilda nickte schweigend.

«Es wäre faszinierend», sagte Fräulein Honig, «wenn man die wirkliche Grenze deiner Kraft herausbekommen könnte. Ja, ja, ich weiß, du bildest dir ein, du könntest einfach alles in Bewegung setzen, was es gibt, aber gerade da habe ich meine Zweifel.»

«Ich würde wahnsinnig gerne irgend etwas Riesiges versuchen», sagte Matilda.

«Wie ist es mit der Entfernung?» fragte Fräulein Honig. «Mußt du immer dicht bei dem Gegenstand sein, den du bewegst?»

«Das weiß ich einfach nicht», antwortete Matilda, «aber es würde mir Spaß machen, das auszuprobieren.»

Fräulein Honigs Geschichte

«Wir sollten das nicht übereilen», sagte Fräulein Honig, «laß uns lieber noch eine Tasse Tee trinken. Und iß die zweite Scheibe Brot. Du mußt doch hungrig sein.»

Matilda nahm sich die zweite Schnitte und fing an, sie langsam und bedächtig zu kauen. Die Margarine schmeckte gar nicht so schlecht. Sie bezweifelte, ob sie den Unterschied gemerkt hätte, wenn sie's nicht gewußt hätte.

«Fräulein Honig», sagte sie plötzlich, «werden Sie in unserer Schule so schlecht bezahlt?»

Fräulein Honig warf ihr einen wachsamen Blick zu. «Es geht», sagte sie, «ich bekomme ungefähr genausoviel wie die anderen.»

«Aber wenn Sie so schrecklich arm sind, muß das doch ziemlich wenig sein», sagte Matilda. «Leben alle Lehrer so wie Sie, ohne Möbel und Kochherd und Badezimmer?»

«Nein, das nicht», antwortete Fräulein Honig ziemlich steif, «ich bin nur zufällig eine Ausnahme.»

«Wahrscheinlich mögen Sie gerne ganz einfach leben», sagte Matilda, indem sie sich noch weiter vorwagte. «Es muß den Hausputz sehr viel einfacher machen, und Sie brauchen keine Möbel abzuledern und sich nicht um diese albernen kleinen Nippsachen zu kümmern, die überall rumstehen und die man jeden Tag abstauben muß. Und wenn man keinen Kühlschrank hat, dann muß man wahrscheinlich auch gar nicht aus dem Haus gehen und all dieses Zeug kaufen, Eier und Mayonnaise und Eiscreme, um den Kühlschrank vollzukriegen. Ja, man kann sich diese ganze Einkauferei sparen.»

An dieser Stelle merkte Matilda, wie sich Fräulein Honigs Gesicht verkrampfte und einen sonderbaren Ausdruck annahm. Ihr ganzer Körper war angespannt, die Schultern hochgezogen, die Lippen zusammengepreßt, so saß sie da, umklammerte mit beiden Händen den Teebecher und starrte so verbissen hinein, als ob sie dort eine Antwort auf diese gar nicht so unschuldigen Fragen suchte.

Es folgte ein ziemlich langes und bedrückendes Schweigen. Innerhalb von einer halben Minute hatte sich die Atmosphäre in dem kleinen Raum vollkommen verändert und vibrierte jetzt vor Verlegenheit und Geheimnissen. Matilda sagte: «Bitte verzeihen Sie mir, daß ich Sie all das gefragt habe, Fräulein Honig. Es geht mich ja nichts an.»

Daraufhin riß sich Fräulein Honig zusammen. Sie straffte die Schultern und stellte den Becher sehr umständlich und behutsam auf das Tablett.

«Warum hättest du nicht fragen sollen?» sagte sie. «Irgendwann hättest du es ohnehin getan. Du bist viel zu aufgeweckt, um dir keine Gedanken zu machen. Vielleicht *wollte* ich sogar, daß du fragst. Vielleicht habe ich dich nur aus diesem Grund hierher eingeladen. Du bist nämlich der allererste Besucher, seit ich vor zwei Jahren in dieses Häuschen eingezogen bin.»

Matilda schwieg. Sie konnte spüren, wie die Spannung im Raum immer stärker wurde.

«Du bist für deine Jahre so einsichtsvoll, mein Liebes», fuhr Fräulein Honig fort. «Das bringt mich immer wieder durcheinander. Du siehst wie ein Kind aus, aber in Wirklichkeit bist du überhaupt kein Kind, weil dein Verstand und deine Geisteskräfte ganz erwachsen zu sein scheinen. Ich glaube, wir sollten dich als ein erwachsenes Kind bezeichnen, wenn du weißt, was ich meine.»

Matilda schwieg noch immer. Sie wartete auf das, was als nächstes kommen mußte.

«Bis jetzt», fuhr Fräulein Honig fort, «war es mir unmöglich, mit einem anderen Menschen über meine Probleme zu sprechen. Ich hatte Angst vor den Aufregungen, und mir hat immer der Mut gefehlt. Was ich an Mut besessen hatte, das ist mir schon ausgetrieben worden, als ich noch ganz klein war. Aber jetzt habe ich plötzlich so etwas wie den verzweifelten Wunsch, jemandem alles zu erzählen. Ich weiß, du bist nur ein Kind, ein kleines Mädchen, aber irgendwo steckt ein Zauber in dir. Das habe ich mit eigenen Augen gesehen.»

Matilda wurde plötzlich sehr aufmerksam. Die Stimme, die sie hörte, rief ganz unverhüllt nach Hilfe. Ja, bestimmt. Es konnte gar nicht anders sein.

Dann erhob sich die Stimme wieder. «Willst du noch einen Schluck Tee?» sagte sie. «Ich glaube, es ist noch etwas da.»

Matilda nickte.

Fräulein Honig schenkte den Tee in die beiden Becher und gab etwas Milch hinzu. Wieder umschloß sie ihren Becher mit beiden Händen und trank mit kleinen Schlukken. Ein ziemlich langes Schweigen entstand, bis sie fragte: «Darf ich dir eine Geschichte erzählen?»

«Natürlich», antwortete Matilda.

«Ich bin dreiundzwanzig Jahre alt», sagte Fräulein Honig, «und als ich geboren wurde, war mein Vater hier am Ort der Arzt. Wir hatten ein hübsches altes Haus, ziemlich groß, aus rotem Backstein. Es liegt ganz verborgen im Wald, hinter den Hügeln. Ich glaube, du kennst es gar nicht.»

Matilda schwieg.

«Dort bin ich geboren worden», fuhr Fräulein Honig fort, «und dann ereignete sich die erste Tragödie. Meine Mutter starb, als ich zwei Jahre alt war. Mein Vater hatte viel zu tun und brauchte jemanden, der das Haus führte und sich um mich kümmerte. Er lud also die unverheiratete Schwester meiner Mutter, meine Tante, ein, zu uns zu ziehen. Sie war einverstanden und kam zu uns.»

Matilda hörte gespannt zu. «Wie alt war die Tante, als sie bei Ihnen einzog?» fragte sie.

«Noch nicht sehr alt», antwortete Fräulein Honig, «ich würde sagen, so um die Dreißig. Aber ich hab sie von Anfang an gehaßt. Ich vermißte meine Mutter entsetzlich, und die Tante war nicht sehr freundlich. Mein Vater wußte das nicht, weil er nur selten da war, aber wenn er auftauchte, führte sich meine Tante ganz anders auf.»

Fräulein Honig hielt inne und trank einen Schluck Tee. «Ich weiß wirklich nicht, warum ich dir das alles erzähle», sagte sie verlegen.

«Weiter», sagte Matilda, «bitte.»

«Na gut», sagte Fräulein Honig. «Dann ereignete sich

die zweite Tragödie. Als ich fünf Jahre alt war, starb mein Vater ganz plötzlich. Von einem Tag auf den anderen. Und ich blieb allein mit meiner Tante zurück. Das Gericht bestimmte sie zu meinem Vormund. Sie hatte also das Sorgerecht für mich, konnte wie Eltern über mich bestimmen, und irgendwie wurde sie auch die eigentliche Besitzerin des Hauses.»

«Wie ist Ihr Vater denn gestorben?» fragte Matilda.

«Es ist interessant, daß du dich danach erkundigst», sagte Fräulein Honig. «Ich selbst war damals viel zu klein, um danach zu fragen, aber später habe ich festgestellt, daß es beträchtliche Unklarheiten um diesen Tod gegeben hat.»

«Hat man nicht gewußt, woran er gestorben ist?» fragte Matilda.

«Nein, nicht genau», erwiderte Fräulein Honig zögernd. «Weißt du, es wollte einfach niemand glauben, daß er so etwas getan hatte. Er war ein durch und durch gesunder und vernünftiger Mann.»

«Was getan hatte?» fragte Matilda.

«Sich das Leben genommen.»

Das verblüffte Matilda. «Hat er das wirklich getan?» stieß sie hervor.

«So hat es *ausgesehen*», sagte Fräulein Honig, «aber wer weiß?» Sie zuckte die Schultern und wandte sich ab und starrte zu dem winzigen Fenster hinaus.»

«Ich weiß, was Sie denken», sagte Matilda, «Sie glauben, daß ihn die Tante getötet hat und daß sie es so eingerichtet hat, daß man denken mußte, er hätte es selber getan.»

«Ich denke gar nichts», erwiderte Fräulein Honig.

«Wenn es keinen Beweis gibt, darf man so etwas nicht denken.»

In der kleinen Stube wurde es totenstill. Matilda merkte, daß die Hände, die den Becher umklammerten, leise bebten. «Und was ist danach passiert?» fragte sie.

«Was ist mit Ihnen passiert, als Sie mit der Tante allein waren? War sie nicht nett zu Ihnen?»

«Nett?» sagte Fräulein Honig. «Sie war ein Teufel. Sobald mein Vater aus dem Wege war, wurde sie ein wahres Schreckgespenst. Mein Leben wurde ein Angsttraum.»

«Was hat sie Ihnen denn angetan?» erkundigte sich Matilda.

«Darüber möchte ich nicht sprechen», sagte Fräulein Honig, «es ist zu schrecklich. Aber schließlich bekam ich solche Angst vor ihr, daß ich schon zu zittern anfing, wenn sie nur den Raum betrat. Ich bin niemals so ein starker Charakter wie du gewesen, verstehst du? Ich war immer schüchtern und scheu.»

«Haben Sie denn gar keine anderen Verwandten gehabt?» fragte Matilda. «Irgendwelche Onkel oder Tanten oder Omas, die Sie hätten besuchen können?»

«Soweit ich weiß, nicht», antwortete Fräulein Honig. «Sie waren alle entweder tot oder nach Australien ausgewandert. Und ich fürchte, daran hat sich bis heute nichts geändert.»

«Sie sind also alleine mit Ihrer Tante in dem Haus aufgewachsen», sagte Matilda, «aber Sie müssen doch in die Schule gegangen sein.»

«Natürlich», erwiderte Fräulein Honig, «ich bin in dieselbe Schule gegangen, die du jetzt besuchst. Aber gewohnt habe ich eben zu Hause.» Fräulein Honig hielt inne und starrte in ihren leeren Teebecher. «Also, was ich dir gerade zu erklären versuche», fuhr sie fort, «ist wohl, wie ich im Lauf der Jahre von diesem Tantenungetüm so vollständig geduckt und beherrscht wurde, daß ich auf der Stelle gehorchte, gleichgültig, was sie befahl. So etwas kann passieren, verstehst du. Und als ich schließlich zehn geworden war, hatte sie mich ganz und gar zu ihrer Sklavin gemacht. Ich erledigte die ganze Hausarbeit. Ich machte ihr Bett. Ich wusch und bügelte für sie. Ich bereitete alle Mahlzeiten zu. Ich hatte einfach alles gelernt.»

«Aber Sie hätten doch sicherlich irgend jemandem Ihr Herz ausschütten können?» fragte Matilda.

«Wem denn?» fragte Fräulein Honig. «Und außerdem, ich war viel zu verschreckt, um mich zu beschweren. Ich hab dir doch gesagt, ich war eine Sklavin.»

«Hat sie Sie geschlagen?»

«Wir wollen bitte nicht in die Einzelheiten gehen», sagte Fräulein Honig.

«Das ist ja einfach grauenhaft», sagte Matilda. «Haben Sie nicht die ganze Zeit geheult?»

«Nur wenn ich alleine war», antwortete Fräulein Honig. «Vor ihr durfte ich nicht weinen. Aber ich lebte in Angst und Schrecken.»

«Und was ist passiert, als Sie mit der Schule fertig waren?» fragte Matilda.

«Ich war eine gute Schülerin», sagte Fräulein Honig, «ich hätte leicht studieren können. Aber das kam gar nicht in Frage.»

«Warum nicht, Fräulein Honig?»

«Weil ich zu Hause benötigt wurde, für die ganze Arbeit.»

«Wie sind Sie denn dann Lehrerin geworden?»

«In Reading gibt es ein Lehrerinnenkolleg», sagte Fräulein Honig. «Dahin fährt man mit dem Bus nur vierzig Minuten. Ich bekam die Erlaubnis, dorthin zu fahren, allerdings nur unter der Bedingung, daß ich jeden Nachmittag geradewegs wieder nach Hause kam, um zu waschen und zu bügeln und das Haus zu putzen und das Essen zu kochen.»

«Wie alt sind Sie denn da gewesen?» fragte Matilda.

«Als ich in das Lehrerinnenkolleg ging, war ich achtzehn», antwortete Fräulein Honig.

«Sie hätten doch einfach packen und weggehen können», sagte Matilda.

«Nicht ohne eine Anstellung», sagte Fräulein Honig, «und du darfst nicht vergessen, da hatte mich meine Tante noch so unter der Fuchtel, daß ich mich gar nicht getraut hätte. Du kannst dir gar nicht vorstellen, wie das ist, wenn man von einer sehr starken Persönlichkeit so voll und ganz beherrscht wird. Da wirst du wie ein Wackelpudding. Tja, so ist das. Nun kennst du meine trübselige Lebensgeschichte. Und jetzt hab ich genug geredet.»

«Bitte, hören Sie nicht auf», sagte Matilda, «Sie sind ja noch nicht fertig. Wie haben Sie es schließlich doch geschafft, ihr zu entkommen und in diese komische kleine Hütte zu ziehen?»

«Ah, das war vielleicht was!» sagte Fräulein Honig. «Darauf bin ich richtig stolz.»

«Erzählen!» bat Matilda.

«Nun gut», fuhr Fräulein Honig fort, «als ich also eine Stelle als Lehrerin bekam, teilte mir die Tante mit, daß ich ihr ziemlich viel Geld schuldete. Ich fragte sie warum. Sie sagte: ‹Weil ich dich jahrelang ernährt habe und weil ich dir die Schuhe und die Kleider gekauft habe!› Sie sagte mir, das sei in die Tausende gegangen, und ich müßte ihr das alles zurückzahlen, indem ich ihr in den nächsten zehn Jahren mein Gehalt gäbe. ‹Ein Pfund pro Woche gebe ich dir als Taschengeld›, sagte sie, ‹aber darüber hinaus kriegst du nichts.› Dann hat sie mit der Schulbehörde abgemacht, daß mein Geld direkt auf ihr Bankkonto überwiesen wird. Sie zwang mich, das zu unterschreiben.»

«Das hätten Sie aber nicht tun sollen», sagte Matilda, «das Gehalt war Ihr Schlüssel zur Freiheit.»

«Ich weiß, ich weiß», sagte Fräulein Honig, «aber ich war fast mein ganzes Leben lang von ihr abhängig gewesen, und ich hatte nicht den Mut oder den Verstand, einfach nein zu sagen. Ich hatte immer noch eine Heidenangst vor ihr. Sie konnte mir immer noch viel Böses antun!»

«Und wie haben Sie's dann doch geschafft, ihr zu entkommen?» fragte Matilda.

«Ah», sagte Fräulein Honig und lächelte zum erstenmal, «das war vor zwei Jahren. Und es war mein größter Triumph.»

«Ach bitte, erzählen Sie», bat Matilda.

«Ich stand immer sehr früh auf und machte einen Spaziergang, während meine Tante noch schlief», sagte Fräulein Honig, «und da bin ich eines Tages auf diese Hütte gestoßen. Sie stand leer. Ich kriegte heraus, wem sie gehörte. Das war ein Bauer. Ich suchte ihn auf. Bauern stehen auch ziemlich früh auf. Er melkte gerade seine Kühe. Ich fragte ihn, ob ich dieses Häuschen mieten könnte. ‹In dieser Kate kann doch keiner leben!› rief er. ‹Die hat ja keinen Wasseranschluß und kein gar nichts!› – ‹Ich will da wohnen›, sagte ich, ‹ich bin eine Romantikerin. Ich hab mich in die Kate verliebt. Bitte vermieten Sie sie mir.› – ‹Bei Ihnen piept's wohl›, sagte er, ‹aber wenn Sie drauf beharren, na, dann bitte schön. Die Miete beträgt zehn Pence pro Woche.› – ‹Hier haben Sie eine Monatsmiete im voraus›, sagte ich und gab ihm vierzig Pence, ‹und auch herzlichen Dank!›»

«Das ist ja super!» rief Matilda. «Da haben Sie ganz plötzlich ein Häuschen für sich gehabt! Aber woher haben Sie den Mut genommen, es Ihrer Tante beizubringen?»

«Das war ein harter Brocken», sagte Fräulein Honig, «aber ich habe mich dafür gerüstet. Eines Abends habe ich ihr zuerst das Essen gekocht, und dann bin ich hinaufgegangen und hab die paar Sachen, die mir gehörten, in einen Karton gepackt und bin wieder nach unten gegangen und hab verkündet, daß ich sie verlasse. ‹Ich habe ein Haus gemietet›, hab ich gesagt. Meine Tante ist explodiert. ‹Ein Haus gemietet!› hat sie geschrien. ‹Wie kannst du ein Haus mieten, wenn du nur ein Pfund in der Woche zur Verfügung hast?› – ‹Ich hab's getan›, hab ich gesagt. ‹Und wovon willst du dir das Essen kaufen?› – ‹Das schaff ich schon›, hab ich gemurmelt, und dann bin ich aus der Haustür gestürzt.»

«Das war aber tüchtig!» rief Matilda. «So sind Sie schließlich doch freigekommen!»

«Ja, schließlich war ich frei», sagte Fräulein Honig. «Ich kann dir nicht sagen, wie wunderbar das war.»

«Und Sie haben es wirklich geschafft, hier zwei Jahre lang nur mit einem Pfund pro Woche auszukommen?» fragte Matilda.

«Und ob ich das geschafft habe», sagte Fräulein Honig.

«Zehn Pence zahle ich als Miete, und der Rest reicht gerade aus, für meinen Kocher und für meine Lampe Paraffin zu kaufen und dann noch ein bißchen Milch und Tee, Brot und Margarine. Mehr brauche ich wirklich nicht. Und wie ich dir schon gesagt habe, mittags in der Schule lang ich tüchtig zu.»

Matilda starrte sie an. Wie war Fräulein Honig doch tapfer gewesen. Sie wurde in Matildas Augen plötzlich zur Heldin. «Ist es hier im Winter nicht schrecklich kalt?»

«Ich hab ja meinen kleinen Paraffin-Ofen», sagte Fräulein Honig. «Du wärst ganz erstaunt, wie mollig ich es mir hier drinnen machen kann.»

«Haben Sie denn ein Bett, Fräulein Honig?»

«Genaugenommen eigentlich nein», erwiderte Fräulein Honig und lächelte wieder, «aber man sagt ja, es sei gesund, hart zu schlafen.»

Plötzlich war Matilda imstande, die ganze Situation in absoluter Klarheit zu erkennen. Fräulein Honig brauchte Hilfe. Sie konnte so nicht weiter existieren, nicht unbegrenzt lange. «Sie würden viel besser zurechtkommen, Fräulein Honig», sagte sie, «wenn Sie Ihre Stelle aufgeben und Arbeitslosengeld beziehen.»

«Ich denke gar nicht daran», sagte Fräulein Honig, «ich unterrichte für mein Leben gern.»

«Und diese gräßliche Tante», sagte Matilda, «wohnt sie immer noch in Ihrem schönen alten Haus?»

«Das kann man wohl sagen», entgegnete Fräulein Honig. «Sie ist erst gerade über Fünfzig. Sie hat wohl noch eine ziemlich lange Zeit vor sich.»

«Und glauben Sie wirklich, daß Ihr Vater ihr das Haus zugedacht hat?»

«Ich bin fest davon überzeugt, daß er das nicht getan hat», antwortete Fräulein Honig. «Eltern räumen einem Vormund oft das Recht ein, das Haus für eine bestimmte Zeit zu bewohnen, aber der kann es immer nur für das Kind verwalten. Wenn dieses Kind volljährig wird, geht es in seinen oder ihren Besitz über.»

«Dann muß es doch noch Ihr Haus sein?» fragte Matilda.

«Das Testament meines Vaters ist nie gefunden worden. Es sieht so aus, als ob es jemand vernichtet hätte.»

«Dreimal darf ich raten wer», sagte Matilda.

«Einmal reicht», meinte Fräulein Honig.

«Aber wenn es kein Testament gibt, Fräulein Honig, dann müßte das Haus doch automatisch an Sie fallen. Sie sind doch die nächste Verwandte..»

«Das weiß ich», sagte Fräulein Honig, «aber meine Tante konnte einen Zettel vorweisen, der vermutlich von meinem Vater stammte. Auf dem stand, er wolle das Haus seiner Schwägerin vererben zum Dank dafür, daß sie sich so freundlich um mich gekümmert hätte. Ich bin sicher, das war eine Fälschung. Aber beweisen kann es keiner.»

«Könnten Sie es nicht versuchen?» fragte Matilda. «Könnten Sie nicht einen guten Rechtsanwalt nehmen und darum kämpfen?»

«Dafür habe ich kein Geld», sagte Fräulein Honig, «und du darfst auch nicht vergessen, daß diese Tante von mir eine hochgeachtete Persönlichkeit in der Stadt ist. Sie besitzt einen beträchtlichen Einfluß.»

«Wer ist sie denn?» fragte Matilda.

Fräulein Honig zögerte einen Augenblick. Dann sagte sie leise: «Fräulein Knüppelkuh.»

Die Namen

«Fräulein Knüppelkuh!» schrie Matilda und hüpfte auf einem Fuß im Kreise. «Wollen Sie behaupten, das wär Ihre Tante? Die hat Sie aufgezogen?»

«Ja», sagte Fräulein Honig.

«Kein Wunder, daß Sie soviel Angst hatten!» rief Matilda. «Gestern hab ich gesehen, wie sie ein Mädchen bei den Zöpfen packte und über den Zaun vom Schulhof schleuderte!»

«Da hast du noch gar nichts gesehen», sagte Fräulein Honig. «Nach dem Tod meines Vaters, als ich fünfeinhalb Jahre alt war, befahl sie mir meistens, alleine zu baden. Und wenn sie heraufkam und dachte, ich hätte mich nicht ordentlich gewaschen, dann drückte sie mir den Kopf unter Wasser und hielt mich so fest. Aber ich will gar nicht damit anfangen, was sie noch für Gewohnheiten hatte. Das wird uns überhaupt nicht weiterhelfen.»

«Nein», sagte Matilda, «das hilft nichts.»

«Wir sind hierhergekommen», sagte Fräulein Honig, «um über dich zu sprechen, und jetzt hab ich die ganze Zeit nur über mich geredet. Ich komme mir ganz albern vor. Ich möchte wirklich viel lieber wissen, was du alles mit deinen erstaunlichen Augen ausrichten kannst.»

«Ich kann Gegenstände bewegen», antwortete Matilda, «das weiß ich bestimmt. Und ich kann Gegenstände umkippen.»

«Was würdest du denn davon halten», sagte Fräulein Honig, «wenn wir in aller Vorsicht ein paar Experimente durchführten, einfach um festzustellen, wieviel du in Bewegung setzen und umkippen kannst?»

Zu ihrer Überraschung erwiderte Matilda: «Wenn Sie nichts dagegen haben, Fräulein Honig, würde ich das, glaube ich, lieber nicht tun. Ich möchte jetzt nach Hause gehen und nachdenken, über alles nachdenken, was ich heute nachmittag gehört habe.»

Fräulein Honig stand sofort auf. «Natürlich», sagte sie, «ich habe dich viel zu lange hier bei mir behalten. Deine Mutter wird schon anfangen, sich Sorgen zu machen.»

«Das macht sie nie», erwiderte Matilda und lächelte, «aber ich würde jetzt trotzdem gern nach Hause gehen, wenn's Ihnen recht ist.»

«Also dann komm», sagte Fräulein Honig. «Es tut mir leid, daß du nur so einen erbärmlichen Tee bekommen hast.»

«Überhaupt nicht», sagte Matilda, «ich fand es schön.»

Die beiden legten die ganze Strecke bis zu Matildas Haus in tiefem Schweigen zurück. Fräulein Honig spürte, daß es Matilda so am liebsten hatte. Das Kind schien so in Gedanken versunken zu sein, daß es kaum darauf achtete, wohin es ging, und als sie die Gartentür von Matildas Haus erreicht hatten, sagte Fräulein Honig: «Du vergißt am besten alles, was ich dir heute nachmittag erzählt habe.»

«Das kann ich nicht versprechen», sagte Matilda, «aber ich verspreche, daß ich mit keinem darüber reden werde, nicht einmal mit Ihnen.»

«Das wäre, glaube ich, sehr klug», sagte Fräulein Honig.

«Ich kann aber nicht versprechen, daß ich aufhöre, darüber nachzudenken, Fräulein Honig», fuhr Matilda fort. «Ich habe auf dem ganzen Rückweg von Ihrem Häuschen darüber nachgedacht, und ich glaube, ich habe einen allerersten, winzigen Anfang von einer Idee.»

«Das sollst du nicht», sagte Fräulein Honig, «bitte streich das alles aus deinem Gedächtnis.»

«Ich würde Ihnen gerne noch drei allerletzte Fragen stellen, ehe ich nicht mehr davon rede», sagte Matilda. «Ob Sie mir die bitte beantworten, Fräulein Honig?»

Fräulein Honig lächelte. Es war schon etwas ganz Besonderes, sagte sie sich, wie dieses winzige Wesen sich plötzlich ihrer Probleme annahm, und noch dazu mit einer solchen Autorität. «Also», antwortete sie, «das hängt davon ab, was das für Fragen sind.»

«Die erste Frage lautet», sagte Matilda, «wie nannte Fräulein Knüppelkuh Ihren Vater, wenn sie bei sich zu Hause waren?»

«Ich bin sicher, daß sie Magnus zu ihm sagte», antwortete Fräulein Honig, «das war sein Rufname.»

«Und wie nannte Ihr Vater Fräulein Knüppelkuh?»

«Sie heißt Agatha», sagte Fräulein Honig, «und so wird er sie wohl auch genannt haben.»

«Und als letztes», sagte Matilda, «wie sind Sie von Ihrem Vater und von Fräulein Knüppelkuh zu Hause genannt worden?»

«Sie sagten Florentine zu mir», antwortete Fräulein Honig.

Matilda dachte konzentriert über diese Antworten nach. «Ich möchte sicher sein, daß ich alles richtig behalten habe», sagte sie, «bei Ihnen daheim war Ihr Vater Magnus, Fräulein Knüppelkuh Agatha und Sie selber Florentine. Ist das richtig?»

«Das stimmt», sagte Fräulein Honig.

«Danke schön», sagte Matilda, «und jetzt werde ich dieses Thema nie mehr anschneiden.»

Fräulein Honig hätte zu gern gewußt, was im Kopf dieses Kindes vorgehen mochte. «Tu aber nichts Unbedachtes», sagte sie.

Matilda lachte, wandte sich ab, rannte den Weg zu ihrer Haustür entlang und rief dabei: «Auf Wiedersehen, Fräulein Honig! Und vielen Dank für den Tee.»

Die praktische Übung

Matilda fand das Haus wie üblich leer und verlassen vor. Ihr Vater war noch nicht von der Arbeit zurück, ihre Mutter noch nicht vom Bingo, und wo sich ihr Bruder herumtrieb, mochte der Himmel wissen. Sie ging geradewegs ins Wohnzimmer und zog die Schublade der Anrichte auf, in der, wie sie wußte, ihr Vater eine Kiste Zigarren aufhob. Sie nahm sich eine heraus, trug sie in ihr Schlafzimmer hinauf und schloß die Tür hinter sich zu. Jetzt also die praktische Übung, sagte sie sich. Es wird ganz schön haarig sein, aber ich bin fest entschlossen, es muß klappen.

Ihr Hilfsplan für Fräulein Honig begann in ihrer Vorstellung die schönsten Formen anzunehmen. Sie hatte ihn schon fast in allen Einzelheiten fertig, aber am Ende hing alles davon ab, ob sie imstande sein würde, eine einzige spezielle Sache mit ihrer Augenkraft zu schaffen. Sie wußte genau, daß sie es nicht auf Anhieb zustande brächte, aber sie vertraute fest darauf, daß es ihr mit der erforderlichen Übung und Hartnäckigkeit am Ende schon gelingen würde. Die Zigarre spielte dabei eine wesentliche Rolle. Sie war vielleicht etwas dicker, als sie sie gern gehabt hätte, aber das Gewicht war genau richtig. Sie würde gut mit ihr üben können.

In Matildas Schlafzimmer stand ein kleiner Frisiertisch, auf dem ihr Kamm und ihre Bürste lagen und zwei Bücher aus der Bibliothek. Sie räumte diese Gegenstände beiseite und legte statt dessen die Zigarre mitten auf den Frisiertisch. Dann ging sie ein paar Schritte weg und ließ sich am Fußende ihres Bettes nieder. Sie war jetzt etwa drei Meter von der Zigarre entfernt.

Sie setzte sich zurecht und begann sich zu konzentrieren, und diesmal spürte sie sehr rasch, wie die Elektrizität in ihrem Kopf zu strömen begann, sich hinter den Augen zusammenballte, wie die Augen heiß wurden und wie Millionen von unsichtbaren winzigen Händen wie Funken gegen die Zigarre zu stieben und zu stoßen begannen. «Beweg dich!» flüsterte sie, und zu ihrer namenlosen Verblüffung rollte die Zigarre mit ihrer kleinen rotgoldenen Bauchbinde aus Papier fast sofort quer über den Frisiertisch und kullerte auf den Teppich.

Das machte Matilda Spaß. Sie genoß diese Übung. Sie hatte das Gefühl gehabt, als ob ihr im Kopf Funken im Kreise herumgejagt und aus den Augen geschossen wären. Das hatte ihr ein Gefühl der Macht verliehen, das fast unirdisch war. Und wie schnell es diesmal geklappt hatte! Wie einfach es gewesen war!

Sie durchquerte das Schlafzimmer, hob die Zigarre auf und legte sie wieder auf den Tisch.

So, jetzt also zum schwierigen Teil, dachte sie. Denn wenn ich die Kraft zum Schieben habe, muß ich doch auch sicher die zum Heben haben. Das Allerwichtigste ist, daß ich lerne, wie man hebt. Ich muß unter allen Umständen lernen, wie sie sich in die Luft heben und dort halten läßt. Es ist ja nichts sehr Schweres, so eine Zigarre.

Sie setzte sich wieder aufs Fußende des Betts und fing von vorn an. Es fiel ihr jetzt leicht, die Kraft hinter den Augen zu sammeln.

Es war, als drückte man auf einen Auslöser im Gehirn. «Heb dich in die Höhe!» flüsterte sie. «Hoch! Hoch!»

Zuerst fing die Zigarre wieder an herumzukullern. Doch dann, weil sich Matilda wie verrückt konzentrierte, hob sich das eine Ende der Zigarre ganz langsam vom Tisch, vielleicht zwei oder drei Zentimeter hoch. Mit einer kolossalen Kraftanstrengung schaffte sie es, sie so etwa zehn Sekunden zu halten. Dann fiel sie wieder zurück.

«Puh!» keuchte sie. «Aber ich hab's! Ich fang an, es zu schaffen!»

In der nächsten Stunde übte Matilda ununterbrochen, und schließlich gelang es ihr, die ganze Zigarre nur durch die Kraft ihrer Augen etwa zwanzig Zentimeter vom Tisch hoch in die Luft zu heben und sie dort fast eine Minute lang in der Schwebe zu halten. Danach war sie plötzlich so erschöpft, daß sie rückwärts aufs Bett fiel und sofort einschlief.

So fand sie ihre Mutter später am Abend.

«Was ist denn los mit dir?» sagte sie und weckte sie auf. «Bist du krank?»

«Ach, Quatsch», sagte Matilda, richtete sich auf und schaute sich um. «Nein, mir geht's gut. Ich war ein bißchen müde, das ist alles.»

Von da an schloß sich Matilda jeden Tag nach der

Schule in ihrem Zimmer ein und übte mit der Zigarre. Und bald entwickelte sich alles aufs beste. Sechs Tage später, also am folgenden Mittwochnachmittag, war sie nicht nur imstande, die Zigarre in die Luft zu heben, sondern konnte sie auch ganz nach Belieben hin und her bewegen. Es war wunderbar. «Ich kann's!» schrie Matilda. «Ich kann es wirklich! Ich kann die Zigarre mit meiner Augenkraft einfach aufheben und so durch die Luft stoßen und schieben, wie ich will!»

Jetzt mußte sie ihren großen Plan nur noch in Gang setzen.

Das dritte Wunder

Der folgende Tag war Donnerstag, also der Tag, wie die ganze Klasse von Fräulein Honig wußte, an dem die Schulleiterin die erste Unterrichtsstunde nach der Mittagspause zu übernehmen pflegte.

Am Morgen hatte Fräulein Honig zu ihnen gesagt: «Einigen von euch hat es neulich nicht besonders gefallen, als die Frau Rektorin die Klasse übernommen hatte. Deshalb wollen wir heute alle versuchen, uns besonders vorsichtig und vernünftig zu betragen. Was machen denn deine Ohren, Erich, nach diesem letzten Zusammentreffen mit Fräulein Knüppelkuh?»

«Sie hat sie ausgeleiert», antwortete Erich. «Meine Mutter hat gesagt, sie sind ganz bestimmt länger als vorher.»

«Und Rupert?» sagte Fräulein Honig. «Ich bin sehr erleichtert, weil ich sehe, daß du seit dem letzten Donnerstag keine Haare mehr gelassen hast.»

«Mein Kopf hat aber danach ganz schön gebrannt», antwortete Rupert.

«Und du, Nigel», fuhr Fräulein Honig fort, «versuch heute bitte nicht wieder, der Frau Rektorin so schlau zu kommen. Du bist in der vergangenen Woche ganz schön frech gewesen.»

«Ich kann sie nicht ausstehen», antwortete Nigel.

«Zeig das lieber nicht so deutlich», sagte Fräulein Honig, «es zahlt sich nicht aus. Sie ist eine sehr kräftige Frau. Sie hat Muskeln wie Stahltrossen.»

«Ich wünschte, ich wäre schon groß», sagte Nigel, «dann würde ich sie umhauen.»

«Ich möchte bezweifeln, daß dir das gelänge», sagte Fräulein Honig, «bis jetzt hat sie noch keiner bezwungen.»

«Was wird sie uns denn heute nachmittag fragen?» erkundigte sich ein kleines Mädchen.

«Wohl sicherlich das Einmaldrei», antwortete Fräulein Honig. «Das habt ihr ja alle seit voriger Woche lernen sollen. Sorgt also dafür, daß ihr es könnt.»

Die Mittagspause kam und ging vorüber.

Nach dem Essen versammelte sich die Klasse wieder. Fräulein Honig stellte sich seitlich auf, die Kinder nahmen schweigend die Plätze ein und begannen voll Angst zu warten. Und dann brach die gewaltige Knüppelkuh in ihren grünen Hosen und dem Baumwollkittel wie ein Riesenweib aus der Urwelt in die Klasse ein. Sie marschierte geradewegs zu ihrem Wasserkrug, packte ihn am Griff, hob ihn auf und spähte mißtrauisch hinein.

«Ich bin entzückt», sagte sie, «daß diesmal keine schleimigen Geschöpfe in meinem Trinkwasser schwimmen. Hätten sie es getan, so wäre jedem einzelnen Kind in dieser Klasse etwas besonders Unangenehmes zugestoßen. Und das hätte Sie mit eingeschlossen, Fräulein Honig.»

Die Klasse verhielt sich mucksmäuschenstill, alle saßen angespannt da. Sie hatten diese Tigerin unterdessen ein wenig kennengelernt, und keiner wollte sie reizen. «Also gut», dröhnte die Knüppelkuh, «wollen wir mal sehen, wie gut ihr euer Einmaldrei beherrscht. Oder andersherum, wollen mal sehen, wie miserabel euch Fräulein Honig das Einmaldrei beigebracht hat.» Die Knüppelkuh stand vor der Klasse, Beine breit, Hände auf den Hüften, und warf einen finsteren Blick auf Fräulein Honig, die schweigend an der Seite stand.

Matilda, die vollkommen reglos auf ihrem Platz in der zweiten Reihe saß, verfolgte alles sehr genau.

«Du!» schrie die Knüppelkuh und deutete mit einem Finger von der Größe einer Nudelrolle auf einen Jungen namens Wilfred. Wilfred saß ganz vorn an der äußersten rechten Seite der Bankreihe.

«Steh auf, du!» schrie sie ihn an.

Wilfred stand auf.

«Sag das Einmaldrei rückwärts auf!» bellte die Knüppelkuh.

«Rückwärts?» stammelte Wilfred. «Aber rückwärts hab ich's nicht geübt.»

«Seht ihr!» schrie die Knüppelkuh triumphierend. «Nichts hat sie euch beigebracht! Fräulein Honig, warum haben Sie ihnen in der letzten Woche nichts, überhaupt nichts beigebracht?»

«Das ist nicht wahr, Frau Rektorin», sagte Fräulein Honig, «sie haben ihr Einmaldrei gelernt. Aber ich sehe keinen Sinn darin, es ihnen rückwärts beizubringen. Es hat überhaupt keinen Sinn, jemandem etwas verkehrt herum beizubringen. Das ganze Leben, Frau Rektorin, ist darauf gerichtet vorwärtszuschreiten. Ich wage auch zu bezweifeln, ob selbst Sie ein so einfaches Wort wie zum Beispiel Kreuzworträtsel so ohne weiteres rückwärts buchstabieren könnten. Das möchte ich wirklich bezweifeln.»

«Werden Sie mir nicht frech, Fräulein Honig!» fauchte sie die Knüppelkuh an und wandte sich dann wieder dem unglückseligen Wilfred zu. «Also gut, Junge», sagte sie, «dann antworte mir auf diese Frage: Ich habe sieben Äpfel, sieben Apfelsinen und sieben Bananen. Wie viele Früchte habe ich dann insgesamt? Und jetzt hopp, hopp, schieß los! Raus mit der Antwort!»

«Aber das ist Zusammenzählen!» schrie Wilfred. «Das ist nicht das Einmaldrei!»

«Du hirnrissiger Idiot!» schrie die Knüppelkuh. «Du verschimmelter Pilz! Du stinkender Gummifurz! Und ob das das Einmaldrei ist! Du hast drei Mengen von Früchten, und jede Menge besteht aus sieben Stück. Drei mal sieben ist einundzwanzig. Kannst du das nicht kapieren, du modriger Moormops? Ich werde dir noch eine allerletzte Chance geben. Ich habe acht Kokosnüsse, acht Erdnüsse und acht so taube Nüsse, wie du eine bist. Wie viele Nüsse habe ich insgesamt? Also – her mit der Antwort, flink, flink.»

Der arme Wilfred war vollkommen durcheinander. «Moment!» winselte er. «Bitte warten Sie! Ich muß also

acht Kokosnüsse und acht Erdnüsse zusammenzählen...»
Er fing an, das an seinen Fingern abzuzählen.

«Du picklige Pestbeule», schrie die Knüppelkuh mit
gellender Stimme, «du mottenzerfressener Murks! Hier
wird nicht zusammengezählt! Hier wird multipliziert!
Also drei mal acht! Oder vielleicht acht mal drei? Was ist
der Unterschied zwischen drei mal acht und acht mal drei?
Antworte mir, du spilleriger Wurzelzwerg, aber paß bloß
auf!»

Unterdessen war Wilfred so verschreckt und verstört,
daß er kein Wort mehr herausbrachte.

In zwei gewaltigen Schritten war die Knüppelkuh neben
ihm, und mit einem einzigen fabelhaften Turnertrick – es
konnte genausogut Judo wie Karate gewesen sein – kickte
sie mit einem Fuß so gegen Wilfreds Waden, daß der Junge
steil in die Höhe schoß und in der Luft einen Salto schlug.
Aber mitten in diesem Schwung erwischte sie ihn am Fußgelenk und hielt ihn so fest, daß er wie ein gerupftes Huhn
in der Auslage eines Wild- und Geflügelladens mit dem
Kopf nach unten baumelte.

«Acht mal drei», rief die Knüppelkuh und ließ Wilfred
am Fußgelenk hin und her pendeln, «acht mal drei ist das-
selbe wie drei mal acht, und drei mal acht ist vierundzwanzig! Wiederhole mir das!»

Genau in diesem Augenblick sprang Nigel am anderen
Ende des Klassenzimmers auf die Füße, fing an, wie verrückt auf die Tafel zu deuten, und schrie: «Die Kreide!
Die Kreide! Schaut euch doch die Kreide an! Sie bewegt
sich von ganz alleine!»

Nigels Geschrei klang so hysterisch und schrill, daß
alle, selbst die Knüppelkuh, zur Tafel blickten. Und

wahrhaftig, dort schwebte ein funkelnagelneues Stück Kreide dicht vor der grauschwarzen Schreibfläche der Tafel.

«Sie schreibt was!» kreischte Nigel. «Die Kreide schreibt was!»

Und wirklich, sie schrieb etwas.

«Was zum Donnerwetter soll denn das?» heulte die Knüppelkuh.

Sie hatte einen Schreck gekriegt, weil sie sah, wie ihr eigener Vorname von einer unsichtbaren Hand an die Tafel geschrieben wurde. Sie ließ Wilfred einfach fallen und schrie, ohne jemand besonderen zu meinen: «Wer macht das denn? Wer schreibt denn da?»

Die Kreide fuhr fort zu schreiben:

AGATHA, DIES IST MAGNUS. DIES IST MAGNUS.

Alle Kinder in der Klasse hörten das Keuchen, das aus der Kehle der Knüppelkuh drang. «Nein!» schrie sie. «Das kann nicht sein! Das kann nicht Magnus sein!»

DIES IST MAGNUS. UND DU SOLLTEST DAS LIEBER GLAUBEN.

Fräulein Honig warf von ihrer Seite aus einen raschen Blick auf Matilda. Das Kind saß kerzengerade an seinem Pult, den Kopf hochgereckt, den Mund zusammengekniffen, die Augen so funkelnd wie zwei Sterne.

AGATHA, GIB MEINER FLORENTINE IHR HAUS ZURÜCK.

Aus irgendeinem Grund schauten alle die Knüppelkuh an. Das Gesicht der Frau war weiß wie Schnee geworden. Ihr Mund klappte auf, sie schnappte wie ein Fisch auf dem Trockenen nach Luft und keuchte unablässig, als ob sie erstickte.

GIB MEINER FLORENTINE IHRE GEHÄLTER.
GIB MEINER FLORENTINE IHR HAUS.
DANN SCHER DICH DAVON.
WENN DU DAS NICHT TUST, DANN KOMME ICH UND
WERDE DICH ERLEDIGEN.
ICH WERDE KOMMEN UND DICH ERLEDIGEN, WIE DU
MICH ERLEDIGT HAST.
ICH LASS DICH NICHT AUS DEN AUGEN.
AGATHA.

Die Kreide hörte auf zu schreiben. Sie schwebte noch ein paar Augenblicke in der Luft, dann fiel sie plötzlich auf den Boden, klirrte und brach in zwei Stücke.

Wilfred, der es unterdessen geschafft hatte, sich wieder auf seinen Platz in der ersten Reihe zu setzen, schrie auf: «Fräulein Knüppelkuh ist umgefallen! Fräulein Knüppelkuh liegt auf dem Boden!»

Das war die sensationellste Neuigkeit überhaupt, und die ganze Klasse sprang auf, um diesen Anblick voll und ganz zu genießen. Denn da lag sie, die gewaltige Gestalt der Schulleiterin, in voller Länge rücklings auf den Fußboden gestreckt, erledigt und kampfunfähig.

Fräulein Honig stürzte nach vorn und ließ sich neben der gefällten Riesin auf die Knie nieder. «Sie hat das Bewußtsein verloren!» rief sie. «Sie ist hinüber! Einer von euch muß sofort loslaufen und die Hausmutter holen.»

Drei Kinder auf einmal stürzten aus dem Klassenzimmer.

Nigel, der immer etwas zu tun haben mußte, sprang auf und packte den großen Wasserkrug. «Mein Vater sagt, kaltes Wasser ist das beste, wenn man wen wieder auf-

wecken will, der umgekippt ist», sagte er und goß bei diesen Worten den gesamten Inhalt des Wasserkrugs der
Knüppelkuh auf den Kopf. Niemand protestierte, nicht
einmal Fräulein Honig.

Was Matilda anbelangte, sie blieb reglos an ihrem Pult
sitzen. Sie fühlte sich merkwürdig leicht. Ihr kam vor, als
hätte sie etwas berührt, was nicht ganz von dieser Welt
war, den höchsten Punkt des Himmels, den fernsten Stern.
Sie hatte fast wie ein Wunder gespürt, wie sich die Kraft
hinter ihren Augen sammelte, wie sie ihr wie ein warmer
Strom durch den Kopf floß, ihre Augen waren glühend
heiß geworden, heißer denn je, und es war aus ihren
Augenhöhlen herausgeschossen, daß sich die Schulkreide
ganz von allein gehoben und angefangen hatte zu schreiben. Ihr war so, als hätte sie selber kaum etwas getan, alles
war ganz einfach gewesen.

Die Hausmutter kam mit einem Gefolge aus fünf Lehrern, drei Frauen und zwei Männern, in das Klassenzimmer gestürzt.

«Donnerwetter, hat sie endlich doch einer zu Boden gestreckt!» rief einer der Männer und grinste. «Ich gratu-
liere, Fräulein Honig!»

«Wer hat das Wasser auf sie gegossen?» fragte die
Hausmutter.

«Ich», antwortete Nigel stolz.

«Ausgezeichnet», sagte ein zweiter Lehrer, «sollen wir
noch mehr holen?»

«Schluß damit», befahl die Hausmutter, «wir können
sie ins Krankenzimmer transportieren.»

Alle fünf Lehrer und die Hausmutter mußten anpacken,
um das gewaltige Weib in die Höhe zu wuchten und sie,

unter ihrem Gewicht schwankend, aus dem Klassenzimmer zu tragen.

Fräulein Honig sagte zu den Kindern: «Ich glaube, ihr lauft jetzt am besten auf den Hof hinaus und spielt bis zur nächsten Unterrichtsstunde.» Dann drehte sie sich um, ging zur Tafel und wischte die Kreidebuchstaben sorgfältig ab.

Die Kinder fingen an, nacheinander aus der Klasse zu laufen. Matilda wollte sich ihnen anschließen, aber als sie an Fräulein Honig vorbeikam, blieb sie stehen und zwinkerte ihrer Lehrerin zu. Da rannte Fräulein Honig auf sie zu, schloß das kleine Mädchen heftig in die Arme und gab ihr einen Kuß.

Ein neues Zuhause

Im Laufe des Tages verbreitete sich die Nachricht, daß Fräulein Knüppelkuh wieder zu sich gekommen und mit verkniffenem Mund und schneeweißem Gesicht aus der Schule marschiert sei.

Am nächsten Morgen ließ sie sich dort nicht blicken. In der Mittagspause rief Herr Trilby, der stellvertretende Schulleiter, bei ihr zu Hause an, um sich nach ihrem Befinden zu erkundigen. Es nahm jedoch niemand den Hörer ab.

Als die Schule zu Ende war, beschloß Herr Trilby, etwas gründlicher nachzuforschen, und machte sich auf den Weg zu dem Haus, in dem Fräulein Knüppelkuh am Rande der Ortschaft lebte. Ein hübsches kleines altes

Haus aus rotem Backstein, das deshalb als das Rote Haus
bekannt war. Es lag hinter den Hügeln ganz versteckt im
Wald.

Er zog an der Glocke. Keine Antwort.

Er klopfte kräftig. Keine Antwort.

Er rief laut: «Ist jemand zu Hause?» Keine Antwort.

Er rüttelte versuchsweise an der Klinke und stellte zu
seinem Erstaunen fest, daß die Tür nicht verschlossen war.
Er trat ein.

Das Haus lag in tiefem Schweigen und war vollkommen verlassen. Alle Möbel standen jedoch an ihrem
Platz. Herr Trilby ging hinauf und schaute in das große
Schlafzimmer. Auch hier schien alles ganz normal zu
sein, bis er anfing, Schubladen aufzuziehen und in
Schränke zu blicken. Nirgends mehr fanden sich Kleider
oder Unterwäsche oder Schuhe. Sie waren samt und sonders verschwunden.

Sie ist verduftet, sagte sich Herr Trilby und machte
kehrt, um die Schulverwaltung davon zu informieren, daß
die Rektorin ganz offensichtlich verschwunden war.

Am übernächsten Morgen erhielt Fräulein Honig einen
eingeschriebenen Brief von einer Rechtsanwaltsfirma.
Darin wurde sie davon unterrichtet, daß das Testament,
der Letzte Wille ihres verblichenen Vaters Dr. Honig,
plötzlich und unter geheimnisvollen Umständen wieder-
aufgetaucht sei. Dieses Dokument enthüllte nun, daß in
Wirklichkeit Fräulein Honig seit dem Tod ihres Vaters die
rechtmäßige Besitzerin des Anwesens am Stadtrand war,
als das Rote Haus bekannt, in dem bis vor kurzem ein
gewisses Fräulein Agatha Knüppelkuh gewohnt hatte.
Dieses Dokument bewies weiterhin, daß die Ersparnisse

ihres Vaters, die glücklicherweise immer noch unangetastet und sicher in der Bank ruhten, ihr ebenfalls vermacht worden waren. Der Rechtsanwalt schloß seinen Brief mit der Bitte, Fräulein Honig möge ihn doch so bald wie möglich in seiner Kanzlei aufsuchen. Dann könne er nämlich das Anwesen und das Geld in kürzester Zeit auf ihren Namen umschreiben.

Genauso machte es Fräulein Honig, und innerhalb von ein paar Wochen war sie in das Rote Haus gezogen, genau an den Ort, an dem sie aufgewachsen war und wo sie glücklicherweise all die Familienmöbel und Bilder noch vorfand.

Von da an war Matilda an jedem Nachmittag nach der Schule ein stets willkommener Gast im Roten Haus, und zwischen der Lehrerin und dem kleinen Mädchen begann sich eine innige Freundschaft zu entwickeln.

Auch in der Schule fanden große Veränderungen statt. Sobald es klar wurde, daß Fräulein Knüppelkuh vollkommen von der Bildfläche verschwunden war, wurde der verdienstvolle Herr Trilby an ihrer Stelle zum Schulleiter ernannt. Und bald danach wurde Matilda in die oberste Klasse versetzt, wo Fräulein Plimbim ziemlich rasch entdeckte, daß dieses erstaunliche Kind in jeder Hinsicht so aufgeweckt war, wie es Fräulein Honig behauptet hatte.

Ein paar Wochen später trank Matilda eines Nachmittags ihren Tee bei Fräulein Honig in der Küche vom Roten Haus, so wie sie es immer nach der Schule zu tun pflegten, als Matilda plötzlich sagte: «Mir ist etwas Komisches zugestoßen, Fräulein Honig.»

«Na, dann erzähl's mir», sagte Fräulein Honig.

«Heute früh», sagte Matilda, «hab ich einfach aus Spaß probiert, irgend etwas mit meinen Augen in Bewegung zu setzen, und das hab ich nicht geschafft. Nichts hat sich geregt. Ich hab nicht einmal diese Hitze gespürt, die immer hinter meinen Augäpfeln entsteht. Die Kraft ist weg, ich glaube, ich hab sie ganz und gar verloren.»

Fräulein Honig bestrich sorgfältig eine Scheibe Graubrot mit Butter und kleckste etwas Erdbeermarmelade darauf. «Mit so etwas Ähnlichem hab ich schon gerechnet», sagte sie.

«Ach wirklich? Warum denn?» fragte Matilda.

«Na ja», antwortete Fräulein Honig, «es ist nur eine Vermutung, aber ich will dir sagen, was ich mir gedacht habe. Solange du in meiner Klasse warst, hast du nichts zu tun gehabt, hast um nichts kämpfen müssen. Dein Verstand ist dabei vor lauter Langeweile geradezu verrückt geworden. Es muß in deinem Kopf wie wild geblubbert und gekocht haben, und es haben sich einfach unermeßliche Kräfte angesammelt, die kein Ziel und keinen Sinn gehabt haben. Aber irgendwie muß es dir gelungen sein, diese Kraft durch deine Augen zu schießen und sie Gegenstände bewegen zu lassen. Aber jetzt hat sich die Lage geändert. Du bist in der obersten Klasse, und du hast es mit Kindern zu tun, die mehr als doppelt so alt sind wie du. Du brauchst also all deine Geisteskräfte für die Schule. Dein Verstand ist zum erstenmal richtig gefordert, muß sich anstrengen und wird in Bewegung gehalten, und das ist großartig. Freilich, das ist nur eine Theorie, vielleicht sogar eine ziemlich dummerhafte, aber mir kommt es doch so vor, als ob sie ziemlich die Wahrheit träfe.»

«Ich bin froh, daß das passiert ist», sagte Matilda, «ich wäre nicht gern als Wundertäterin durchs Leben gewandert.»

«Du hast auch genug bewirkt», sagte Fräulein Honig. «Ich kann immer noch nicht richtig glauben, was du alles für mich getan hast.»

Matilda, die auf einem hohen Hocker am Küchentisch saß, kaute bedächtig ihr Marmeladenbrot.

Sie genoß diese Nachmittage mit Fräulein Honig aus ganzem Herzen. Sie fühlte sich in ihrer Gegenwart vollkommen entspannt und glücklich, und die beiden unterhielten sich so miteinander, als ob sie mehr oder weniger gleichgestellt wären.

«Wissen Sie eigentlich», sagte Matilda, «daß ein Mäuseherz sechshundertfünfzigmal in der Minute schlägt?»

«Nein», erwiderte Fräulein Honig und lächelte, «das ist ja faszinierend. Wo hast du das gelesen?»

«In einem Buch aus der Bücherei», antwortete Matilda, «und das bedeutet, es schlägt so schnell, daß man die einzelnen Schläge gar nicht hören kann. Es muß einfach wie ein Summen klingen.»

«Wahrscheinlich», entgegnete Fräulein Honig.

«Und wie schnell schlägt Ihrer Meinung nach das Herz eines Igels?» fragte Matilda.

«Verrat es mir», sagte Fräulein Honig und lächelte wieder.

«Längst nicht so schnell wie bei einer Maus», erklärte Matilda, «nur dreihundertmal pro Minute. Aber trotzdem, hätten Sie gedacht, daß es so schnell schlägt bei einem Tier, das sich so langsam bewegt, hätten Sie das vermutet, Fräulein Honig?»

178

«Ganz gewiß nicht», antwortete Fräulein Honig, «erzähl mir weiter davon.»

«Beim Pferd», sagte Matilda, «da pocht es richtig langsam. Nur vierzigmal in einer Minute.»

Dieses Kind, sagte sich Fräulein Honig, scheint an allem interessiert zu sein. Wenn man mit ihm zusammen ist, dann kann man sich unmöglich langweilen. Wie ich das liebe!

Die beiden blieben noch eine Stunde oder länger in der Küche sitzen und unterhielten sich, und dann, so gegen sechs, sagte Matilda guten Abend und machte sich auf den Heimweg zu ihrem Elternhaus, das etwa acht Minuten entfernt lag.

Als sie vor ihrem Gartentor ankam, sah sie, daß ein großer schwarzer Mercedes davor parkte. Sie kümmerte sich nicht sonderlich darum. Vor dem Haus ihres Vaters standen oft die merkwürdigsten Autos. Als sie jedoch das Haus betrat, platzte sie in eine vollkommen chaotische Szene. Ihre Mutter und ihr Vater waren beide in der Halle und stopften wie die Wilden Kleider und alle möglichen Sachen in Koffer und Taschen.

«Was ist denn um Himmels willen hier los?» rief sie. «Was ist denn passiert, Vati?»

«Wir hauen ab», sagte Herr Wurmwald, ohne aufzuschauen. «In einer halben Stunde geht's los, zum Flughafen, also fang lieber an zu packen. Dein Bruder ist oben, schon reisefertig. So setz dich doch in Bewegung, Mädchen! Mach los!»

«Wegfliegen?» schrie Matilda auf. «Wohin denn?»

«Spanien», sagte ihr Vater. «Hat ein besseres Klima als dieses lausige Land hier.»

«Spanien!» rief Matilda. «Ich will aber nicht nach Spanien! Ich bin gerne hier! Und ich liebe meine Schule!»

«Mach, was ich dir sage, und Schluß mit den Widerworten!» fuhr sie ihr Vater an. «Ich hab schon genug am Hals, da will ich mich nicht auch noch mit dir rumärgern müssen.»

«Aber Vati ...» begann Matilda.

«Halt's Maul», schrie der Vater, «in dreißig Minuten brechen wir auf. Ich will mein Flugzeug nicht verpassen!»

«Aber für wie lange denn, Vati?» rief Matilda. «Wann kommen wir denn zurück?»

«Überhaupt nicht», fauchte der Vater, «und jetzt zisch ab! Ich hab zu tun!»

Matilda drehte sich um und ging durch die offene Haustür wieder hinaus. Sobald sie auf der Straße war, fing sie an zu rennen. Sie sauste geradewegs zu Fräulein Honigs Haus zurück und erreichte es in weniger als vier Minuten. Sie flog den Gartenweg entlang, und dann sah sie plötzlich Fräulein Honig im Vordergarten, wie sie mitten in einem Rosenbeet stand und irgend etwas mit einer Heckenschere machte.

Fräulein Honig hatte Matildas schnelle Schritte auf dem Kies knirschen hören, und während das Kind auf sie zustürzte, richtete sie sich auf, drehte sich um und trat aus dem Rosenbeet.

«Du meine Güte», sagte sie, «was ist denn um Himmels willen nur los?»

Matilda stand keuchend vor ihr, ganz außer Atem, das kleine Gesicht rot wie eine Pfingstrose.

«Sie gehen weg!» schrie sie. «Sie haben alle den Verstand verloren und stopfen ihre Koffer voll, und in einer halben Stunde brechen sie auf, nach Spanien!»

«Wer denn?» fragte Fräulein Honig ruhig.

«Mami und Vati und mein Bruder Michael, und sie sagen, ich muß mit ihnen kommen!»

«Du meinst in die Ferien?» fragte Fräulein Honig.

«Für immer!» schrie Matilda. «Vati sagt, wir kommen nie und nimmer zurück!»

Nach einer kurzen Pause bemerkte Fräulein Honig: «Ehrlich gesagt, das überrascht mich nicht.»

«Wollen Sie sagen, Sie hätten gewußt, daß sie weggehen?» schluchzte Matilda. «Warum haben Sie mir denn nichts davon gesagt?»

«Nein, Liebes», sagte Fräulein Honig, «ich habe nicht gewußt, daß sie weggehen. Aber die Nachricht verblüfft mich trotzdem nicht.»

«Wieso denn?» rief Matilda. «Sagen Sie mir doch, warum.» Sie war immer noch vollkommen außer Atem von der Rennerei und vor allem vor Schreck.

«Weil dein Vater», sagte Fräulein Honig, «mit einem Haufen Gauner im Bunde ist. Das weiß jeder hier im Ort. Ich vermute, daß er gestohlene Autos aus dem ganzen Land abgenommen hat. Er steckt bis über die Ohren drin.»

Matilda starrte sie mit offenem Mund an.

Fräulein Honig fuhr fort: «Die Leute haben deinem Vater gestohlene Autos in die Werkstatt gebracht, und er hat dort die Nummernschilder ausgewechselt und die Karosserie mit einer anderen Farbe gespritzt und so weiter. Und jetzt hat ihn wahrscheinlich jemand verpfiffen, und die Polizei sitzt ihm auf den Fersen, und da macht er das, was sie alle machen: er haut ab nach Spanien, wo sie ihn nicht erwischen können. Er wird sicher schon seit Jahren sein ganzes Geld dorthin geschafft haben, und jetzt kann er sich ins gemachte Nest setzen.»

Sie standen auf dem Rasen vor dem schönen roten Backsteinhaus mit seinen verwitterten alten roten Dachschindeln und den hohen Schornsteinen, und Fräulein Honig hatte immer noch die Gartenschere in der Hand.

Es war ein milder, goldener Abend, und irgendwo in der Nähe schlug eine Amsel.

«Ich will nicht mit denen weggehen!» rief Matilda plötzlich. «Ich will nicht weg mit ihnen.»

«Ich fürchte, du mußt», sagte Fräulein Honig.

«Ich möchte hier bei Ihnen wohnen», rief Matilda aus. «Ach bitte, erlauben Sie mir doch, bei Ihnen zu wohnen.»

«Ich wünschte wirklich, das ginge», entgegnete Fräulein Honig, «aber das ist leider nicht möglich. Du kannst deine Eltern nicht einfach so verlassen. Sie haben ein Recht darauf, dich mitzunehmen.»

«Aber wenn sie damit einverstanden sind?» rief Matilda aufgeregt. «Wenn sie vielleicht ja sagen, ich könnte bei Ihnen bleiben? Würden Sie mich dann nehmen?»

Fräulein Honig sagte leise: «Ach, das wäre himmlisch.»

«Also, ich glaube, daß sie einverstanden sind!» rief Matilda. «Ehrlich, das glaub ich! Sie kümmern sich in Wirklichkeit keinen Pfifferling um mich!»

«Nicht so schnell!» sagte Fräulein Honig.

«Aber wir müssen schnell machen!» rief Matilda. «Sie können jeden Augenblick losfahren! Kommen Sie schon!» rief sie und griff nach Fräulein Honigs Hand.

«Bitte kommen Sie mit mir mit und fragen Sie sie! Aber wir müssen uns beeilen! Wir müssen rennen!»

Im nächsten Augenblick rasten die beiden den Gartenweg entlang und dann auf die Straße hinaus, Matilda immer voraus, wobei sie Fräulein Honig am Handgelenk hinter sich herzerrte, und es war eine wilde und wunderbare Jagd über die Landstraße und durch den Ort bis zu dem Haus, in dem Matildas Eltern lebten. Der große schwarze Mercedes wartete immer noch davor, der Kofferraum und alle Türen standen jetzt sperrangelweit offen, und Herr und Frau Wurmwald und der Bruder wimmelten wie die Ameisen drumherum, als Matilda und Fräulein Honig angestürzt kamen, und stapelten Koffer hinein.

«Vati und Mami!» platzte Matilda heraus und rang keuchend nach Atem. «Ich will nicht mit euch gehen! Ich möchte hierbleiben und bei Fräulein Honig wohnen, und sie sagt, ich kann, wenn ihr mir die Erlaubnis gebt! Ach bitte, sagt ja! Los, Vati, sag ja! Sag ja, Mami!»

Der Vater drehte sich um und glotzte Fräulein Honig an. «Sie sind die Lehrerin, die mal hergekommen ist, was?» fragte er. Dann fuhr er fort, die Koffer in das Auto zu packen.

Seine Frau sagte zu ihm: «Der muß auf den Rücksitz. Im Kofferraum ist kein Platz mehr.»

«Ich würde Matilda sehr gerne zu mir nehmen», sagte Fräulein Honig, «ich würde mit Liebe und Umsicht für sie sorgen, Herr Wurmwald, und ich würde für alles zahlen. Sie würde Sie keinen Penny kosten. Aber es ist nicht meine Idee gewesen. Es ist Matildas Wunsch. Und ohne Ihre volle und freiwillige Zustimmung kann ich mich nicht einverstanden erklären, sie zu mir zu nehmen.»

«Komm schon, Harry», sagte die Mutter und stopfte noch einen Koffer auf den Rücksitz, «warum lassen wir sie nicht hier, wenn sie das will. Eine weniger, um die wir uns kümmern müssen.»

«Ich hab's eilig», sagte der Vater, «ich muß ein bestimmtes Flugzeug erwischen. Wenn sie hierbleiben will, dann soll sie doch. Ich hab nichts dagegen.»

Matilda sprang Fräulein Honig in die Arme und umarmte sie, und Fräulein Honig gab die Umarmung zurück, und dann saßen die Mutter, der Vater und der Bruder im Auto, und das Auto raste mit quietschenden Reifen davon. Der Bruder winkte ihr noch durchs Rückfenster zu, aber die anderen beiden schauten sich nicht einmal um. Fräulein Honig hatte das kleine Mädchen immer noch auf dem Arm, und keine von ihnen sagte etwas, während sie dastanden und dem großen schwarzen Auto nachschauten, das am Ende der Straße um die Ecke bog und für immer und ewig in der Ferne entschwand.

Hexen hexen

Für Liccy

Eine Bemerkung über Hexen

In Märchen haben Hexen immer alberne schwarze Hüte auf, tragen schwarze Umhänge und reiten auf dem Besen.

Diese Geschichte ist jedoch kein Märchen. Sie handelt von ECHTEN HEXEN, und das Wichtigste, was ihr über ECHTE HEXEN wissen müßt, ist das Folgende.

Paßt also gut auf und merkt euch alles, was ich euch jetzt sagen werde.

ECHTE HEXEN *tragen ganz normale Kleider und sehen auch wie ganz normale Frauen aus. Sie wohnen in normalen Häusern, und sie üben ganz* NORMALE BERUFE *aus.*

Deshalb ist es so schwer, sie zu erwischen.

Eine ECHTE HEXE haßt Kinder so glühend, daß es zischt, und dieser Haß ist verzehrender und verheerender als alle anderen Gefühle, die ihr euch selbst in euren ärgsten Träumen vorstellen könntet.

Eine ECHTE HEXE schmiedet Tag und Nacht die schlimmsten Pläne, um alle Kinder aus ihrer Umgebung zu vertreiben. Eins nach dem anderen zu erledigen ist ihr die innigste Genugtuung. Das ist ohnehin das einzige, worüber sie den ganzen Tag lang nachdenkt. Selbst wenn sie als Kassiererin in einem Supermarkt arbeitet oder für einen Geschäftsmann Briefe tippt oder in einem tollen Schlitten durch die Gegend kurvt (und genau solche Sachen wären vollkommen normal für sie), so tickt es ununterbrochen in ihrem Gehirnkasten, Ränke werden gespon-

187

nen und Fallen gestellt und Komplotte geschmiedet, und
er blubbert und siedet und kocht ihr die mörderischsten
blutrünstigsten Gedanken aus.

«Welches Kind», so fragt sie sich unablässig tagaus und
tagein, «welches Kind genau soll ich mir als nächstes aus-
wählen, um es zu zermalmen?»

Eine ECHTE HEXE kniet sich nämlich mit der gleichen
Wonne in das Kinderzermalmen wie ihr in eine Portion
Erdbeeren mit Schlagsahne.

Sie erledigt im Schnitt ein Kind pro Woche. Wenn sie
das nicht schafft, kriegt sie schlechte Laune.

Ein Kind pro Woche, das bedeutet zweiundfünfzig Kin-
der pro Jahr. «Schnapp es dir und schlag es ein, dann wird
das Kind verschwunden sein.» Das ist das Motto aller Hexen.

Sie gehen immer sehr sorgfältig vor. Zuerst einmal wird
das Opfer ausgewählt. Dann schleicht sich die Hexe an
das Unglückskind wie ein Jäger heran, der einem kleinen
Vogel im Walde auflauert. Lautlos setzt sie ihre Füße auf.
Geräuschlos bewegt sie ihre Glieder. Näher kommt sie,
immer näher. Und dann zum Schluß, wenn alles bereit ist,
schwups! packt sie zu. Funken sprühen. Flammen tanzen.
Öl zischelt. Ratten quieken. Haut schrumpelt. Und das
Kind ist verschwunden.

Ihr müßt nämlich wissen: eine Hexe schlägt Kindern
nicht den Schädel ein. Sie bohrt ihnen auch kein Messer in
den Leib und erschießt sie nicht mit Pistolen. Leute, die so
etwas machen, werden von der Polizei verhaftet.

Eine Hexe wird niemals erwischt. Ihr dürft nicht vergessen, daß sie bis in die Fingerspitzen voller Zauber steckt
und daß ihr die Teufeleien nur so im Blute tanzen. Sie kann

Wackersteine wie Frösche in der Gegend herumhüpfen und Flammen über das Wasser züngeln lassen.

Diese Zauberkräfte sind wirklich fürchterlich.

Glücklicherweise gibt es heutzutage nicht mehr allzu viele ECHTE HEXEN auf der Welt. Sie sind aber immer noch zahlreich genug, um einen nervös zu machen. In England gibt es höchstwahrscheinlich so um die hundert. Manche Länder haben mehr aufzuweisen, andere sehr viel weniger. Völlig hexenfrei ist kein einziges Land auf der Erde.

Eine Hexe ist stets eine Frau.

Ich möchte gewiß nicht schlecht von Frauen sprechen. Die meisten Frauen sind entzückend.

Es bleibt jedoch die Tatsache bestehen, daß sämtliche Hexen weiblich sind. Männliche Hexen gibt es einfach nicht.

Andererseits: ein Dämon ist immer männlich. Und von Kobolden muß man das auch zugeben. Beide sind gefährlich. Aber keiner von beiden ist auch nur halb so gefährlich wie eine einzige ECHTE HEXE.

Was nun die Kinder anbelangt, so ist für sie eine ECHTE HEXE bei weitem das gefährlichste Geschöpf auf Gottes ganzem Erdboden. Was sie doppelt gefährlich macht, ist die Tatsache, daß sie überhaupt nicht gefährlich *aussieht*. Selbst wenn ihr alle Geheimnisse der Hexen kennt (und ihr werdet sie gleich noch erfahren), so könnt ihr doch niemals hundertprozentig sicher sein, ob ihr wirklich eine Hexe vor euch habt oder einfach nur eine nette Dame. Wenn ein Tiger imstande wäre, sich das Aussehen eines großen Hundes mit einem freundlich wedelnden Schwanze zu geben, so würdet ihr vermutlich auf ihn zugehen und ihn am Kopfe kraulen. Und das wäre dann euer Ende. Mit Hexen ist es nun genauso. Sie sehen allesamt wie freundliche Damen aus.

Nach allem, was wir wissen, wäre es also gut möglich, daß direkt neben euch eine Hexe wohnt.

Sie könnte natürlich auch die Frau mit den leuchtenden Augen sein, die dir heute früh im Bus gegenüber gesessen hat.

Oder die Dame mit dem verlockenden Lächeln, die dir heute mittag auf der Straße aus einer weißen Papiertüte ein Bonbon angeboten hat.

Sie könnte auch – und jetzt schlackern euch sicher die Ohren – sie könnte auch eure reizende Lehrerin sein, die euch genau in diesem Augenblick diese Worte vorliest. Betrachtet euch jetzt einmal diese Lehrerin genau. Vielleicht lächelt sie über die Absurdität einer solchen Vorstellung. Laßt euch davon nicht ablenken. Es könnte ein Teil ihres Planes sein.

Ich will euch selbstverständlich nicht einreden, daß eure Lehrerin eine Hexe ist. Ich erwähne nur, daß sie eine Hexe sein *könnte*. Es ist ziemlich unwahrscheinlich. Aber – und das ist ein großes Aber – *es ist niemals ganz und gar ausgeschlossen.*

Ach, wenn es doch nur eine Möglichkeit gäbe, bombensicher zu wissen, ob eine Frau eine Hexe ist oder nicht, dann könnten wir sie nämlich alle zusammentreiben und durch den Fleischwolf jagen.

Unglücklicherweise gibt es keine solche Möglichkeit. Was es jedoch gibt, sind eine Anzahl von winzigen Warnzeichen, nach denen ihr Ausschau halten könnt, kleine Macken, die alle Hexen haben, und wenn ihr die kennt, wenn ihr sie niemals vergeßt, dann könnt ihr es vielleicht schaffen, den Hexen und ihren spitzen Fingern in der nächsten Zeit zu entkommen.

Meine Großmutter

Ich selber hatte schon vor meinem achten Geburtstag zwei voneinander unabhängige Zusammenstöße mit Hexen. Die erste habe ich unbeschadet überstanden, aber beim zweiten Mal bin ich nicht so glücklich davongekommen. Mir sind Sachen zugestoßen, also, ihr werdet wahrscheinlich kreischen, wenn ihr davon lest. Aber das kann ich nicht ändern. Die Wahrheit muß berichtet werden. Die Tatsache, daß ich immer noch existiere und auch zu euch sprechen kann (egal, wie komisch ich aussehe) hab ich ganz und gar meiner wunderbaren Großmutter zu verdanken.

Meine Großmutter ist Norwegerin. Die Norweger wissen genau über Hexen Bescheid, denn Norwegen ist mit seinen finsteren Forsten und eisigen Gletschern die eigentliche Heimat der Hexen. Mein Vater und meine Mutter sind auch Norweger gewesen, aber weil mein Vater in England gearbeitet hat, bin ich hier geboren und aufgewachsen und auch in die Schule gegangen. Zweimal im Jahr, Weihnachten und in den Sommerferien, sind wir nach Hause nach Norwegen gefahren und haben meine Großmutter besucht. Soweit ich das in Erfahrung gebracht habe, ist diese alte Frau die einzige noch lebende Verwandte aus unserer gesamten Familie gewesen. Sie ist die Mutter meiner Mutter, und ich hab sie ganz besonders lieb. Wenn sie und ich zusammen sind, dann sprechen wir entweder Norwegisch oder Englisch. Das macht gar keinen Unterschied. Wir beherrschen beide Sprachen fließend, und ich muß zugeben, daß ich mich tiefer mit ihr verbunden fühle als mit meiner Mutter.

Kurz nach meinem siebenten Geburtstag nahmen mich meine Eltern wie üblich mit, um bei meiner Großmutter in Norwegen Weihnachten zu feiern. Und dort geschah es, daß mein Vater und meine Mutter und ich bei Schnee und Eis nicht weit von Oslo auf der Straße fuhren: unser Wagen geriet ins Rutschen, kam von der Straße ab und stürzte in eine Schlucht. Meine Eltern waren tot. Ich war auf dem Rücksitz fest angeschnallt gewesen und trug nur eine Schramme auf der Stirn davon.

Von diesem schrecklichen Nachmittag will ich nicht mehr erzählen. Ich krieg immer noch das Zittern, wenn ich daran denke. Zum Schluß war ich natürlich wieder im Haus meiner Großmutter, und sie nahm mich fest in die Arme, und wir weinten miteinander die ganze lange Nacht.

«Was werden wir denn jetzt nur machen?» fragte ich sie beim Weinen.

«Du wirst hier bei mir bleiben», entgegnete sie, «und ich werde mich um dich kümmern.»

«Muß ich nicht nach England zurück?»

«Nein», sagte sie. «Das könnte ich nicht über mich bringen. Meine Seele soll gen Himmel fahren, aber meine Knochen sollen in Norwegen bleiben.»

Schon am nächsten Tag begann meine Großmutter, mir Geschichten zu erzählen. Das tat sie wahrscheinlich, um uns beide aus unserer großen Traurigkeit zu holen. Sie war eine großartige Erzählerin, und mich interessierte alles, was sie sagte. Aber so richtig in Schwung gekommen bin ich erst, als sie von den Hexen angefangen hat. Sie war offensichtlich eine große Kennerin dieser Kreaturen, und sie machte mir unmißverständlich klar, daß ihre Hexengeschichten im Gegensatz zu den anderen nichts Ausgedachtes waren. Sie beruhten alle auf Wahrheiten, so wie die Bibel. Sie waren Geschichte. Alles, was sie mir von Hexen erzählte, hatte sich tatsächlich ereignet, und wenn ich klug wäre, so glaubte ich es auch. Schlimmer war jedoch, weit weit schlimmer, daß diese Hexen immer noch unter uns waren. Sie trieben sich ganz in unserer Nähe herum, und wenn ich klug wäre, glaubte ich das auch.

«Sagst du *wirklich* die Wahrheit, Großmama? *Wirklich* und *ehrlich* die Wahrheit?»

«Mein Schätzelchen», sagte sie. «Du wirst nicht lang auf dieser Erde leben, wenn du nicht weißt, wie man auf den ersten Blick eine Hexe erkennt.»

«Aber du hast mir doch erzählt, daß Hexen wie normale Frauen aussehen, Großmama. Wie kann ich sie dann erkennen?»

«Hör mir genau zu», sagte meine Großmutter. «Du darfst nichts von dem vergessen, was ich dir erzähle. Und danach kannst du nur den Daumen halten und zum Himmel beten und auf das Beste hoffen.»

Wir saßen in dem großen Wohnzimmer in ihrem Haus in Oslo, und ich war schon fertig zum Schlafengehen. Die Vorhänge wurden in diesem Haus niemals zugezogen, so konnte ich durch die Fenster sehen, wie draußen dicke Schneeflocken langsam zu Boden sanken, der kohlrabenschwarz war. Meine Großmutter war ungeheuer alt und runzlig, kräftig und dick und ganz und gar in graue Spitze gehüllt. Sie thronte wie eine Königin in ihrem Sessel und füllte ihn bis zur letzten Ritze aus. Nicht einmal eine Maus hätte sich noch neben sie quetschen können. Ich hockte, sieben Jahre alt, zu ihren Füßen auf dem Teppich. Ich hatte meinen Pyjama an, Bademantel und Hausschuhe.

«Und schwörst du, daß du mich nicht auf den Arm nimmst?» fragte ich immer wieder. «Schwörst du, daß du mir nichts vormachst?»

«Hör zu», antwortete sie. «Ich kenne mindestens fünf Kinder, die einfach vom Erdboden verschwunden sind. Nie wieder aufgetaucht. Das haben die Hexen getan.»

«Ich glaube immer, du willst mir nur Angst einjagen», sagte ich.

«Ich will nur verhindern, daß du auf die gleiche Art und Weise verschwindest», sagte sie. «Ich hab dich lieb, und ich möchte, daß du bei mir bleibst.»

«Erzähl mir von den Kindern, die verschwunden sind», sagte ich.

Meine Großmutter ist die einzige Großmutter gewesen, die ich je in meinem Leben habe Zigarren rauchen sehen. Sie zündete sich eine an, eine lange schwarze Zigarre, die nach versengtem Gummi stank. «Das erste Kind, das ich gekannt habe und das dann verschwunden ist», begann sie, «hieß Ranghild Hansen. Ranghild war damals ungefähr acht Jahre alt, und sie spielte mit ihrer kleinen Schwester auf dem Rasen. Ihre Mutter, die in der Küche war und Brot backte, kam heraus, um Luft zu schnappen. ‹Wo ist denn Ranghild?› fragte sie.

‹Sie ist mit der großen Dame fortgegangen›, antwortete die kleine Schwester.

‹Mit was für einer großen Dame?› fragte die Mutter.

‹Die große Dame mit den weißen Handschuhen›, entgegnete die kleine Schwester. ‹Sie nahm Ranghild an der Hand und führte sie fort.› Und niemand», schloß meine Großmutter, «hat Ranghild jemals wiedergesehen.»

«Haben sie nicht nach ihr gesucht?» fragte ich.

«Meilenweit in der ganzen Umgebung. Jeder in der Stadt hat geholfen, aber wir haben sie niemals gefunden.»

«Was ist mit den anderen vier Kindern passiert?» fragte ich.

«Sie sind genauso verschwunden wie Ranghild.»

«Wie denn, Großmama? Wie sind sie verschwunden?»

«In jedem dieser Fälle hat man eine fremde Dame vorm Haus gesehen. Kurz bevor es geschah.»

«Aber wie sind sie verschwunden?» fragte ich weiter.

«Mit dem zweiten war das sehr merkwürdig», antwortete meine Großmutter. «Diese Familie hieß Christiansen. Sie lebten oben in Holmenkollen, und in ihrem Wohnzimmer hing ein altes Ölgemälde, auf das sie sehr stolz waren. Es stellte ein paar Enten dar, vor einem Bauernhaus. Keine Leute, nur diese Enten auf einer Wiese, und im Hintergrund das Bauernhaus. Es war ein ziemlich großes Gemälde und wirklich sehr schön. Nun gut, eines Tages kam ihre Tochter Solveg aus der Schule und aß einen Apfel. Sie sagte, eine nette Frau hätte ihn ihr auf der Straße geschenkt. Am nächsten Morgen lag die kleine Solveg nicht in ihrem Bett. Die Eltern suchten überall, aber sie konnten sie nicht finden. Dann schrie ihr Vater plötzlich: ‹Da ist sie ja! Das ist Solveg, sie füttert die Enten!› Er deutete auf das

Ölgemälde, und wahrhaftig, da war Solveg geblieben. Sie stand mitten auf der Wiese und war dabei, die Enten mit altem Brot zu füttern, das sie in einem Korb trug. Der Vater stürzte zu dem Gemälde und berührte sie. Das nützte aber gar nichts. Sie war einfach ein Teil des Gemäldes geworden, ein Bild, auf Leinwand gemalt.»

«Hast du das Gemälde selber gesehen, Großmama, mit dem kleinen Mädchen drauf?»

«Viele, viele Male», erwiderte meine Großmutter. «Und das Merkwürdigste war, daß die kleine Solveg ihre Stellung auf dem Bilde immer wieder wechselte. Eines Tages war sie zum Beispiel im Bauernhaus drin, und man konnte ihr Gesicht erkennen, hinter dem Fenster. Und an einem anderen Tag stand sie ganz weit links und hatte eine Ente im Arm.»

«Hast du gesehen, wie sie sich auf dem Bild bewegt hat, Großmama?»

«Das ist niemandem gelungen. Ob sie nun draußen die Enten gefüttert hat oder drinnen aus dem Fenster geschaut hat, sie war steif und still, einfach eine in Öl gemalte Figur. Das war schon sehr merkwürdig», sagte meine Großmutter, «wirklich sehr merkwürdig. Und noch merkwürdiger war: so wie die Jahre vergingen, so wurde sie auf diesem Bilde auch immer älter. Nach zehn Jahren war eine junge Frau aus dem kleinen Mädchen geworden. Nach dreißig Jahren begann sie ältlich zu werden. Und dann plötzlich, 54 Jahre nachdem das alles geschehen war, war sie vollkommen aus dem Bilde verschwunden.»

«Glaubst du, daß sie gestorben ist?» fragte ich.

«Wer weiß?» gab meine Großmutter zurück. «Es gibt sehr merkwürdige Dinge in der Welt der Hexen.»

«Jetzt hast du mir von zweien erzählt», stellte ich fest. «Was ist mit der dritten passiert?»

«Die dritte war die kleine Birgit Svenson», sagte meine Großmutter. «Sie wohnte uns gegenüber, auf der anderen Seite der Straße. Eines Tages begannen ihr am ganzen Körper Federn zu wachsen. Innerhalb eines Monats hatte sie sich in ein großes weißes Huhn verwandelt. Ihre Eltern hielten sie sich jahrelang im Hintergarten in einem Käfig. Sie hat sogar Eier gelegt.»

«Was für eine Farbe hatten die Eier?» fragte ich.

«Braun», entgegnete meine Großmutter. «Die größten Eier, die ich je in meinem Leben gesehen habe. Ihre Mutter hat daraus Omeletts gebacken. Köstlich, ganz köstlich sind die gewesen.»

Ich blickte zu meiner Großmutter empor, die wie irgendeine uralte Königin in ihrem Sessel thronte. Ihre Augen waren so grau wie der Nebel, und sie schienen etwas zu sehen, das meilenweit entfernt war. In diesem Augenblick war ihre Zigarre das einzig Wirkliche an ihr, der Rauch wogte in blauen Wolken um ihr Haupt.

«Aber das kleine Mädchen, das ein Huhn wurde, ist doch nicht verschwunden, oder?» fragte ich.

«Nein, Birgit nicht. Sie hat noch viele Jahre gelebt und ihre braunen Eier gelegt.»

«Du hast aber doch gesagt, sie seien alle verschwunden.»

«Ich habe mich geirrt», entgegnete meine Großmutter. «Ich fange an, alt zu werden. Ich kann mich nicht mehr an alles erinnern.»

«Und was ist mit dem vierten Kind geschehen?» fragte ich.

«Das vierte war ein Junge, der Harald hieß», sagte meine Großmutter. «Eines Morgens wurde ihm die Haut am ganzen Leibe gräulichgelb. Dann wurde sie hart und rissig, wie die Schale einer Walnuß. Bis zum Abend war der ganze Junge zu Stein geworden.»

«Stein?» fragte ich. «Meinst du wirklich Stein?»

«Granit», antwortete sie. «Wenn du willst, gehen wir zusammen hin, damit du ihn dir anschauen kannst. Sie heben ihn in seinem Haus immer noch auf. Er steht in der Halle, wie ein richtiges kleines steinernes Denkmal. Die meisten Besucher benutzen ihn als Schirmständer.»

Obgleich ich noch sehr jung war, nahm ich meiner Großmutter nicht alles ab. Sie sprach jedoch mit einer solchen Überzeugung, mit einem so tiefen Ernst, und es zuckte auch nicht das leiseste Lächeln um ihre Augen oder ihre Mundwinkel, daß ich allmählich unsicher wurde.

«Erzähl weiter, Großmama», bat ich. «Du hast mir gesagt, insgesamt wären es fünf gewesen. Was ist mit dem letzten passiert?»

«Willst du mal an meiner Zigarre ziehen?» fragte sie.

«Ich bin erst sieben.»

«Es ist mir egal, wie alt du bist», antwortete sie. «Wenn du Zigarren rauchst, kriegst du niemals eine Erkältung.»

«Was war mit Nummer fünf, Großmama?»

«Nummer fünf», murmelte sie und kaute am Mundstück ihrer Zigarre herum, als ob es der köstlichste Spargel wäre, «das war ein recht interessanter Fall. Ein neunjähriger Junge namens Leif verbrachte die Sommerferien mit seiner Familie an einem Fjord, und eines Tages veranstaltete diese ganze Familie auf einer dieser kleinen Inseln ein Picknick, und sie schwammen um die Felsen herum. Der kleine Leif sprang ins Wasser und tauchte, und sein Vater, der ihn dabei beobachtet hatte, stellte fest, daß er außergewöhnlich lange unter Wasser blieb.

Als er endlich wieder herauskam, war er kein Leif mehr.»

«Was war er denn?»

«Er war ein Tümmler.»

«Das ist nicht wahr! Das stimmt doch nicht!»

«Er war ein anmutiger junger Tümmler», fuhr sie fort, «und so freundlich, wie man sich das nur vorstellen kann.»

«Großmama!» sagte ich.

«Ja, mein Schätzelchen?»

«Ist er wahr und wahrhaftig ein Delphin geworden?»

«Voll und ganz», erwiderte sie. «Ich kannte seine Mutter recht gut. Sie hat mir das alles erzählt. Sie hat erzählt, daß Leif der Tümmler den ganzen Nachmittag bei ihnen geblieben ist und seinen Geschwistern gestattet hat, auf seinem Rücken zu reiten. Sie haben sich herrlich amüsiert. Dann hat er ihnen mit seiner Flosse zugewunken und ist fortgeschwommen. Danach haben sie ihn nie wieder gesehen.»

«Aber Großmama», sagte ich, «woher haben sie denn gewußt, daß der Tümmler auch wirklich Leif gewesen ist?»

«Er hat sich mit ihnen unterhalten», berichtete meine Großmutter. «Während er sie auf sich hat reiten lassen, hat er die ganze Zeit mit ihnen gescherzt und gelacht.»

«Aber hat das nicht einen fürchterlichen Wirbel gegeben, damals, als das passiert ist?» fragte ich.

«Eigentlich nicht», antwortete meine Großmutter. «Du mußt doch wissen, daß wir hier in Norwegen mehr oder weniger an solche Sachen gewöhnt sind. Wir haben hier überall Hexen. Wahrscheinlich wohnt auch jetzt eine in unserer eigenen Straße. Nun wird es aber Zeit, daß du ins Bett gehst.»

«Heute nacht kann doch keine Hexe durch mein Fenster kommen, oder?» fragte ich, und meine Stimme wakkelte ein bißchen.

«Nein», sagte meine Großmutter. «So etwas Dummes würde keine Hexe tun, an der Regenrinne raufklettern und bei anderen Leuten einbrechen. In deinem Bett bist du sicher wie in Abrahams Schoß. Nun komm, ich stopf dir die Decke schön fest.»

Wie man eine Hexe erkennt

Nachdem mich meine Großmutter am folgenden Abend gebadet hatte, nahm sie mich wieder mit ins Wohnzimmer und erzählte mir die nächste Geschichte.

«Heute abend», begann die alte Frau, «will ich dir erklären, woran man eine Hexe erkennt.»

«Kann man sich immer darauf verlassen?» fragte ich.

«Nein», entgegnete sie, «das kannst du nicht. Und das ist das Problem. Aber du kannst ziemlich genau raten lernen.»

Die Zigarrenasche bestäubte ihr den ganzen Schoß, und ich hoffte nur, sie würde nicht in Flammen aufgehen, ehe sie mir genau erklärt hatte, woran man eine Hexe erkennt.

«Zuerst einmal», begann sie, «hat eine echte Hexe Handschuhe an, wenn du sie zum ersten Mal siehst.»

«Aber sicher nicht immer», wandte ich ein. «Wie ist das im Sommer, wenn es heiß ist?»

«Selbst im Sommer», antwortete meine Großmutter.
«Sie muß. Willst du auch wissen, weshalb?»

«Weshalb denn?» fragte ich.

«Weil sie keine Fingernägel hat. Statt der Fingernägel
wachsen ihr nämlich dünne krumme Krallen, wie bei einer
Katze, und sie trägt immer Handschuhe, um diese Krallen
zu verstecken. Aber du weißt ja, es gibt massenhaft ehr-
liche und anständige Frauen, die auch Handschuhe tragen. Deshalb hilft dir das nicht viel weiter.»

«Mami hat auch immer Handschuhe angehabt», sagte
ich.

«Aber nicht im Hause», sagte meine Großmutter. «Hexen haben die Handschuhe auch im Hause an. Sie ziehen
sie nur aus, wenn sie ins Bett gehen.»

«Woher weißt du das alles, Großmama?»

«Unterbrich mich nicht», antwortete sie. «Schreib's dir
lieber hinter die Ohren. Das zweite Zeichen, das du nicht
vergessen darfst, ist: Eine ECHTE HEXE ist immer kahl.»

«*Kahl?*» fragte ich.

«Kahl wie ein gekochtes Ei», entgegnete meine Großmutter.

Ich erschrak. Eine kahle Frau, das ist irgendwie unan-
ständig. «Warum sind sie denn kahl?»

«Das mußt du mich nicht fragen», versetzte sie darauf.
«Aber glauben kannst du's mir. Auf dem Kopf einer Hexe
wächst kein einziges Haar.»

«Wie gräßlich!»

«Widerwärtig», bestätigte meine Großmutter.

«Wenn sie kahl ist, dann kann man sie doch leicht erkennen», sagte ich.

«Überhaupt nicht», erwiderte meine Großmutter,

«eine ECHTE HEXE trägt immer eine Perücke, um ihre Glatze zu verbergen. Und zwar eine erstklassige Perücke. Und es ist fast unmöglich, eine erstklassige Perücke von natürlichen Haaren zu unterscheiden, außer man zieht dran und sieht, ob sie abgeht.»

«Dann muß ich das also machen», sagte ich.

«Sei doch nicht so dumm», schalt meine Großmutter. «Du kannst doch nicht in der Gegend herumlaufen und alle Damen, die dir über den Weg laufen, an den Haaren ziehen, selbst wenn sie außerdem Handschuhe tragen. Du wirst schon sehen, was passiert, wenn du das tust.»

«Dann nützt das also auch nicht viel», stellte ich fest.

«Alle diese Zeichen nützen nichts für sich allein», bestätigte meine Großmutter. «Aber wenn du sie zusammenfaßt, dann können sie dir schon eine Hilfe sein. Du mußt nämlich wissen», fuhr meine Großmutter fort, «daß diese Perücken den Hexen ziemliche Schwierigkeiten machen.»

«Was für Schwierigkeiten denn, Großmama?»

«Sie jucken ihnen ganz gräßlich auf der Glatze», erklärte sie. «Sieh mal, wenn eine Schauspielerin eine Perücke trägt, oder wenn du oder ich eine Perücke aufsetzen würden, dann ziehen wir sie uns ja über unser echtes Haar, aber eine Hexe muß sie sich auf die nackte Glatze setzen. Und die Unterseite einer Perücke ist immer etwas stachelig und kratzig. Das juckt eben scheußlich auf der blanken Haut. Es verursacht auch einen unangenehmen Ausschlag auf dem ganzen Kopf. Perückenpest nennen es die Hexen. Und wie gesagt, jucken tut es wie verrückt.»

«Auf was noch muß ich achten, wenn ich eine Hexe erkennen will?» fragte ich.

202

«Auf die Nasenlöcher!» antwortete meine Großmutter. «Hexen haben etwas größere Nasenlöcher als normale Menschen. Der Rand von jedem Nasenloch ist rosa und ein bißchen gewellt, so wie der Rand von bestimmten Meeresmuscheln.»

«Warum haben sie so große Nasenlöcher?» fragte ich.

«Zum Riechen», entgegnete meine Großmutter. «Eine ECHTE HEXE verfügt über verblüffende Riechstärken. Sie kann zum Beispiel in der stockfinstersten Nacht ein Kind wittern, das auf der anderen Straßenseite steht.»

«Mich nicht», sagte ich. «Du hast mich ja gerade gebadet.»

«O doch, dich auch», erwiderte meine Großmutter. «Je sauberer du bist, desto schlimmer riechst du für eine Hexe.»

«Das kann nicht wahr sein», sagte ich.

«Ein absolut sauberes Kind strömt für eine Hexe den ärgsten Gestank aus», sagte meine Großmutter. «Je drekkiger du bist, desto weniger riechst du.»

«Aber das ist doch nicht logisch, Großmama.»

«Und ob», antwortete meine Großmutter. «Es ist ja nicht der *Dreck*, den die Hexe riecht, sondern das bist *du*. Der Geruch, der eine Hexe verrückt macht, kommt direkt aus deiner eigenen Haut. Du atmest ihn sozusagen aus, in Wellen, und diese Wellen, Stinkewellen, wie die Hexen sie nennen, schweben durch die Luft und treffen die Hexen wie ein Faustschlag in der Nase. Sie hauen sie einfach um.»

«Aber wart mal, Großmama ...»

«Unterbrich mich nicht», fuhr sie fort. «Der Punkt ist nämlich: Wenn du dich eine Woche lang nicht gewaschen hast und wenn deine Haut dann über und über mit Dreck bedeckt ist, dann kommt nur ein Bruchteil von diesen Stinkwellen durch.»

«Nie wieder werd ich mich baden», schwor ich.

«Wenigstens nicht allzu oft», sagte meine Großmutter. «Einmal im Monat ist für ein gesundes Kind vollkommen ausreichend.»

In solchen Augenblicken liebte ich meine Großmutter mehr denn je.

«Großmama», sagte ich, «wenn es nun stockfinstere Nacht ist, wie kann eine Hexe den Unterschied zwischen einem Kind und einem Erwachsenen riechen?»

«Weil Erwachsene keine Stinkewellen von sich geben», erklärte sie. «Das tun nur Kinder.»

«Aber ich geb doch nicht *wirklich* Stinkewellen von mir, oder?» fragte ich ängstlich. «Jetzt im Augenblick laß ich doch wirklich keine aus mir rausströmen, oder?»

«Für mich sowieso nicht», beruhigte mich meine Großmutter. «Für mich riechst du nach Himbeeren und Sahne. Aber für eine Hexe riechst du eben absolut ekelerregend.»

«Nach was würd ich denn riechen?» fragte ich.

«Hundeköttel», antwortete meine Großmutter.

Ich mußte würgen. Ich war vollkommen niedergeschmettert. «*Hundeköttel*», schrie ich. «Ich riech doch nicht nach Hundekötteln! Das glaub ich nie und nimmer! Das *will* ich einfach nicht glauben!»

«Um genau zu sein», fuhr meine Großmutter mit einer gewissen Befriedigung fort, «riechst du für eine Hexe nach ganz *frischem* Hundedreck.»

«Das ist einfach nicht wahr!» rief ich. «Ich weiß, daß

ich nicht nach Hundedreck rieche, weder nach frischem noch nach vertrocknetem!»

«Es hat gar keinen Sinn, sich darüber zu streiten», sagte meine Großmutter. «Das ist nun mal eine der Grundtatsachen des Lebens.»

Ich war vollkommen außer mir, ich konnte mich einfach nicht überwinden, das zu glauben, was mir meine Großmutter erzählte.

«Wenn du also eine Frau auf der Straße siehst, die sich die Nase zuhält, wenn sie an dir vorbeigeht», fuhr sie fort, «dann könnte diese Frau eine Hexe sein.»

Ich beschloß, das Thema zu wechseln. «Erzähl mir lieber, wonach ich noch bei einer Hexe Ausschau halten muß», bat ich.

«Die Augen», sagte meine Großmutter. «Schau ihr genau in die Augen, denn die Augen einer ECHTEN HEXE sind ganz anders als deine oder meine. Du mußt genau in die Pupille schauen, wo normalerweise dieser kleine schwarze Punkt sitzt. Wenn es eine Hexe ist, dann wird dieser schwarze Punkt in allen Farben spielen, zuerst siehst du Feuer flackern, und dann siehst du Eisschollen tanzen, genau mittendrin in der Regenbogenhaut des Auges. Und es wird dir kalt den Rücken hinunterlaufen.»

Meine Großmutter lehnte sich in ihrem Sessel zurück und sog zufrieden an ihrer stinkigen schwarzen Zigarre. Ich hockte auf dem Boden und starrte wie gebannt zu ihr empor. Kein Lächeln lag auf ihrem Gesicht. Sie sah todernst aus.

«Gibt es noch was?» fragte ich sie.

«Aber natürlich, alles mögliche», antwortete meine Großmutter. «Du scheinst noch nicht ganz zu begreifen, daß Hexen in Wirklichkeit gar keine Frauen sind. Sie sehen nur wie Frauen aus. Sie reden wie Frauen. Und sie sind imstande, sich wie Frauen zu benehmen. Aber in Wirklichkeit sind sie vollkommen andere Wesen. Sie sind Dämonen in menschlicher Gestalt. Deshalb haben sie die Klauen und die Glatzen und die komischen Nasen und die merkwürdigen Augen, und deshalb müssen sie das alles so gut wie möglich vor der Welt und den Menschen verbergen.»

«Was ist bei ihnen sonst noch anders, Großmama?»

«Die Füße», erwiderte sie. «Hexen haben keine Zehen.»

«Keine Zehen!» rief ich aus. «Was haben sie denn statt dessen?»

«Eben nur Füße», sagte meine Großmutter. «Sie enden einfach glatt, wie ein Block, ohne Zehen dran.»

«Fällt ihnen deshalb nicht das Gehen schwer?» fragte ich.

«Überhaupt nicht», entgegnete meine Großmutter. «Aber sie haben natürlich Schwierigkeiten mit den Schuhen. Alle Damen tragen doch gerne schmale spitze Schuhe, und deshalb macht es einer Hexe ziemliche Mühe, ihre breiten plumpen Füße in solche zierlichen, kleinen spitzen Schuhe zu zwängen.»

«Warum trägt sie denn keine breiten gemütlichen Schuhe, die vorne halt so breit wie ein Kasten sind?» fragte ich.

«Das wagen sie nicht», entgegnete meine Großmutter. «So wie eine Hexe die Glatze unter der Perücke versteckt, so muß sie ihre häßlichen Füße verstecken, indem sie sie in hübsche Menschenschuhe quetscht.»

«Ist das nicht schrecklich unbequem?» fragte ich.

«Grauenhaft unbequem», antwortete meine Großmutter. «Aber damit muß sie zurechtkommen.»

«Wenn sie also normale Schuhe anhat, dann kann ich
sie daran auch nicht erkennen, nicht wahr, Großmama?»

«Ich fürchte, du hast recht», sagte meine Großmutter.
«Es könnte dir vielleicht auffallen, daß sie ein wenig
humpelt, aber nur, wenn du ganz genau darauf achtest.»

«Und das sind die einzigen Unterschiede, Großmama?»

«Es gibt noch einen», sagte meine Großmutter. «Noch
einen einzigen.»

«Was ist das denn, Großmama?»

«Ihre Spucke ist blau.»

«Blau!» schrie ich. «Doch nicht blau! Ihre Spucke
kann doch nicht *blau* sein!»

«So blau wie Blaubeeren», wiederholte sie.

«Das ist nicht dein Ernst, Großmama! Keiner kann
blaue Spucke haben!»

«Hexen wohl», erwiderte sie.

«So wie Tinte?» fragte ich.

«Ganz genau», sagte sie. «Sie pflegen sie sogar zum
Schreiben zu benutzen. Sie verwenden diese altmodischen Federhalter mit Stahlfedern, die vorne an der
Spitze eine kleine Kuhle haben. Und diese Spitze lecken
sie einfach an.»

«Kann man die blaue Spucke *erkennen*, Großmama?
Wenn sich eine Hexe zum Beispiel mit mir unterhält,
könnte ich sie dann erkennen?»

«Nur wenn du ganz genau hinschaust», antwortete
meine Großmutter. «Wenn du nämlich ganz genau hin-

schaust, dann könntest du vielleicht sehen, daß sie einen
bläulichen Belag auf den Zähnen haben. Aber sehr auffäl-
lig ist das nicht.»

«Nur wenn sie ausspucken», bemerkte ich.

«Hexen spucken nie», erwiderte meine Großmutter.
«Das wagen sie gar nicht.»

Ich konnte mir nicht vorstellen, daß mich meine Großmutter anschwindelte. Sie ging jeden Morgen in die Kir-
che, und sie sprach vor jeder Mahlzeit ein Gebet, und jemand, der sich so benimmt, würde doch wohl nicht lügen.
Ich war also soweit, ihr jedes Wort zu glauben, das aus
ihrem Munde kam.

«Das wär's also», sagte meine Großmutter. «Das ist
alles, was ich dir berichten kann. Keine große Hilfe für
dich. Du kannst immer noch nicht mit Sicherheit sagen, ob
die Frau, die du vor dir hast, eine Hexe ist oder nicht. Aber
wenn sie Handschuhe trägt, wenn sie große Nasenlöcher
und solche komischen Augen hat, wenn ihre Frisur so aussieht, als ob es eine Perücke sein könnte, und wenn sie
einen bläulichen Belag auf den Zähnen hat – und wenn
das alles auf einmal zutrifft, dann nimm die Beine unter
die Arme und lauf.»

«Großmama», sagte ich, «hast du einmal eine Hexe getroffen, als du ein kleines Mädchen warst?»

«Einmal», antwortete meine Großmutter, «nur ein einziges Mal.»

«Und was ist da passiert?»

«Das werde ich dir nicht erzählen», sagte sie. «Du würdest den Schreck deines Lebens kriegen und Alpträume
bekommen.»

«Ach bitte, erzähl's mir doch», bettelte ich.

«Nein», erwiderte sie. «Gewisse Dinge sind so fürchterlich, daß man nicht über sie sprechen kann.»

«Hat es etwas mit deinem fehlenden Daumen zu tun?» fragte ich.

Ihre alten runzligen Lippen preßten sich plötzlich fest zusammen, und die Hand, mit der sie die Zigarre hielt (und an der kein Daumen mehr saß), begann ein wenig zu beben.

Ich wartete. Sie schaute mich nicht an. Sie sagte kein Wort. Sie hatte sich ganz in sich selbst zurückgezogen. Das Gespräch war zu Ende.

«Gute Nacht, Großmama», sagte ich, stand vom Boden auf und küßte sie auf die Wange.

Sie regte sich nicht. Ich schlich aus dem Zimmer und ging ins Bett.

Die Hoch- und Großmeister-Hexe

Am nächsten Tag hatten wir den Besuch von einem Mann im schwarzen Anzug. Er trug eine Aktentasche, und er hatte mit meiner Großmutter im Wohnzimmer eine lange Unterredung. Während seines Besuches wurde ich nicht hereingelassen, aber als er schließlich wieder gegangen war, kam meine Großmutter zu mir. Sie machte ganz langsame Schritte und sah ganz niedergeschlagen aus.

«Dieser Mann hat mir den Letzten Willen deines Vaters vorgelesen», sagte sie.

«Was ist ein Letzter Wille?» fragte ich sie.

«Das ist etwas, was man vor seinem Tode aufschreibt»,

erklärte sie. «Darin legt man fest, wer das Geld erben soll und den Besitz. Aber das Wichtigste ist, darin sagt man auch, wer sich um das Kind kümmern soll, wenn beide Eltern sterben.»

Eine wilde Angst ergriff Besitz von mir. «Das sollst doch sicher du sein, Großmama!» rief ich. «Ich muß doch nicht zu jemand anders, oder?»

«Nein», erwiderte sie. «Das hätte dir dein Vater niemals angetan. Er hat mich gebeten, die Sorge für dich zu übernehmen, solange ich lebe, aber er hat mich auch gebeten, dich in euer Haus in England zurückzubringen. Er möchte, daß wir dort wohnen.»

«Aber warum denn?» fragte ich. «Warum können wir denn nicht in Norwegen bleiben? Du wirst doch nirgendwo anders leben wollen! Das hast du mir doch selber gesagt!»

«Ich weiß», antwortete sie. «Aber da gibt es lauter Schwierigkeiten mit dem Geld und mit dem Haus, die du noch nicht verstehen würdest. Und dann heißt es noch in dem Letzten Willen, obgleich alle in unserer Familie Norweger sind, bist du in England geboren und eingeschult worden, und dein Vater möchte gern, daß du weiterhin in englische Schulen gehst.»

«Oh, Großmama!» rief ich aus. «Aber *du* willst das doch nicht, und du willst auch nicht in unserem englischen Haus wohnen, das weiß ich doch ganz genau.»

«Natürlich behagt mir das nicht», antwortete sie. «Aber ich fürchte, ich muß es doch tun. Im Letzten Willen steht, daß deine Mutter genauso darüber denkt, und es ist nun einmal wichtig, den Wünschen der Eltern zu folgen.»

Es gab keinen Ausweg. Wir mußten nach England, und

meine Großmutter fing auf der Stelle an, Vorbereitungen zu treffen. «Die Schule beginnt in ein paar Tagen», sagte sie. «Deshalb können wir nicht mehr lange herumtrödeln.»

Am Abend, bevor wir nach England abreisten, kam meine Großmutter wieder auf ihr Lieblingsthema zu sprechen. «In England gibt es nicht so viele Hexen wie in Norwegen», sagte sie.

«Dann werd ich sicher keine treffen», entgegnete ich.

«Das kann ich in deinem Interesse nur hoffen», sagte sie. «Denn die englischen Hexen sind angeblich die heimtückischsten auf der ganzen Welt.»

Während sie dasaß und beim Reden ihre stinkende Zigarre paffte, mußte ich immer auf ihre Hand mit dem fehlenden Daumen blicken. Ich konnte gar nichts dagegen machen. Dieser Anblick zog mich magisch an, und ich zerbrach mir immer wieder den Kopf, was damals, als sie die Hexe getroffen hatte, für eine schreckliche Geschichte passiert sein mochte. Es mußte etwas unvorstellbar Grauenhaftes und Fürchterliches gewesen sein, sonst hätte sie mir längst davon erzählt. Vielleicht war ihr der Daumen abgedreht worden. Oder sie war gezwungen worden, den Daumen so lange in die Tülle eines Kessels mit kochendem Wasser zu stecken, bis er abgesotten war. Oder hatte ihn jemand – wie einen Backenzahn – aus der Hand gezogen? Es half alles nichts, ich mußte mir immer neue Möglichkeiten ausdenken.

«Erzähl mir doch, was diese englischen Hexen anstellen, Großmama», bat ich.

«Na gut», sagte sie und nahm wieder einen Zug von ihrer stinkenden Zigarre. «Ihr Lieblingsscherz besteht darin, ein Pulver zurechtzumixen, mit dem man ein Kind in ein Wesen verwandeln kann, das die Erwachsenen nicht ausstehen können.»

«Was für ein Wesen, Großmama?»

«Ziemlich häufig ist es eine Nacktschnecke», antwortete sie. «Nacktschnecken haben sie besonders gern. Die werden immer von den Erwachsenen breitgetreten, und keiner weiß, daß es ein Kind gewesen ist.»

«Das ist ja widerwärtig und gemein!» rief ich aus.

«Ein Floh kann's aber auch sein», fuhr meine Großmutter fort. «Sie könnten dich also zum Beispiel in einen Floh verwandeln, und dann greift deine eigene Mutter nach dem Insektenpulver, ohne daß sie weiß, was sie tut, und dann leb wohl, mein Kind.»

«Du machst mich ja ganz kribbelig, Großmama. Ich glaube, ich will nicht nach England zurück.»

«Ich habe englische Hexen gekannt», fuhr sie fort, «die Kinder in Fasane verwandelt haben, und dann haben sie diese Fasane in die Wälder geschummelt, und zwar genau an dem Tag, bevor die Fasanenjagd angegangen ist.»

«Oje», sagte ich. «Und dann werden sie erschossen?»

«Selbstverständlich», entgegnete sie, «und danach gerupft und gebraten und zum Abendessen verspeist.»

Ich stellte mir vor, ich wäre ein Fasan und flatterte angstvoll über den Jägern mit ihren Flinten, und ich taumelte und stürzte, während die Schüsse unter mir knallten.

«Ja, ja», sagte meine Großmutter. «Es macht den englischen Hexen ein höllisches Vergnügen, daneben zu stehen und zuzuschauen, wie die Erwachsenen ihre eigenen Kinder erschießen.»

«Ich will wirklich nicht nach England gehen, Großmama.»

«Natürlich nicht», entgegnete sie. «Ich auch nicht.
Aber es bleibt uns gar nichts anderes übrig. Wir müssen.»

«Sind die Hexen in allen Ländern verschieden?» fragte
ich.

«Gar nicht zu vergleichen», erwiderte meine Großmutter. «Aber von den anderen Ländern weiß ich nicht allzuviel.»

«Weißt du nicht einmal etwas über Amerika?» erkundigte ich mich.

«Eigentlich nicht», antwortete sie, «obgleich ich habe
sagen hören, daß es da drüben Hexen gäbe, die die Erwachsenen dazu bringen können, ihre eigenen Kinder auf-
zuessen.»

«O nein!» rief ich. «Nie und nimmer, Großmama! Das
kann nicht wahr sein!»

«Ich habe keine Ahnung, ob es stimmt oder nicht»,
sagte sie. «Es ist nur das, was ich gehört habe.»

«Aber wie können sie sie denn nur dazu bringen, ihre
eigenen Kinder zu essen?» fragte ich.

«Die verwandeln sie in Hog dogs», erklärte sie. «Für
eine geschickte Hexe ist das nur ein Klacks.»

«Hat denn jedes Land auf der Welt seine eigenen Hexen?» fragte ich.

«Wo du Menschen findest, da hast du auch Hexen»,
antwortete meine Großmutter. «Es gibt in jedem Lande
einen Geheimbund der Hexen.»

«Und kennen sie sich alle gegenseitig, Großmama?»

«Nicht die Spur», entgegnete sie. «Eine Hexe kennt nur
die Kolleginnen im eigenen Lande. Es ist ihr streng verbo-

213

ten, mit irgendwelchen ausländischen Hexen Verbindung aufzunehmen. Aber eine englische Hexe kennt zum Beispiel alle anderen Hexen in England. Sie sind miteinander befreundet. Sie telefonieren unaufhörlich miteinander. Sie tauschen ihre Giftrezepte aus. Der Himmel mag wissen, worüber sie sonst noch schwatzen. Mich widert selbst der Gedanke daran an.»

Ich saß auf dem Fußboden und beobachtete meine Großmutter. Sie legte ihren Zigarrenstummel in den Aschenbecher und faltete die Hände über dem Bauch. «Einmal im Jahr», fuhr sie fort, «veranstalten die Hexen in den einzelnen Ländern ihr nationales Geheimtreffen. Dann kommen sie alle an einem Ort zusammen und hören sich eine Rede von der Hoch- und Großmeister-Hexe der ganzen Welt an.»

«Von wem?» rief ich.

«Sie herrscht über alle anderen», sagte meine Großmutter. «Sie verfügt über die größten Zauberkräfte. Sie kennt keine Gnade. Alle anderen Hexen erstarren in Furcht vor ihr. Sie sehen sie alle zwölf Monate bei ihrem gemeinsamen Jahrestreffen. Sie tritt auf, um die Lust am Bösen zu schüren und ihre Anordnungen zu geben. Die Hoch- und Großmeister-Hexe reist von Land zu Land und veranstaltet diese Jahrestreffen.»

«Und wo finden diese Treffen statt, Großmama?»

«Da gibt es alle möglichen Gerüchte», antwortete meine Großmutter. «Ich habe sagen hören, daß sie ganz normal in einem Hotel buchen, so wie jeder andere Frauenverein, der eine Tagung veranstalten will. Ich habe auch sagen hören, daß in diesen Hotels, in denen sie absteigen, höchst merkwürdige Dinge vor sich gehen. Es wird zum Beispiel gesagt, daß die Betten die ganze Zeit unberührt bleiben. Daß man auf den Teppichen im Schlafzimmer Brandflecken entdeckt. Daß in den Badewannen Kröten sitzen und daß der Koch einmal unten in der Küche ein junges Krokodil gefunden hat, das in einem Suppentopf herumgeschwommen ist.»

Meine Großmutter griff wieder nach der Zigarre, machte einen kräftigen Zug und sog den stinkenden Rauch tief in die Lunge.

«Wo lebt die Hoch- und Großmeister-Hexe denn privat?» fragte ich.

«Das weiß keiner», antwortete meine Großmutter. «Wenn wir das wüßten, dann könnte sie ausgerottet und vernichtet werden. Hexologen der ganzen Welt haben jede freie Minute ihres Lebens dafür geopfert, um das geheime Hauptquartier der Hoch- und Großmeister-Hexe zu entdecken.»

«Was ist denn ein Hexologe, Großmama?»

«Das ist jemand, der Hexen erforscht und viel über sie weiß», entgegnete meine Großmutter.

«Bist du ein Hexologe, Großmama?»

«Ich bin ein pensionierter Hexologe», entgegnete sie. «Ich bin zu alt, um noch tätig zu sein. Aber als ich jünger war, da habe ich viele Reisen rund um die Welt unternommen, um den Schlupfwinkel der Hoch- und Großmeister-Hexe zu entdecken. Es ist mir aber nicht einmal gelungen, den Erfolg am Rockzipfel zu erwischen.»

«Ist sie reich?» fragte ich.

«Sie kann im Gelde baden», antwortete meine Großmutter, «oder waten. Es heißt, sie hätte in ihrem Hauptquartier eine Druckmaschine, die haargenau der entspricht, mit der die Regierung die Banknoten druckt, die du und ich benutzen. Banknoten sind schließlich nur kleine Papierzettel mit speziellen Mustern und Bildern. Wenn man die richtige Maschine und das richtige Papier besitzt, kann sie jeder nachmachen. Ich vermute, daß sich die Hoch- und Großmeister-Hexe so viel Geld druckt, wie sie braucht, und es mit vollen Händen an ihre Hexen weitergibt.»

«Und was ist mit ausländischem Geld?» fragte ich.

«Solche Maschinen können *chinesisches* Geld herstellen, wenn du sie so einrichtest», sagte meine Großmutter. «Es kommt nur darauf an, daß du den richtigen Knopf drückst.»

«Aber Großmama», wandte ich ein, «wenn keiner die Hoch- und Großmeister-Hexe jemals gesehen hat, wie kannst du da so sicher sein, daß es sie überhaupt gibt?»

Meine Großmutter warf mir einen langen und sehr ernsten Blick zu. «Niemand hat jemals den Teufel gesehen», sagte sie, «aber wir wissen, daß er existiert.»

Am nächsten Morgen fuhren wir mit dem Schiff nach England, und nach kurzer Zeit wohnte ich wieder in dem alten Familienhaus in Kent, diesmal aber nur mit meiner Großmutter, die sich um mich kümmerte. Dann begann die Schule, ich ging jeden Tag zum Unterricht, und das Leben schien wieder seinen gewöhnlichen Lauf zu nehmen.

Am Ende unseres Gartens stand nun eine gewaltige Kastanie, und ich hatte mit Timmy, meinem besten Freund, angefangen, mir ziemlich weit oben ein großes Baumhaus zu bauen. Wir konnten nur an den Wochenenden arbeiten, aber wir kamen recht gut voran. Wir hatten mit dem

Fußboden angefangen, für den wir breite Bretter zwischen zwei ziemlich weit voneinander entfernte Zweige gelegt und auf ihnen festgenagelt hatten. Innerhalb eines Monats waren wir mit dem Fußboden fertig. Dann errichteten wir um den Fußboden herum ein hölzernes Geländer und mußten schließlich nur noch das Dach bauen. Das Dach war der schwierigste Teil.

An einem Samstagnachmittag, als Timmy im Bett lag, weil er eine Erkältung hatte, faßte ich den Entschluß, schon einmal alleine damit anzufangen. Es war schön, hoch oben im Kastanienbaum zu sein, ganz allein mit den blassen jungen Blättern, die um mich herum aus den Zweigen brachen. Ich kam mir vor wie in einer großen grünen Höhle. Und die Höhe machte die Sache noch spannender. Meine Großmutter hatte mir gesagt, wenn ich abstürzte, würde ich mir ein Bein brechen, und jedesmal, wenn ich hinunterschaute, rann mir ein kleiner Schauer den Rücken hinunter.

Ich arbeitete munter drauflos und nagelte das erste Brett an den Dachbalken. Da sah ich plötzlich aus dem Augenwinkel, daß genau unter mir eine Frau stand. Sie schaute zu mir hoch und lächelte auf eine höchst merkwürdige Art und Weise. Die meisten Leute verziehen beim Lächeln ihre Lippen zur Seite. Die Lippen dieser Frau zogen sich jedoch nach oben und nach unten und entblößten ihr ganzes Gebiß und das Zahnfleisch. Das Zahnfleisch sah aus wie ein Stück roher Braten.

Man kriegt immer einen Schreck, wenn man sich allein glaubt und merkt, daß man in Wirklichkeit beobachtet wird.

Und außerdem: was machte diese fremde Frau in unserem Garten?

Ich bemerkte, daß sie einen kleinen schwarzen Hut auf-
hatte und an den Händen schwarze Handschuhe, die ihr
fast bis zu den Ellbogen reichten.

Handschuhe! Sie trug *Handschuhe!*

Ich erstarrte.

«Ich habe ein Geschenk für dich», sagte sie, wobei sie
nicht aufhörte, mich anzustarren und zu lächeln und ihre
Zähne und das Zahnfleisch zu zeigen.

Ich gab keine Antwort.

«Komm von dem Baum herunter, kleiner Junge», sagte
sie. «Dann kriegst du von mir das tollste Geschenk deines
Lebens.» Ihre Stimme hatte einen merkwürdigen rasseln-
den Klang. Sie klang nach Metall, so als ob sie den ganzen
Hals voller Stecknadeln hätte.

Ohne die Augen von meinem Gesicht zu lösen, schob sie
eine ihrer behandschuhten Hände langsam, langsam in
ihre Handtasche und zog eine kleine grüne Schlange heraus. Sie hielt sie in die Höhe, damit ich sie sehen konnte.

«Sie ist zahm», erklärte sie.

Die Schlange begann, sich um ihren Unterarm zu rin-
geln. Sie war leuchtend grün.

«Wenn du herunterkommst, dann schenke ich sie dir»,
versprach sie.

O Großmama, dachte ich, komm und hilf mir!

Dann verlor ich vor lauter Angst den Kopf. Ich ließ den
Hammer fallen und sprang wie ein Affe in das Laubwerk
dieses gewaltigen Baumes. Ich kletterte und kletterte und
hörte nicht auf, bis ich so hoch oben war, daß ich nicht
weiter konnte, und da blieb ich einfach hocken und zitterte am ganzen Leibe. Ich konnte die Frau nicht mehr
sehen. Zwischen ihr und mir lagen ganze Blätterwolken.

Ich blieb Stunden dort oben und verhielt mich mucksmäuschenstill. Es begann dunkel zu werden. Schließlich
hörte ich meine Großmutter meinen Namen rufen.

«Ich bin hier oben», rief ich zurück.

«Komm auf der Stelle herunter!» antwortete sie. «Du
hättest längst Abendbrot essen sollen.»

«Großmama!» rief ich. «Ist diese Frau weg?»

«Was für eine Frau?» rief meine Großmutter zurück.

«Die Frau mit den schwarzen Handschuhen!»

Unter mir herrschte Schweigen. Es war das Schweigen
von jemandem, der so verblüfft ist, daß es ihm die Sprache
verschlägt.

«Großmama!» rief ich noch einmal. «*Ist sie weg?*»

«Ja», erwiderte meine Großmutter schließlich. «Sie ist
fort. Ich bin hier, mein Schätzelchen. Ich passe auf dich
auf. Du kannst jetzt herunterkommen.»

Ich kletterte hinunter. Mir schlotterten alle Glieder.
Meine Großmutter schloß mich in ihre Arme. «Ich habe
eine Hexe gesehen», flüsterte ich.

«Komm herein», sagte sie. «Bei mir kann dir nichts geschehen.»

Sie führte mich in das Haus und machte mir eine Tasse
Kakao mit viel Zucker.

«Jetzt erzähl mir alles ganz genau», sagte sie.

Ich gehorchte ihr, aber als ich fertig war, hatte meine
Großmutter das Zittern gekriegt. Ihr Gesicht war asch-
grau, und ich sah, daß sie ihre Hand betrachtete, die keinen Daumen besaß. «Du weißt, was das bedeutet», sagte
sie schließlich. «Es bedeutet, daß eine hier in unserer Gegend lebt. Von jetzt an werd ich dich nicht mehr allein zur
Schule gehen lassen.»

«Glaubst du, daß sie vor allem hinter mir her ist?» fragte ich.

«Nein», antwortete sie. «Das bezweifle ich. Für diese Kreaturen ist ein Kind wie das andere.»

Es ist nicht weiter erstaunlich, daß ich danach ein sehr hexenbewußter kleiner Junge wurde. Wenn ich zufällig einmal allein auf der Straße war und eine Frau sah, die auf mich zukam und Handschuhe trug, so hüpfte ich rasch auf die andere Seite. Und da das Wetter in diesem Monat immer noch ziemlich kalt blieb, sah ich fast niemanden ohne Handschuhe. Merkwürdigerweise traf ich jedoch die Frau mit der grünen Schlange niemals wieder.

Das war meine erste Hexe. Aber es war nicht meine letzte.

Sommerferien

Die Osterferien kamen und gingen, und die Schule begann wieder. Meine Großmutter und ich hatten uns schon fest vorgenommen, unsere Sommerferien in Norwegen zu verbringen, und des Abends redeten wir fast von nichts anderem. Sie hatte für jeden von uns eine Kabine auf einem Fährschiff von Newcastle nach Oslo für den frühestmöglichen Termin nach Schulschluß gebucht, und von Oslo wollte sie mich zu einem Ort an der Südküste in der Nähe von Arendal bringen, wo sie vor achtzig Jahren, als sie selber noch ein Kind war, auch ihre Sommerferien verlebt hatte.

«Mein Bruder und ich», erzählte sie, «sind immer den

ganzen Tag im Ruderboot draußen gewesen. Das Meer ist vor der ganzen Küste von lauter winzigen Inseln gesprenkelt, und keine ist bewohnt. Wir pflegten sie zu erforschen und zwischen den wunderbar glatten Granitfelsen zu tauchen, und manchmal warfen wir auf dem Wege dort hinaus Anker und angelten Dorsche und Strömlinge, und wenn wir Erfolg hatten, machten wir auf einer Insel Feuer und brieten uns die Fische zum Mittagessen. Es gibt keinen besseren Fisch auf der ganzen Welt als frisch geangelten Dorsch.»

«Was für einen Köder habt ihr genommen, Großmama, wenn ihr geangelt habt?»

«Muscheln», erwiderte sie. «In Norwegen benutzt jeder Muscheln als Köder. Und wenn wir keinen Fisch gefangen haben, dann haben wir uns einfach die Muscheln im Topf gekocht und aufgegessen.»

«Haben sie gut geschmeckt?»

«Köstlich», erwiderte sie. «Einfach in Meerwasser kochen, dann werden sie zart und würzig.»

«Was habt ihr noch gemacht, Großmama?»

«Wir sind viel hinausgerudert, und dann haben wir den Krabbenkuttern zugewinkt, die auf dem Heimweg waren, und manchmal haben sie angehalten und jedem von uns eine Handvoll Krabben gegeben. Die Krabben waren noch warm, weil sie auf den Kuttern gleich gekocht werden, und wir saßen dann im Ruderboot und pulten sie aus und futterten sie auf. Das beste waren immer die Köpfe.»

«Die Köpfe?» fragte ich.

«Man klemmt sie sich zwischen die Zähne und saugt den Saft aus. Das schmeckt wunderbar. Und alles das werden wir in diesem Sommer gemeinsam machen, mein Schätzelchen», sagte sie.

«Großmama», rief ich, «ich kann's gar nicht abwarten. Ich möchte am liebsten gleich losfahren.»

«Ich auch», antwortete sie.

Als es nur noch drei Wochen bis zu den Sommerferien waren, geschah etwas Schreckliches. Meine Großmutter bekam Lungenentzündung. Sie war sehr krank, und eine Schwester zog zu uns, um Großmama zu pflegen. Der Arzt erklärte mir, daß Lungenentzündung heutzutage eigentlich keine gefährliche Krankheit mehr ist, weil es Penicillin gibt, daß es aber für einen Patienten von über achtzig Jahren, was meine Großmutter war, immer noch besorgniserregend wäre. Er sagte, er könne es nicht einmal wagen, sie in ihrer Verfassung ins Krankenhaus transportieren zu lassen, und deshalb blieb sie in ihrem Schlafzimmer, und ich trieb mich draußen vor der Tür herum, während Sauerstoffflaschen und alle möglichen anderen schreckenerregenden Gegenstände zu ihr hineintransportiert wurden.

«Kann ich rein und sie besuchen?» fragte ich.

«Nein, mein Lieber», antwortete die Krankenschwester. «Jetzt nicht.»

Eine dicke und vergnügte Dame, die Missis Spring hieß und jeden Tag zum Putzen zu uns kam, zog jetzt auch ganz und gar zu uns. Missis Spring kümmerte sich um mich und kochte mir mein Essen.

Ich mochte sie sehr gerne, aber mit Großmutter und ihren Geschichten war sie natürlich nicht zu vergleichen.

Etwa zehn Tage später kam eines Abends der Arzt nach unten und sagte zu mir: «Du kannst jetzt hinauf zu ihr, aber nur für ein paar Minuten. Sie hat nach dir gefragt.»

222

Ich flog die Treppe hinauf und raste in das Zimmer meiner Großmutter und warf mich in ihre Arme.

«He, aufgepaßt!» mahnte die Krankenschwester. «Du mußt noch vorsichtig mit ihr umgehen.»

«Geht es dir jetzt wieder gut, Großmama?» fragte ich.

«Das Schlimmste ist vorüber», antwortete sie. «Ich bin bald wieder auf den Beinen.»

«Wirklich?» fragte ich die Schwester.

«Aber ja», antwortete die Krankenschwester und lächelte. «Sie hat uns ja praktisch befohlen, sie so rasch wie möglich gesund zu machen, weil sie sich um dich kümmern muß.»

Ich umarmte meine Großmutter noch einmal.

«Sie erlauben mir keine Zigarre», sagte sie. «Aber wart nur mal ab, bis sie wieder aus dem Hause sind!»

«Sie ist ein zäher alter Vogel», bemerkte die Krankenschwester. «In einer Woche haben wir sie wieder in Ordnung.» Die Schwester hatte recht. Schon nach einer Woche klopfte Großmutters Stock mit dem goldenen Griff überall im Haus auf den Boden, und sie schaute Missis Spring in die Kochtöpfe. «Vielen Dank für Ihre freundliche Hilfe, Missis Spring», sagte sie, «aber jetzt können Sie wieder nach Hause.»

«Oh, nicht die Spur!» erwiderte Missis Spring. «Der Arzt hat mir befohlen, ich soll darauf achten, daß Sie es erst einmal langsam angehen.»

Der Arzt hatte noch etwas ganz anderes gesagt. Er ließ seine Bombe bei meiner Großmutter und mir hochgehen, indem er uns eröffnete, wir könnten in diesem Sommer unter keinen Umständen das Risiko einer Reise nach Norwegen auf uns nehmen.

«Unfug!» rief meine Großmutter. «Ich hab's ihm versprochen, und wir werden reisen. Punktum.»

«Die Reise ist zu lang», antwortete der Arzt. «Das wäre höchst gefährlich. Aber ich will Ihnen sagen, was ich Ihnen erlauben kann. Sie dürfen Ihren Enkel statt dessen in ein nettes Hotel an der Südküste von England einladen. Die milde Seeluft ist genau das, was Sie brauchen.»

«O nein!» sagte ich.

«Willst du, daß deine Großmutter stirbt?» fragte mich der Arzt.

«Nie und nimmer!» antwortete ich.

«Dann laß sie in diesem Sommer keine so lange und anstrengende Reise machen. Sie ist viel zu schwach dazu. Und bring sie dazu, daß sie diese stinkigen schwarzen Zigarren nicht mehr raucht.»

Zum Schluß hatte der Arzt beim Thema Sommerferien gesiegt, nicht aber bei den Zigarren. Es wurden Zimmer für uns bestellt, im Grandhotel in dem berühmten Badeort Bournemouth.

Bournemouth, so erzählte mir meine Großmutter, wimmelt immer von alten Leuten wie sie selber. Sie zogen sich in wahren Heerscharen dorthin zurück, weil die Luft dort so prickelig und gesund ist, daß sie sie ein paar zusätzliche Jahre länger am Leben erhält, wie sie sagen.

«Stimmt das?» fragte ich.

«Natürlich nicht», erwiderte sie. «Das ist Altweibergeschwätz. Aber trotzdem, ich glaube, es wäre gar nicht so dumm, wenn ich einmal in meinem Leben das täte, was der Arzt will.»

Kurz darauf reisten meine Großmutter und ich mit der Eisenbahn nach Bournemouth und richteten uns im

Grandhotel ein. Das war ein riesiges weißes Gebäude direkt am Meer, und es schien mir genau der Ort zu sein, an dem man sich in den Sommerferien nur zu Tode langweilen kann. Ich hatte mein eigenes Schlafzimmer, aber es gab eine Verbindungstür zwischen meinem Zimmer und dem meiner Großmutter, so daß wir uns besuchen konnten, ohne über den Flur gehen zu müssen.

Kurz bevor wir nach Bournemouth aufgebrochen waren, hatte mir meine Großmutter etwas zum Trost geschenkt, zwei weiße Mäuse in einem kleinen Käfig, und die nahm ich natürlich mit. Sie machten mir viel Spaß, diese Mäuse. Ich nannte sie Willi und Marie, und in dem Hotel fing ich sofort an, ihnen Kunststücke beizubringen. Als erstes lernten sie, innen in meinem Jackenärmel raufzuklettern und oben am Hals herauszukommen. Dann brachte ich ihnen bei, mir hinten den Nacken hoch bis oben auf den Scheitel zu krabbeln. Dafür streute ich mir einfach Kuchenkrümel auf die Haare.

Gleich am ersten Morgen nach unserer Ankunft machte das Stubenmädchen mein Bett, als eine meiner Mäuse den Kopf unter dem Laken hervorsteckte. Das Mädchen stieß einen solchen Schrei aus, daß gut ein Dutzend Leute angestürzt kamen, um zu sehen, wer ermordet worden wäre. Ich wurde dem Hoteldirektor gemeldet. Daraufhin kam es im Büro des Direktors zu einer unangenehmen Szene zwischen dem Direktor, meiner Großmutter und mir.

Der Direktor, der Mister Stringer hieß, trug einen schwarzen Frack und war ziemlich ärgerlich. «Ich kann keine Mäuse in meinem Hotel dulden, gnädige Frau», sagte er zu meiner Großmutter.

«Und das wagen Sie zu sagen, wo es in Ihrem verlotterten Hotel von Ratten nur so wimmelt!» rief meine Groß-mutter.

«Ratten?» stieß Mister Stringer aus und wurde lila im Gesicht. «In diesem Hotel gibt es keine Ratten!»

«Gerade heute früh habe ich eine gesehen», entgegnete meine Großmutter. «Sie rannte den Korridor entlang in die Küche!»

«Das ist nicht wahr!» schrie Mister Stringer.

«Sie sollten sich lieber schleunigst nach einem Ratten-fänger umschauen», riet ihm meine Großmutter, «bevor ich Sie dem Gesundheitsamt melde. Wahrscheinlich spa-zieren diese Ratten in der ganzen Küche herum und holen sich die Nahrungsmittel aus der Vorratskammer.»

«Vollkommen ausgeschlossen!» rief Mister Stringer.

«Kein Wunder, daß mein Frühstückstoast heute mor-gen an allen Ecken angeknabbert war», fuhr meine Groß-mutter gnadenlos fort. «Kein Wunder, daß er so scheuß-lich nach Ratten schmeckte. Wenn Sie nicht aufpassen, dann werden diese Gesundheitsbeamten das ganze Hotel schließen lassen, bevor die Gäste Typhus kriegen.»

«Das kann nicht Ihr Ernst sein, gnädige Frau», stam-melte Mister Stringer.

«Ich bin noch nie in meinem Leben so ernst gewesen», entgegnete meine Großmutter. «Gestatten Sie nun mei-nem Enkel, seine weißen Mäuse in seinem Zimmer zu hal-ten oder nicht?»

Der Hoteldirektor wußte, wann er geschlagen war. «Darf ich mir gestatten, einen Kompromiß vorzuschla-gen, gnädige Frau?» fragte er. «Ich will ihm erlauben, sie in seinem Zimmer zu lassen, sofern sie den Käfig nicht verlassen. Wie wäre das?»

«Das käme uns sehr gelegen», antwortete meine Großmutter, erhob sich und marschierte mit mir im Gefolge
zum Büro hinaus.

Nun kann man Mäusen schlecht Kunststücke beibringen, wenn sie im Käfig sitzen. Ich wagte es jedoch nicht, sie
freizulassen, weil das Zimmermädchen ununterbrochen
hinter mir herspionierte. Sie hatte einen Hauptschlüssel
für meine Tür, und sie platzte zu jeder Tageszeit herein,
um mich dabei zu erwischen, wie ich die Mäuse außerhalb
des Käfigs hatte. Sie sagte mir, die erste Maus, die die Vor-
schrift bräche, würde sie vom Portier in einem Eimer Wasser ertränken lassen.

Ich beschloß also, mir einen sicheren Ort zu suchen, wo
ich mit dem Unterricht fortfahren konnte. Es mußte ja
wohl in diesem riesigen Hotel ein leeres Zimmer geben.
Ich steckte eine Maus in jede Hosentasche und bummelte
hinunter, um mir einen Geheimplatz zu suchen.

Das Erdgeschoß des Hotels war ein Irrgarten von Sälen
und allgemein zugänglichen Räumen, und wie sie hießen,
stand in goldenen Buchstaben auf den Türflügeln. Ich
wanderte durch den «Gesellschaftsraum» und den
«Rauchsalon» und das «Kartenzimmer» und den «Leseraum» und «Ruheraum». Keiner war leer. Ich schlenderte
einen langen, breiten Gang entlang, und an seinem Ende
stieß ich auf den «Ballsaal». Er hatte eine große Tür mit
zwei Flügeln, und davor lehnte eine Hinweistafel. Darauf
stand folgendes zu lesen:

KGVK-TAGUNG
STRENG PRIVAT
DER SAAL IST RESERVIERT
FÜR DAS
JÄHRLICHE TREFFEN
DER KÖNIGLICHEN GESELLSCHAFT
ZUR VERHINDERUNG
VON KINDESMISSHANDLUNGEN

Die Saaltür stand offen. Ich schaute hinein. Es war wirklich ein riesiger Raum mit lauter Stuhlreihen, die zum Podium ausgerichtet waren. Die Stühle waren mit Goldbronze gestrichen, und jeder hatte ein kleines rotes Kissen. Es war aber keine Menschenseele zu sehen.

Ich schlüpfte vorsichtig in den Saal. Was war das für ein herrlich geheimer und ruhiger Ort. Die Tagung der Königlichen Gesellschaft zur Vermeidung von Kindesmißhandlungen hatte wohl schon ganz früh am Tage stattgefunden, und jetzt waren sie alle nach Hause gegangen. Selbst wenn das nicht stimmte, selbst wenn sie plötzlich hereingeströmt kämen, so mußten das doch ausgesprochen nette Leute sein, die einen jugendlichen Mäusetrainer bei der Arbeit nur mit Wohlwollen betrachten würden.

Im Hintergrund des Saales stand ein großer Wandschirm, der über und über mit chinesischen Drachen bemalt war. Ich beschloß, einfach aus Sicherheitsgründen, mich hinter diesen Wandschirm zurückzuziehen und das Training dort stattfinden zu lassen. Vor den Verhinderern von Kindesmißhandlungen hatte ich kein bißchen Angst, aber es bestand ja immer die Möglichkeit, daß Mister Stringer, der Hoteldirektor, seinen Kopf in den Saal steckte. Wenn er das nun täte und meine Mäuse erblickte, dann wären die armen Dinger im Wassereimer des Portiers, ehe ich Halt schreien konnte.

Ich ging also auf Zehenspitzen zum anderen Ende des Saales und richtete mich auf dem dicken grünen Teppich hinter dem großen Wandschirm ein. Was war das für eine herrliche Ecke! Geradezu ideal für das Mäusetraining! Ich holte Willi und Marie aus meinen Hosentaschen, und sie saßen ruhig und wohlerzogen auf dem Teppich neben mir.

Das Kunststück, das ich ihnen heute beibringen wollte, war das Seiltanzen. Es ist gar nicht so schwer, eine kluge Maus zu einem erstklassigen Seiltänzer auszubilden, wenn man genau weiß, wie man vorgehen muß. Zuerst braucht man natürlich ein Seil. Das hatte ich bereits. Dann muß man ein Stück besonders guten Kuchen haben. Die Lieblingsspeise der weißen Mäuse ist Kuchen mit Rosinen. Darauf sind sie ganz wild. Ich hatte ein Stück Rosinenkuchen mitgebracht, den ich am Tag davor beim Tee mit meiner Großmutter vorsorglich eingesteckt hatte.

Und folgendes muß man nun tun: Man spannt das Seil fest zwischen beiden Händen, aber am Anfang nur ein kurzes Stück, nicht mehr als zehn Zentimeter. Dann setzt man die Maus auf die rechte Hand und nimmt ein Stückchen Kuchen in die linke. Die Maus ist also nur zehn Zentimeter vom Kuchen entfernt. Sie kann ihn sehen, und sie kann ihn riechen. Ihr Schnurrbart fängt vor Gier an zu zittern. Wenn sie sich vorbeugt, kann sie den Kuchen fast erreichen, aber eben nur fast. Um diesen herrlichen Happen zu erreichen, muß sie zwei Schrittchen auf dem Seil machen. Sie reckt sich also und streckt sich, setzt eine Pfote auf das Seil und dann die zweite. Wenn die Maus einen gut ausgebildeten Gleichgewichtssinn besitzt, und bei den meisten ist das der Fall, so kommt sie ganz leicht hinüber. Ich versuchte es zuerst mit Willi. Er marschierte über das Seil, ohne auch nur einen Augenblick zu zögern. Ich ließ ihn einmal rasch vom Kuchen abbeißen, nur um seinen Appetit zu kitzeln, dann nahm ich ihn wieder in meine rechte Hand.

Diesmal verlängerte ich den Strick. Ich machte ihn fast zwanzig Zentimeter lang. Willi wußte schon genau, worauf es ankam. Er trippelte, ohne das Gleichgewicht zu verlieren, Schrittchen für Schrittchen über das Seil, bis er den Kuchen erreicht hatte. Ich belohnte ihn mit einem zweiten Bissen.

Nach kürzester Zeit marschierte Willi über ein siebzig Zentimeter langes Seil (oder eben genauer gesagt: Bindfaden) von einer Hand zur anderen, um seinen Kuchen zu erreichen. Es war hochinteressant, ihm dabei zuzuschauen. Es schien ihm auch selber Spaß zu machen. Ich achtete immer darauf, den Strick ziemlich dicht über dem Teppich zu spannen, so daß er nicht allzutief fallen mußte, wenn er einmal das Gleichgewicht verlor. Er stürzte aber kein einziges Mal ab. Willi schien ein geborener Akrobat zu sein, eine erstklassige Seiltanz-Maus.

Danach war Marie an der Reihe. Ich setzte Willi neben mich auf den Teppich und belohnte ihn mit ein paar Extrakrümeln und einer dicken Rosine. Dann fing ich an, mit Marie genau das gleiche zu exerzieren. Ihr müßt nämlich wissen, mein geheimer Ehrgeiz und der Traum meiner Träume bestand darin, eines Tages der Besitzer eines Weiße-Mäuse-Zirkus zu sein. Ich wollte eine kleine Bühne haben mit roten Theatervorhängen, und wenn die Vorhänge aufgezogen würden, dann könnten die Zuschauer meine weltberühmten Zirkusmäuse sehen, wie sie seiltanzen, Trapezkunststücke vorführen, Saltos schlagen, auf Trampolinen springen und was sonst noch dazu gehört. Ich würde weiße Mäuse auf weißen Ratten reiten lassen, und die Ratten müßten auf der Bühne mit Tempo und feurigem Temperament immer im Kreise reiten. Ich fing schon an, mir ganz genau auszumalen, wie ich immer Erster Klasse mit meinem Weiße-Mäuse-Zirkus rund um die ganze Erde reiste und vor den gekrönten Häuptern Europas meine Vorstellungen gab.

Als ich etwa die Hälfte von Maries Trainingsprogramm hinter mir hatte, hörte ich plötzlich draußen, vor den Ballsaaltüren, Stimmen. Der Lärm wurde immer lauter. Er schwoll zu einem Stimmengewirr aus vielen Kehlen an. Ich erkannte die Stimme dieses gräßlichen Hoteldirektors Mister Stringer.

Hilfe, dachte ich.

Aber immerhin gab es wenigstens diesen großen Wandschirm.

Ich kauerte mich hinter ihm zusammen und spähte durch die Ritze zwischen zwei von seinen Teilen. Dadurch konnte ich den Ballsaal in seiner ganzen Länge und Breite überblicken, ohne daß ich gesehen wurde.

«So, meine Damen, ich bin sicher, daß Sie es hier drinnen ganz nach Ihren Wünschen haben», verkündete die Stimme von Mister Stringer. Dann kam er zur Tür hereinmarschiert, in Frack und so, und breitete seine Arme weit aus, um eine stattliche Schar von Damen hereinzuwedeln. «Wenn es noch irgend etwas gibt, was wir für Sie tun können, so zögern Sie bitte nicht, sondern lassen es mich so-

231

fort wissen», fuhr er fort. «Der Tee wird Ihnen nach Schluß der Sitzung auf der Sonnenterrasse serviert werden.» Damit verneigte er sich und schob sich aus dem Saal, in den nun eine ganze Herde von Damen von der Königlichen Gesellschaft zur Verhinderung von Kindesmißhandlungen hereingeströmt kam. Sie hatten alle wunderschöne Kleider an und Hüte auf dem Kopf.

Die Tagung

Nachdem nun der Hoteldirektor verschwunden war, hatte ich eigentlich keine Angst mehr. Was konnte besser sein, als in einem Saal mit lauter entzückenden Damen eingeschlossen zu sein? Vielleicht würde ich sogar mit ihnen ins Gespräch kommen, dann könnte ich ihnen vorschlagen, daß sie sich einmal in meiner Schule um die Verhinderung von Kindesmißhandlungen kümmern sollten. Wir könnten sie dort schon gebrauchen.

Sie kamen also herein und schwatzten aus vollem Halse. Sie liefen hin und her und suchten ihre Plätze, und dabei gaben sie solche Sätze von sich wie: «Komm doch her und setz dich neben mich, meine liebste Milly.» Oder: «Oh, hallo, Beatrix! Ich hab dich ja eine Ewigkeit nicht mehr gesehen! Und was für ein hinreißendes Kleid du anhast!»

Ich beschloß zu bleiben, wo ich war, und sie ihre Tagung abhalten zu lassen, während ich mit meinem Mäusetraining fortfuhr. Aber ich beobachtete sie trotzdem noch eine Weile durch die Ritze im Wandschirm, weil ich abwarten wollte, bis sie sich endlich alle gesetzt hatten. Wie

232

viele mochten es insgesamt sein? Ich schätzte, sicher zwei-hundert. Die hinteren Reihen wurden zuerst voll. Sie schienen alle so weit vom Podium entfernt sitzen zu wollen, wie es nur ging.

In der Mitte der letzten Reihe saß eine Dame mit einem kleinen grünen Hut, die sich unaufhörlich hinten am Halse kratzte. Sie konnte gar nicht aufhören. Es faszinierte mich, wie ihre Finger immer hinten unter ihren Haaren herumfuhren. Wenn sie gewußt hätte, daß sie von hinten beobachtet würde, so hätte sie das sicher nervös gemacht. Ich überlegte, ob sie wohl die Krätze hätte. Aber dann merkte ich plötzlich, daß die Dame neben ihr genau das gleiche machte!

Und ihre Nachbarin auch!

Und deren Nachbarin!

Wirklich: alle miteinander. Sie kratzten sich wie verrückt hinten am Hals unter den Haaren.

Ob sie vielleicht Flöhe in der Frisur hatten?

Wahrscheinlicher waren Kopfläuse.

Ein Junge in meiner Schule, der Ashton hieß, hatte im vorigen Jahr Läuse gehabt, und die Erzieherin hatte ihn mit dem Kopf in Terpentin getunkt. Die Läuse sind samt und sonders dabei draufgegangen, aber Ashton fast auch. Sein halber Skalp ist ihm dabei abgefallen. .

Ich begann, von dieser Haarekratzerei richtig fasziniert zu werden. Es ist immer komisch, wenn man eine dabei ertappt, wie sie irgend etwas Unappetitliches tut und sich einbildet, es sähe keiner zu. Nasebohren zum Beispiel oder sich am Popo kratzen. Kopfkratzen ist genauso ekelhaft, besonders wenn es gar nicht aufhört.

Ich entschied, daß es Läuse sein müßten.

233

Dann passierte etwas absolut Verblüffendes. Ich sah, wie sich die eine Dame die Finger unter ihre Kopfhaare schob, und diese Haare, *die ganze Frisur* rutschte in einem Stück nach oben, woraufhin die Hand darunter schlüpfte und wie besessen weiter kratzte.

Sie trug eine Perücke! Und Handschuhe trug sie auch! Ich warf rasch einen Blick auf den Rest der Gesellschaft, die jetzt alle ihre Plätze eingenommen hatten. *Sie trugen alle miteinander Handschuhe!*

Mir blieb das Herz im Leibe stecken. Ich begann, an allen Gliedern zu zittern und zu beben. Ich warf einen gehetzten Blick hinter mich, ob es vielleicht einen Notausgang gäbe, durch den ich fliehen könnte. Aber da war nichts.

Sollte ich hinter dem Wandschirm hervorstürzen und auf die Eingangstür zurasen?

Diese Türen waren jedoch bereits geschlossen, und ich konnte sehen, daß eine Frau davor stand. Sie bückte sich und schlang eine Art Metallkette um die beiden Türgriffe.

Ruhig, nur ruhig Blut, befahl ich mir, noch hat dich keine gesehen. Es gibt keinen vernünftigen Grund auf der Welt, warum sie hinter den Wandschirm schauen sollten. Aber eine falsche Bewegung, einmal husten, einmal niesen, einmal die Nase putzen, ein einziges noch so schwaches Geräusch, und es hat dich nicht nur eine einzige Hexe am Wickel, sondern zweihundert!

Ich glaube, in diesem Augenblick fiel ich in Ohnmacht. Das Ganze war einfach zuviel für einen kleinen Jungen. Damit konnte er nicht fertig werden. Ich glaube aber, daß ich nicht länger als ein paar Sekunden das Bewußtsein verloren habe, denn als ich wieder zu mir kam, lag ich auf

234

dem Teppich und befand mich gottlob immer noch hinter dem Wandschirm. Um mich herum herrschte tiefes Schweigen. Ich fühlte mich noch schwach und wackelig, aber ich kniete mich hin und lugte abermals durch die Ritze im Wandschirm.

Verkohlt wie ein Klops

Alle Frauen, oder richtiger: alle Hexen saßen jetzt reglos auf ihren Stühlen und starrten wie hypnotisiert auf jemanden, der plötzlich auf dem Podium erschienen war. Dieser Jemand war ebenfalls eine Frau.

Das erste, was mir an dieser Frau auffiel, war ihre Größe. Sie war winzig, wahrscheinlich nicht einmal einsfünfzig. Sie sah auch noch ganz jung aus, fünfundzwanzig oder sechsundzwanzig, und sie war wunderschön. Sie trug ein ziemlich elegantes langes schwarzes Kleid, das bis zum Boden reichte, und sie hatte schwarze Handschuhe an, die bis zu ihren Ellbogen reichten. Im Gegensatz zu den anderen trug sie keinen Hut.

Sie kam mir überhaupt nicht wie eine Hexe vor, aber sie konnte wiederum auch nicht keine sein, denn was hätte sie sonst um alle Welt da vorne auf dem Podium zu suchen gehabt? Und warum starrten sie um Himmels willen alle anderen Hexen mit dieser Mischung aus Bewunderung, Angst und Schrecken an?

Die junge Dame auf dem Podium hob ihre Hände langsam zum Gesicht. Ich sah, wie ihre behandschuhten Hände irgend etwas hinter ihren Ohren abhakten, und dann ... dann packte sie ihre Backen und zog sich das Gesicht einfach ab! Ihr ganzes wunderschönes Gesicht blieb ihr in den Händen hängen!

Es war eine Maske!

Während sie sie abnahm, wandte sie sich zur Seite und legte sie sorgfältig auf einen kleinen Tisch in ihrer Nähe, und als sie sich wieder umdrehte und uns anschaute, hätte ich fast laut aufgeschrien.

Ihr Gesicht war das Entsetzlichste und Fürchterlichste, was ich je gesehen habe. Beim bloßen Anblick bebte ich schon am ganzen Leibe. Es war so verkrumpelt und verwittert, so verfallen und schrundig, als ob es seit Jahren im Essigkrug gelegen hätte. Es war ein grauenhafter, ein widerwärtiger Anblick. Es hatte irgend etwas vollkommen Falsches an sich, etwas Faules und Verdorbenes und Verwestes. Es schien am Rande regelrecht zu vermodern, und mitten im Gesicht, um Mund und Wangen, konnte ich ganz deutlich erkennen, daß die Haut so verwuchert und wurmzerfressen war, als ob die Maden darin säßen.

Manchmal ist etwas so grauenvoll, daß man wie gebannt davon ist und die Augen nicht abwenden kann. So ging's mir jetzt. Ich war wie festgenagelt. Ich war betäubt. Der nackte Schrecken, den die Gestalt dieser Frau verbreitete, hatte mich gelähmt. Aber das war noch nicht alles. Da war noch dieser Schlangenblick in ihren Augen, die sie jetzt wie einen Blitz über ihre Zuhörerinnen gleiten ließ.

Ich hatte natürlich sofort begriffen, daß dieses niemand anders als die Hoch- und Großmeister-Hexe war. Ich verstand auch, warum sie eine Maske getragen hatte. Mit ihrem wahren Angesicht konnte sie sich kaum in die Öffentlichkeit getraut haben, geschweige denn ein Hotelzim-

236

mer buchen. Jeder, der sie gesehen hätte, wäre laut schreiend fortgelaufen.

«Die Düren!» rief die Hoch- und Großmeister-Hexe
mit einer Stimme, die den ganzen Saal ausfüllte und an den
Wänden widerhallte. «Sind sie vergettet und verriegelt?»

«Die Türen sind verkettet und verriegelt, Euer Hochgeboren», antwortete eine Stimme aus der Menge.

Die funkelnden Schlangenaugen, die so tief in diesem
heimtückischen und wurmzerfressenen Gesicht lagen,
musterten die Hexen, die sie anschauten, ohne mit der
Wimper zu zucken. «Ihr habt die Errlaubnis, eure Handschuhe auszuziehen!» rief sie.

Ich bemerkte, daß ihre Stimme den gleichen harten me-
tallischen Klang besaß wie die Stimme jener Hexe, die ich
unter dem Kastanienbaum getroffen hatte, sie war nur
sehr viel lauter und auch viel rauher und heiserer. Sie ras-
selte. Sie kratzte. Sie knirschte. Sie krächzte. Sie schnarrte,
und manchmal knurrte sie.

Alle im Saal zogen sich die Handschuhe aus. Ich beobachtete vor allem die Hände der Damen in der letzten
Reihe. Ich wollte zu gerne sehen, wie ihre Finger aussahen
und ob meine Großmutter recht gehabt hatte.

Ah!... Ja!... Jetzt konnte ich einige ganz genau erkennen. Ich konnte sehen, wie sich die braunen Krallen über
den Fingerspitzen krümmten. Sie waren gut und gerne
fünf Zentimeter lang, diese Krallen, und an den Enden na-
delspitz.

«Ihr habt die Errrlaubnis, eure Schuhe auszuziehen!»
bellte die Hoch- und Großmeister-Hexe.

Ich hörte, wie ein Seufzer der Erleichterung durch den
ganzen Saal wehte, während sich die Hexen ihre engen

hochhackigen Schuhe von den Füßen streiften, und dann erhaschte ich unter den Stühlen in der letzten Reihe einen Blick auf bestrumpfte Füße, die eckig waren wie eine Schachtel und völlig ohne Zehen. Das sah wirklich abstoßend aus, als ob ihnen jemand mit einem scharfen Küchenmesser die Zehen vom Fuß geschnitten hätte.

«Ihr habt die Errrlaubnis, eure Berrrücken abzusetzen!» schnarrte die Hoch- und Großmeister-Hexe. Sie hatte eine ganz merkwürdige Art zu sprechen. Sie hatte irgendeinen ausländischen Akzent, etwas Hartes und Gutturales, und sie schien Schwierigkeiten zu haben, ein scharfes P auszusprechen. Außerdem stellte sie irgend etwas Komisches mit dem R an. Sie pflegte es im Munde herumrollen zu lassen, wie ein heißes Stück Schweinebratenschwarte, bevor man es ausspuckt. «Rrrreißt euch die Berrrücken vom Gopf und laßt ein bißchen frrrische Luft an eure verschorrrften Schädel!» rief sie, und wieder stieg im Publikum ein Seufzer der Erleichterung auf, während alle Hände zu den Köpfen emporfuhren, und alle Perükken (mit den Hüten obendrauf) abgesetzt wurden.

Jetzt hatte ich lauter kahle Damenköpfe vor mir, eine Reihe hinter der anderen, ein wogendes Meer von nackten Glatzen, und alle miteinander rot und entzündet durch die ständige Reibung des rauhen Innenfutters. Ich kann euch gar nicht beschreiben, wie widerwärtig sie waren, und irgendwie wurde ihr Anblick dadurch noch grotesker, daß unter diesen fürchterlich zerkratzten Köpfen hochelegant und modisch gekleidete Körper saßen. Es war wirklich monsterhaft. Es war widernatürlich.

Oh, Himmel, dachte ich, komm mir zu Hilfe! Lieber Gott, sei mir gnädig! Jede von diesen verfaulten glatzköpfigen Weibern ist eine Kindsmörderin, und ich bin mit ihnen in einem Raum eingesperrt und kann ihnen nicht entkommen!

In diesem Augenblick überfiel mich ein neuer und noch viel entsetzlicherer Gedanke. Meine Großmutter hatte erzählt, daß die Hexen mit ihren speziellen Nasenlöchern ein Kind selbst in der finstersten Nacht auf der anderen Straßenseite wittern können. Bis jetzt hatte meine Großmutter in allem recht behalten. Es schien deshalb unabwendbar zu sein, daß eine von den Hexen in der letzten Reihe mich jeden Moment erschnüffeln konnte, und dann würde der Schrei «Hundeköttel!» durch den ganzen Saal hallen, und ich säße wie eine Ratte in der Falle.

Ich ließ mich hinter dem Wandschirm auf die Knie nieder und wagte kaum mehr zu atmen.

Dann fiel mir plötzlich noch eine wichtige Einzelheit ein, die meine Großmutter erwähnt hatte. «Je schmutziger du bist», hatte sie gesagt, «desto schwerer fällt es einer Hexe, dich zu riechen.»

Wie lange war es her, daß ich das letzte Mal in der Badewanne gewesen war?

Ewigkeiten. Ich hatte ja mein eigenes Hotelzimmer, und meine Großmutter gab sich niemals mit unwichtigen Kleinigkeiten ab. Wenn ich genau nachdachte, schien es mir fast, daß ich seit unserer Ankunft noch kein einziges Mal gebadet hatte.

Und wann hatte ich mir das letzte Mal meine Hände oder mein Gesicht gewaschen?

Sicherlich nicht an diesem Morgen.

Und gestern genausowenig.

Ich warf einen Blick auf meine Hände. Sie waren mit

Schmutz und Erde und weiß der Himmel was noch allem verschmiert.

So hatte ich vielleicht doch noch eine Überlebenschance. Diesen ganzen Dreck würden die Stinkewellen kaum durchdringen können.

«Hexen von England!» rief die Hoch- und Großmeister-Hexe. Sie selbst hatte, wie ich bemerkte, weder ihre Perücke, noch ihre Handschuhe, noch ihre Schuhe ausgezogen. «Hexen von England!» kreischte sie.

Die Zuhörerinnen rutschten unbehaglich hin und her und richteten sich dann auf ihren Stühlen kerzengerade auf.

«Elendigliche Hexen!» kreischte sie weiter. «Nutzlose Faulbelze von Hexen! Zimperliche Schlappschwänze von Hexen! Was seid ihr? Nichts als ein Haufen von nichtsnutzigen Würrrmerrrn!»

Ein Zittern durchlief die Zuhörerschaft. Die Hoch- und Großmeister-Hexe hatte ganz offensichtlich schlechte Laune, das merkten alle. Ich hatte das Gefühl, daß gleich etwas Schreckliches passieren würde.

«Heute frrrüh saß ich frrriedlich beim Frrrühstück», schrie die Hoch- und Großmeister-Hexe. «Und dabei hab ich zum Fenster hinaus auf den Strrand geschaut, und was mußte ich erblicken? Euch frag ich das jetzt: *Was mußte ich erblicken?* Das Innerste hat sich mir umgedreht! Ginder hab ich gesehen, Hunderte, nein *Tausende* von diesen widerwärtigen ekelhaften Gindern, die im Sand gespielt haben! Zum Gotzen war das, wirklich zum Gotzen! *Warum seid ihr die noch nicht losgeworden?*» schrie sie. «Warum habt ihr sie noch nicht ausrrradiert, diese scheußlichen stinkenden Ginder?»

240

Bei jedem Wort, das sie sprach, zischten ihr kleine hellblaue Spuckeblasen aus dem Mund.

«Ich frage euch, *warum*?» kreischte sie.

Niemand wagte ihr eine Antwort zu geben.

«Ginder stinken!» schrie sie. «Sie verstinken einem die ganze Gegend! Wir wollen diese Ginder hier nicht in der Nähe haben!»

Die kahlen Köpfe der Zuhörerinnen nickten heftig.

«Ein Gind pro Woche, das rrreicht mir nicht!» donnerte die Hoch- und Großmeister-Hexe. «Ist das das einzige, was ihr zu bieten habt?»

«Wir werden uns bessern», murmelte das Publikum. «Wir werden uns große Mühe geben.»

«Bessern reicht mir auch nicht!» schrie die Hoch- und Großmeister-Hexe. «Ich erwarte maximale Superergebnisse! So, und jetzt gommen meine Befehle! Meine Befehle lauten: daß jedes einzelne Gind in diesem Lande zermalmt werden soll, zerdrückt, zerquetscht, zerstampft oder zergocht, bis ich im nächsten Jahr wiedergomme. Habe ich glar ausgedrückt, was ich will?»

Ein tiefer Seufzer stieg aus dem Publikum empor. Ich sah, wie sich die Hexen tief verstörte Blicke zuwarfen, und ich hörte, wie eine Hexe am Ende der ersten Reihe mit lauter Stimme sagte: «*Alle?* Wir können doch unmöglich samt und sonders *alle* vernichten!»

Die Hoch- und Großmeister-Hexe fuhr herum, als ob ihr jemand mit einer Stricknadel in den Po gestochen hätte. «Wer hat das gesagt!» zischte sie. «Wer wagt es, mit mir zu streiten? Du bist das gewesen, nicht wahr?» Sie deutete mit einem behandschuhten Finger, der so spitz wie eine Nadel war, auf die Hexe, die gesprochen hatte.

«Ich hab das doch nicht so gemeint, Euer Hochgeboren!» rief die Hexe entsetzt. «Ich wollte wirklich keinen Streit vom Zaune brechen. Ich habe nur laut gedacht!»

«Du hast es gewagt, mir zu widersprrrechen!» schrie die Hoch- und Großmeister-Hexe.

«Ich habe nur laut gedacht!» jammerte die unglückliche Hexe. «Ich schwöre es, Euer Hochgeboren!» Sie begann vor Angst zu zittern.

Die Hoch- und Großmeister-Hexe machte einen Satz nach vorn, und als sie abermals sprach, klang ihre Stimme so, daß mir das Blut gerann.

«Sämtliche Hexen mit Widerworten
werden schwarz wie vergohlte Mandeltorten!»

schrie sie.

«Nein, nein!» flehte die Hexe in der ersten Reihe. Die Hoch- und Großmeister-Hexe fuhr jedoch fort:

«Dumme Hexen ohne Grips und Verstand
werden ohne viel Faxen und Fackeln verbrannt!»

«Rettet mich!» rief die unglückliche Hexe in der ersten Reihe. Die Hoch- und Großmeister-Hexe kümmerte sich jedoch nicht um sie. Sie erhob abermals die Stimme.

«Hirnverbrannte Hexen wie du
grillen wie Würstchen beim Barbecue!»

«Vergib mir, Euer Hochgeboren!» stöhnte das elende Opfer. «Ich hab's doch nicht so gemeint!» Aber die Hoch- und Großmeister-Hexe zischte weiter ihre Zaubersprüche.

«Hexen, die mich des Irrtums zeihn,
werden nicht lange mehr bei uns sein!»

Im nächsten Augenblick schoß ein Strahl von Funken, die wie feinste Metallspäne aussahen, aus den Augen der Hoch- und Großmeister-Hexe und jagte direkt zu der, die zu sprechen gewagt hatte. Ich sah, wie die Funken auf sie zustoben und sie durchdrangen, und sie stieß einen wilden heulenden Schrei aus, und eine Rauchwolke hüllte sie ein. Es roch im ganzen Saal nach verbranntem Fleisch.

Keiner rührte sich. Alle betrachteten genau wie ich den Rauch. Und als er sich verzogen hatte, war der Stuhl leer. Ich erhaschte noch den flüchtigen Blick auf einen Hauch Weiß, das wie eine kleine Wolke nach oben schwebte und zum Fenster hinaus trieb.

Die Versammlung stieß einen tiefen Seufzer aus.

Die Hoch- und Großmeister-Hexe ließ ihren Blick durch den Saal wandern. «Ich hoffe, daß mich heute geiner noch einmal ärgerlich macht», bemerkte sie.

Totenstille antwortete ihr.

«Vergohlt wie'n Glops», sagte die Hoch- und Großmeister-Hexe, «vergocht wie Gohl. Die werdet ihr nie wiedersehen. Und jetzt gönnen wir uns dem Thema des Tages zuwenden.»

Formula 86 retard / Mausemutarium

«Ginder sind zum Gotzen!» schrie die Hoch- und Großmeister-Hexe. «Wir werden sie alle verschwinden lassen!
Wir werden sie wegpusten vom Angesicht der Erde. Wir
werden sie durchs Ganalgitter spülen!»

«Ja, ja!» jubelte die Versammlung. «Vertreiben! Von
der Erde pusten! Durchs Kanalgitter spülen!»

«Ginder sind dumm und dreckig!» donnerte die Hoch-
und Großmeister-Hexe.

«Und ob sie das sind! Und ob sie das sind!» antwortete
der Chor der englischen Hexen. «Sie sind dumm und
dreckig!»

«Ginder sind faul und fett!» schrie die Hoch- und
Großmeister-Hexe.

«Faul und fett!» schrie das Auditorium, das allmählich
in Fahrt kam.

«Ginder riechen nach Hundegötteln!» kreischte die
Hoch- und Großmeister-Hexe.

«Pfuii!» schrie das Publikum. «Pfui! Pfui! Puuuh!»

«Sie sind viel ärger als Hundegöttel!» heulte die Hoch-
und Großmeister-Hexe. «Hundegöttel riechen im Vergleich zu Gindern wie Dulpen und Veilchen!»

«Tulpen und Veilchen!» jubelten die Zuhörerinnen. Sie
klatschten wie wild und begrüßten fast jedes Wort mit Beifall, das vom Podium kam. Die Rednerin schien sie vollkommen unter ihre Fuchtel bekommen zu haben.

«Über Ginder zu sprechen macht mich gotzelend!» rief
die Hoch- und Großmeister-Hexe. «Es gommt mir schon
hoch, wenn ich nur an sie *denke*! Hol mir einer einen
Eimer!»

Die Hoch- und Großmeister-Hexe hielt inne und musterte das Meer von eifrigen Gesichtern zu ihren Füßen. Sie warteten, sie wollten mehr. «Also jetzt!» bellte die Hoch- und Großmeister-Hexe. «Jetzt kommt mein Plan. Ich habe einen gigantischen Plan ausgearbeitet, um alle Ginder in ganz England loszuwerden.»

Die Hexen rissen den Mund auf. Sie keuchten. Sie schauten einander an und grinsten vor Aufregung wie Gespenster.

«Jawohl!» donnerte die Hoch- und Großmeister-Hexe. «Wir fegen sie fort, und wir pusten sie weg, und wir werden alle stinkigen gleinen Gröten in England auf einen einzigen Streich verschwinden lassen.»

«Hurra!» kreischten die Hexen und klatschten in die Krallenhände. «Du bist herrlich, Euer Hochgeboren! Du bist fabelhaft!»

«Haltet die Glappe und sperrt die Ohren auf!» fuhr sie die Hoch- und Großmeister-Hexe an. «Hört haargenau zu, damit es mir geine durcheinander bringt!»

Die Zuhörerinnen beugten sich vor und warteten gespannt, wie sich dieser Zauber bewerkstelligen lassen sollte.

«Eine jede von euch», donnerte die Hoch- und Großmeister-Hexe, «geht spornstreichs in ihre Heimatstadt zurück und gündigt ihre Arbeit. Gündigen! Zurückziehen! In Rente gehen!»

«Das machen wir!» schrien sie durcheinander. «Wir geben unsere Arbeit auf.»

«Und nachdem ihr eure Arbeit niedergelegt habt», fuhr die Hoch- und Großmeister-Hexe fort, «macht sich jede einzelne von euch auf und gauft ...» Sie hielt inne.

«Was sollen wir kaufen?» riefen sie. «Sag's uns, du kluger Kopf, was sollen wir denn kaufen?»

«Süßwarenläden!» rief die Hoch- und Großmeister-Hexe.

«Süßwarenläden?» japsten sie. «Wir sollen Süßwarenläden kaufen! Was für eine wahnsinnig süße Idee!»

«Jede von euch wird sich einen eigenen Süßwarenladen gaufen. Ihr werdet die errrstklassigsten und rrrespektabelsten Süßwarenläden von England erstehen.»

«Das werden wir! Und ob wir das werden!» antworteten sie. Ihre fürchterlichen Stimmen dröhnten und schrillten wie ein Chor von Bohrmaschinen, die alle Zahnärzte auf einmal laufen ließen.

«Und ich will geinen Billigladen haben, verstanden? Geine drockenen Geks im Sonderangebot!» rief die Hoch- und Großmeister-Hexe. «Glasseläden will ich haben. Gisten und Gasten mit besten Bralinen und ff Schogoladenwaren.»

«Das Allerbeste!» schrien sie. «Wir kaufen die besten Süßwarenläden in der Stadt.»

«Beim Gauf werdet ihr keine Brobleme haben», rief die Hoch- und Großmeister-Hexe triumphierend. «Denn ihr gönnt viermal soviel bieten, wie ein Laden wert ist, und so ein Angebot schlägt keiner aus! Geld ist kein Broblem für uns Hexen, wie ihr ja wißt. Ich habe sechs Goffer, vollgestopft bis an den Rand, mit englischen Banknoten mitgebracht, alle appetitlich neu. Und alle miteinander», setzte sie mit einem tückischen Grinsen hinzu, «frisch aus englischen Landen.»

Die Hexen im Saal grinsten zurück, denn das Wortspiel machte ihnen Spaß.

Zu diesem Zeitpunkt hatte sich eine törichte Hexe von den vielen Möglichkeiten, die der Besitz eines Süßwarenladens eröffnete, schon vollkommen verwirren lassen, und sie sprang auf und jubilierte: «Die Kinder werden in Scharen in meinen Laden gelaufen kommen, und ich werde sie mit vergifteten Süßigkeiten und vergifteter Schokolade füttern, und dann fallen sie um wie die Fliegen.»

Plötzlich wurde es im ganzen Saal still. Ich sah, wie sich der winzige Körper der Hoch- und Großmeister-Hexe straffte und dann vor Zorn nur so zuckte.

«Wer hat da gesprochen?» schrie sie. «*Du* bist das gewesen. Du da drüben!»

Die Schuldige ließ sich erschrocken auf ihren Sitz fallen und bedeckte das Gesicht mit ihren Klauenhänden. «Du gatastrophaler Gürbis!» kreischte die Hoch- und Großmeister-Hexe. «Du hirnloser Holunderbusch! Gabierst du denn nicht, daß sie dich in fünf Minuten am Schlafittchen haben, wenn du durch die Gegend rennst und Ginder vergiftest? Wirklich, in meinem ganzen Leben habe ich noch nie einen so hanebüchenen Unsinn von einer Hexe zu hören gekriegt!»

Das gesamte Publikum zog den Kopf ein und zitterte und bebte. Ich bin fest davon überzeugt, daß sie alle dachten, wie ich übrigens auch, gleich pfiffen ihnen wieder die weißglühenden Funken um die Ohren.

Merkwürdigerweise geschah das aber nicht.

«Wenn du schon auf solche idiotischen Ideen kommst», donnerte die Hoch- und Großmeister-Hexe, «dann ist es wirklich gein Wunder, daß ganz England noch von begnackten gleinen Gindern wimmelt.»

Wieder ein tiefes Schweigen. Die Hoch- und Großmei-

247

ster-Hexe starrte die Hexen im Publikum an. «Wißt ihr denn nicht», schrie sie sie an, «daß wir Hexen nur mit Zaubergräften arbeiten?»

«Das wissen wir, Euer Hochgeboren», antworteten sie alle miteinander. «Das wissen wir natürlich!»

Die Hoch- und Großmeister-Hexe rieb ihre hageren behandschuhten Hände und rief: «Jede von euch besitzt also einen großartigen Süßwarenladen! Der nächste Schritt besteht nun im folgenden. Jede von euch wird im Schaufenster ihres Ladens angündigen, daß an einem bestimmten Tag eine große Galaeröffnung stattfinden wird, mit Bonbons und Schogolade gratis für jedes Gind.»

«Das wird sie in den Laden bringen, die gierigen kleinen Racker!» schrie das Publikum. «Sie werden sich gegenseitig die Augen auskratzen, um durch die Türen zu kommen!»

«Als nächstes», fuhr die Hoch- und Großmeister-Hexe fort, «werdet ihr euch auf diese große Galaeröffnung dadurch vorbereiten, daß ihr jede Schogolade und jede Braline in eurem Laden mit meinem neuesten und größten Zaubermittel füllt! Es ist begannt unter dem Namen FORMULA 86 RETARD / MAUSEMUTARIUM!»

«Retard! Ein verzögerter Zauber! Ein Mausemutarium!» johlten sie. «Sie hat es wieder einmal geschafft! Ihre hochgeborene Hoheit hat wieder einen von ihren klassischen Kinder-Killern entwickelt! Ein neuer Zauber! Was sollen wir damit machen, du Superkluge?»

«Faßt euch in Geduld», antwortete die große Hexe. «Zuerst werde ich euch ergläre, wie meine Formula 86 retard / Mausemutarium wirgt. Hört genau zu!»

«Wir hören!» riefen die Tagungsteilnehmerinnen, die

jetzt vor lauter Aufregung auf ihren Stühlen auf und ab hüpften.

«Das Mausemutarium ist eine grüne Flüssigkeit», erklärte die Hoch- und Großmeister-Hexe. «Ein einziger Dropfen in jedem Stück Schogolade oder Bonbon ist vollgommen ausreichend. Und nun aufgemerkt – geschehen wird folgendes: Gind ißt Schogolade mit einem Dropfen Formula 86 Mausemutarium ... Gind gommt heim und fühlt sich wohl ... Gind geht zu Bett, es geht ihm immer noch gut ... Gind wacht am nächsten Morgen auf, immer noch o. k. ... Gind geht zur Schule, immer noch gesund ... Formula 86, das habt ihr ja gehört, ist ein *verzögerter Zauber*, und er wirkt immer noch nicht.»

«Ja, ja, wir verstehen, o Meistergescheite!» schrie das Publikum. «Aber wann fängt es dann an zu wirken?»

«Es wirkt genau um neun Uhr, wenn das Gind in der Schule angommt!» rief die Hoch- und Großmeister-Hexe triumphierend. «Gind gommt in Schule, verzögerter Zauber fängt sofort zu wirken an. Gind beginnt zu schrumpfen. Gind griegt ein Fell. Gind griegt einen Schwanz. Und das passiert in genau sechsundzwanzig Segunden. Nach sechsundzwanzig Segunden, Gind ist glein, Gind ist gein Gind mehr. Gind ist Maus!»

«Eine Maus!» kreischten die Hexen. «Was für eine entzückende Idee!»

«Glassenzimmer wird von Mäusen wimmeln!» rief die Hoch- und Großmeister-Hexe. «Chaos und Durcheinander bricht in allen Schulen in England aus. Lehrer werden den Verstand verlieren. Lehrerinnen werden auf die Bulte springen und die Röcke raffen und Hilfe! Hilfe! Hilfe! schreien.»

«Ja, ja, das werden sie tun, wahrhaftig, das werden sie tun!» schrien die Zuhörerinnen.

«Und was», rief die Hoch- und Großmeister-Hexe in den Lärm, «wird als nächstes in jeder Schule bassieren?»

«Sag's uns!» riefen sie. «Verrat es uns, o Blitzgescheite!»

Die Hoch- und Großmeister-Hexe schraubte ihren sehnigen Hals nach vorn und grinste die Hexen an. Dabei entblößte sie zwei Reihen spitze und blaßblaue Zähne. Dann erhob sie die Stimme noch mächtiger denn je und donnerte: «*Die Mausefallen werden rausgeholt!*»

«Mausefallen?» stöhnten die Hexen.

«Und Gäse!» rief die Hoch- und Großmeister-Hexe. «Die Lehrer rennen durcheinander und rrennen rraus und beschaffen sich Mausefallen und setzen den Gäse als Göder ein und stellen sie überall in den Schulen auf den Fußboden. Mäuse gnabbern Gäse! Mausefallen glappen zu. Glapp glapp, schnapp schnapp, so machen die Mausefallen in Schulen, die gleinen Mäusegöpfe gullern wie die Glicker über den Fußboden. In ganz England, in jeder Schule in England wird man das Zuschnappen der Mausefallen hören.»

In diesem Augenblick begann die widerwärtige alte Großhexe auf ihrem Podium eine Art von Hexentanz zu vollführen, wobei sie mit den Füßen trampelte und in die Hände klatschte. Die gesamte Zuhörerschaft fiel ein und klatschte und trampelte ebenfalls. Sie vollführten einen solchen Lärm, daß ich dachte, Mister Stringer würde es hören und angelaufen kommen und an die Tür hämmern. Aber das tat er nicht.

Dann vernahm ich über all dem Getöse die Stimme der

250

Hoch- und Großmeister-Hexe, die mit schriller Stimme
irgendeinen Beschwörungssingsang anzustimmen schien:

«Nieder mit Kindern! Und macht damit schnell!
Kocht ihre Knochen und gerbt dann ihr Fell.
Zwickt sie und zwackt sie und haut sie zu Mus.
Eine Nuß an die Nase, einen Tritt auf den Fuß!
Stopft sie mit Zauberpralinen voll
und mit Zucker und Bonbons – das finden sie toll.
Sind sie dann morgens zur Schule gegangen,
hat sie um neun unser Zauber gefangen.
Mausefell wächst und Mäuseschwänze sprießen,
ein Schnauzbart beginnt am Kinn zu schießen.
Kinder, einst groß, sind plötzlich ganz klein.
Sie schreien: Wie kann denn das bloß sein?
Mädchen fühlen sich krank und blaß
und hauchen: Was ist nur mit mir, was?
Kinder sind Mäuse, und Lehrer sind blind.
Sie jagen die Mäuse, die Kinder sind.
Sie spannen die Fallen, die Falle macht schnapp!
Und schlägt den Mäusen die Köpfe ab.
Das ist für Hexen süße Musik,
und damit feiern sie ihren Sieg.
Denn es geschah, was wir geplant,
Kein Kind gibt's mehr in diesem Land.»

Das Rezept

Ich hoffe, ihr habt nicht vergessen, daß ich während all dieser Vorgänge hinter dem Wandschirm hockte und mit einem Auge durch die Ritze starrte. Ich habe keine Ahnung, wie lange das alles gedauert hat, aber mir ist es wie eine Ewigkeit vorgekommen. Das Schlimmste war, daß ich keinen Mucks von mir geben durfte, denn ich wußte genau, wenn ich das täte, dann war's um mich geschehen. Und außerdem hatte ich die ganze Zeit Todesängste, daß eine von den Hexen in der letzten Reihe mit ihren speziellen Nüstern meine Witterung aufnehmen würde.

So wie ich es sah, bestand meine einzige Hoffnung darin, daß ich mich seit Tagen nicht gewaschen hatte. Das und das ewige Hochgeputsche und das Klatschen und das Geschrei, von dem der ganze Saal widerhallte. Die Hexen hatten nichts anderes im Kopf als ihre Großhexe oben auf dem Podium und ihren großen Plan zur Vernichtung aller Kinder in England. Dabei hatten sie gar keine Zeit, nach einem einzigen Kind in diesem Saal herumzuschnüffeln. Außerdem: selbst in ihren wildesten Träumen (wenn Hexen überhaupt Träume haben) würden sie so etwas überhaupt nicht vermuten. Ich verhielt mich also mucksmäuschenstill und betete.

Der Haßgesang der Hoch- und Großmeister-Hexe war nun zu Ende, und das Publikum applaudierte wie verrückt und kreischte: «Brillant! Sensationell! Wunderbar! Du bist ein Genie, du Superkluge! Das ist wirklich eine irrwitzige Erfindung, dieser verzögerte Mausezauber! Und das Allerschönste daran ist doch, daß es die Lehrer sind, die uns die widerwärtigen kleinen Stinktiere vom Halse schaffen. Wir brauchen keinen Finger zu krümmen! Wir tun gar nichts! Keiner kann uns belangen, und sie werden uns niemals erwischen!»

«Hexen werden niemals erwischt!» fuhr sie die Hoch- und Großmeister-Hexe an. «Und jetzt aufgepaßt! Kein Geschwatze und kein Gedöse mehr! Denn ich werde euch jetzt verraten, was ihr tun müßt, um das Formula 86 retard/Mausemutarium herzustellen!»

Plötzlich fuhr ein tiefer Seufzer durch das Auditorium. Ihm folgte ein ohrenbetäubendes Gellen und Kreischen, und ich sah, daß die meisten Hexen aufsprangen und auf das Podium deuteten und dabei schrien: «Mäuse! Mäuse! Mäuse! Jetzt kommt die Praxis! Sie will's uns vorführen! Die Blitzgescheite hat zwei Kinder in Mäuse verwandelt und hat sie hier bei sich!»

Ich schaute zum Podium. Es stimmte schon, da waren Mäuse und zwar zwei, die der Hoch- und Großmeister-Hexe um die Röcke huschten.

Das waren jedoch weder Feldmäuse, noch Hausmäuse, auch keine Springmäuse oder Haselmäuse. Das waren *weiße Mäuse*. Ich erkannte sie auf den ersten Blick als meine eigenen beiden, als Willi und Marie.

«Mäuse!» schrie das Publikum. «Unsere Gebieterin hat Mäuse aus dem Nichts gezaubert! Holt die Mausefallen! Besorgt den Käse!»

Ich sah, wie die Hoch- und Großmeister-Hexe auf den Boden starrte und Willi und Marie mit äußerster Verachtung betrachtete. Sie beugte sich nieder, um sie besser sehen zu können. Dann richtete sie sich wieder auf und rief: «Rrruhe!»

Die Zuhörerinnen wurden sofort still und setzten sich.

«Diese Mäuse haben nichts mit mir zu tun!» rief sie. «Diese Mäuse sind zahm! Diese Mäuse gehören ganz offensichtlich einem egligen gleinen Gind hier aus dem Hotel! Und es wird ein Gnabe sein, denn Mädchen haben keine zahmen Mäuse.»

«Ein Knabe!» kreischten die Hexen. «Ein scheußlicher stinkender kleiner Knabe! Wir werden ihn wegwischen! Wir werden ihn zerzischeln! Wir werden uns seine Gedärme zum Frühstück braten!»

«Rrruhe!» rief die Hoch- und Großmeister-Hexe, indem sie beide Arme hob. «Ihr wißt doch genau, daß ihr in diesem Hotel nichts tun und lassen dürft, das die allgemeine Aufmerksamkeit auf euch zieht! Glar, diesen übelriechenden gleinen Gerl müssen wir unter allen Umständen verschwinden lassen, aber das muß so unauffällig und geräuschlos wie möglich bassieren, denn: sind wir nicht die überaus ehrenwerten Damen von der Göniglichen Gesellschaft zur Verhinderung von Gindesmißhandlungen?»

«Was schlägst du denn vor, o Klügste aller Klugen», riefen sie. «Wie sollen wir dies kleine Häufchen Dreck entfernen?»

Sie reden von mir, dachte ich. Diese Weiber diskutieren tatsächlich darüber, wie sie mich abmurksen sollen. Ich begann zu schwitzen.

«Wer das auch sein mag, wichtig ist er nicht», verkündete die Hoch- und Großmeister-Hexe. «Den gönnt ihr mir überlassen. Ich werd ihn schon riechen, und dann mach ich eine Makrele aus ihm und laß ihn zum Mittagessen servieren.»

«Bravo!» schrien die Hexen. «Schneid ihm den Kopf

ab und hack ihm die Flossen ab und brat ihn braun in heißer Butter!»

Ihr könnt euch vorstellen, daß mich das alles nicht gerade fröhlich stimmte. Willi und Marie rannten immer noch da oben auf dem Podium herum, und ich sah, wie die Hoch- und Großmeister-Hexe kräftig ausholte, um Willi einen Tritt zu versetzen. Sie erwischte ihn genau mit der Spitze ihres Schuhes und ließ ihn durch die Luft segeln. Das gleiche wiederholte sie bei Marie. Ihre Treffsicherheit war beachtlich. Sie hätte einen hervorragenden Fußballspieler abgegeben. Beide Mäuse knallten gegen die Wand, und ein paar Augenblicke lang blieben sie betäubt liegen. Dann bekrabbelten sie sich wieder und taumelten davon.

«Noch einmal aufgepaßt!» rief die Hoch- und Großmeister-Hexe. «Jetzt werde ich euch das Rezept für das Formula 86 retard / Mausemutarium ansagen! Bleistift und Bapier heraus!»

Im ganzen Saal wurden Handtaschen geöffnet und Notizbücher herausgekramt.

«Sag uns das Rezept, o Blitzgescheite!» rief die Menge ungeduldig. «Verrate uns das Geheimnis.»

«Zuerst», begann die Hoch- und Großmeister-Hexe, «mußte ich etwas entdecken, das die Ginder im Handumdrehen glitzeglein machte.»

«Und was ist das gewesen?» kreischten die Zuhörerinnen.

«Das Teil war buppenleicht», erwiderte die Hoch- und Großmeister-Hexe. «Wenn man ein Gind vergleinern will, braucht man nur ein Fernrohr umzudrehen und das Gind verkehrtrum anzugucken.»

«Sie ist ein Wunder!» schrie das Publikum. «Wer außer ihr hätte sich so etwas ausdenken können!»

«Man nimmt also das falsche Ende eines Fernrohrs», fuhr die Hoch- und Großmeister-Hexe fort, «und dann gocht man's, bis es schön weich ist.»

«Und wie lange dauert das?» fragten sie.

«Vierundzwanzig Stunden leise göcheln lassen», antwortete die Hoch- und Großmeister-Hexe. «Und während das göchelt und göchelt, nimmt man haargenau vierundfünfzig brrraune Mäuse, hackt ihnen mit einem Güchenmesser die Schwänze ab und brät die Schwänzchen in Haaröl, bis sie gar und gnusprig sind.»

«Und was macht man mit den Mäusen, denen man die Schwänze abgeschlagen hat?» erkundigten sich die Zuhörerinnen.

«Die dünstet man eine Stunde lang in Frosch- oder Grötensaft», lautete die Antwort. «Aber nun aufgemerkt! Bis jetzt habe ich euch den leichten Anfang dieses Rrrezeptes gesagt. Jetzt kommt das Broplem, und das, was wirrrklich schwierig ist: man muß nämlich noch etwas hinzugeben, das eine echte Verzögerung bewirkt, und es muß etwas sein, das Ginder im Lauf eines Tages zu einer x-beliebigen Zeit schlucken können, das aber erst am gommenden Tag und nicht vor Schlag neun zu wirken beginnt, wenn sie nämlich in der Schule eintreffen.»

«Und auf was bist du da gestoßen, o Superkluge?» riefen sie. «Verrate uns das große Geheimnis!»

«Das Geheimnis», verkündete die Hoch- und Großmeister-Hexe triumphierend, «ist ein Wecker.»

«Ein Wecker!» kreischten sie. «Das ist ein Geniestreich!»

«Natürlich», antwortete die Hoch- und Großmeister-Hexe. «Ein Wecker, der vierundzwanzig Stunden geht, gann heute gestellt werden, und morgen früh um Punkt neun rasselt er los.»

«Aber dann brauchen wir ja fünf Millionen Wecker!» schrien die Zuhörerinnen. «Einen brauchen wir doch für jedes Kind!»

«Blödweiber!» heulte die Hoch- und Großmeister-Hexe. «Wenn ihr ein Steak essen wollt, bratet ihr doch auch nicht einen ganzen Ochsen! Mit den Weckern ist es genauso. Ein einziger Wecker wird für dausend Ginder reichen. Also jetzt Schluß mit dem Fackeln und aufgepaßt: So müßt ihr es machen! Ihr stellt euren Wecker, daß er am nächsten Morgen in der Früh um neun Uhr läutet. Dann rröstet ihr ihn im Backofen, bis er zart und gnusprig ist. Schreibt ihr mit?»

«Sehr wohl, Euer Hochgeboren, selbstverständlich!»

«Nächster Schritt», fuhr die Hoch- und Großmeister-Hexe fort, «ihr nehmt euer geköcheltes Fernrohr und eure gebratenen Mäuseschwänzchen und eure gedünsteten Mäuse und werft alles in den Mixer. Dann mixt ihr das bei Höchstgeschwindigkeit, bis eine schön dicke Paste entsteht. Und während der Mixer läuft, müßt ihr das Dotter von einem Grunzer-Ei hinzugeben.»

«Ein Grunzer-Ei?» kreischten die Hexen. «Genau das werden wir tun!»

Trotz dieses ganzen Durcheinandergeschreis, das gar nicht abreißen wollte, hörte ich genau, wie eine Hexe in der letzten Reihe zu ihrer Nachbarin sagte: «Ich werd allmählich ein bißchen zu alt dazu, um noch auf die Bäume zu steigen und Vogelnester auszunehmen. Diese ungehobelten Grunzer bauen ihre Nester doch immer in den höchsten Wipfeln.»

«Das Ei wird also mitgemixt», fuhr die Hoch- und Großmeister-Hexe fort. «Und dann werden nacheinander folgende Zutaten hinzugefügt: die Gralle eines Grabbenknackers, der Schnabel eines Glatschmaulklauers, die Schnauze eines Grabbelspritzers und die Zunge eines Gatzengnilchs. Ich verdraue darauf, daß es euch keine Schwierigkeiten macht, diese Zutaten zu beschaffen.»

«Überhaupt nicht!» grölten sie durcheinander. «Wir werden den Klatschmaulklauer mit dem Speer erlegen und dem Krabbenknacker eine Grube graben und den Krabbelspritzer erschießen und den Katzenknilch in seiner Sasse fangen!»

«Ausgezeichnet!» antwortete die Hoch- und Großmeister-Hexe. «Wenn dann alles im Mixer gut durchgemixt ist, wird eine lieblich leuchtende grüne Flüssigkeit entstanden sein. Nun wird ein Dropfen, nur ein einziger winziger Dropfen dieses Saftes auf ein Stück Schogolade oder auf eine Brrraline getropft, und das Gind, das sie gegessen hat, wird *Schlag neun am nächsten Morgen* innerhalb von sechsundzwanzig Sekunden in eine Maus verwandelt werden.

Und jetzt ein Wort zur Warnung! Die Dosis darf niemals erhöht werden! Ihr dürft niemals mehr als einen einzigen Dropfen auf jedes Stück Schogolade oder andere Süßigkeiten dropfen. Und geinem Gind mehr als eine einzige Braline oder Schogolade geben! Eine Überdosis vom Verzögerungszauber unseres Mäusemachers kann die Zeiteinteilung des Weckers durcheinanderbringen und eine schlimme Wirkung haben: das Gind wird zu früh in eine Maus verwandelt. Eine erhebliche Überdosis gann sogar zur sofortigen Wirkung führen, und das wollt ihr doch nicht, nicht wahr? Ihr werdet doch nicht wollen wollen, daß die Ginder direkt in eurem Laden zu Mäusen werden. Das würde die ganze Blanung verderben. Das könnte uns alle verraten. Seid also achtsam! Allzuviel tut selten gut!»

Bruno Jenkins verschwindet

Die Hoch- und Großmeister-Hexe holte Luft, um weiterzusprechen: «Und jetzt will ich euch beweisen», sagte sie, «daß dieses Rezept perfekt funktioniert. Ihr habt hoffentlich begriffen, daß ihr den Wecker auf jede beliebige Zeit einstellen könnt. Es muß nicht unbedingt neun Uhr sein. So habe ich zum Beispiel gestern höchstpersönlich eine kleine Portion des Zaubermittels hergestellt, um es euch öffentlich vorführen zu können. Dabei habe ich das Rezept nun ein wenig abgewandelt. Bevor ich den Wecker röste, stelle ich ihn ein, aber ich habe ihn nicht für neun Uhr am kommenden Morgen gestellt, sondern für halb vier am kommenden Nachmittag. Und das bedeutet: auf halb vier heute nachmittag. Und das –» sagte sie, indem sie einen Blick auf ihre Armbanduhr warf, «ist in genau sieben Minuten.»

Die Hexengesellschaft hatte in atemloser Spannung zugehört, denn alle spürten, daß sich irgend etwas Dramatisches anbahnte.

«Was habe ich also gestern mit dem Zaubersaft gemacht?» fragte die Hoch- und Großmeister-Hexe. «Ich werde euch verraten, was ich gemacht habe. Ich habe ein einziges Dröpfchen davon auf einen leckeren Schogoladenriegel dropfen lassen und habe diese Schogolade einem auf das abscheulichste stinkenden gleinen Gnaben gegeben, der in der Hotelhalle herumgelungert hat.»

Die Hoch- und Großmeister-Hexe legte eine Pause ein. Ihre Zuhörerinnen gaben keinen Mucks von sich, sondern warteten darauf, daß sie fortfuhr.

«Ich schaute zu, wie dieser widerwärtige gleine Stinker den leckeren Schokoladenriegel auffutterte, und als er fertig war, da hab ich gefragt: ‹Ist das gut gewesen?› Und er hat gesagt: ‹Ja, sehr gut.› Daraufhin hab ich zu ihm gesagt: ‹Willst du vielleicht noch mehr Schogolade?›, und er hat ja gesagt. Da hab ich gesagt: ‹Du kannst von mir sechs ganze Dafeln Schogolade haben, wenn du morgen nachmittag um fünf vor halb vier in den Ballsaal von diesem Hotel kommst.› ‹Sechs Dafeln Schogolade!› hat da der gierige gleine Gnabe gegreischt, ‹dann werd ich da sein! Darauf können Sie sich fest verlassen!› Und damit ist die Bühne vorbereitet!» rief die Hoch- und Großmeister-Hexe. «Die Brobe aufs Exempel kann in diesem Augenblick beginnen! Und denkt daran! Bevor ich den Wecker gestern geröstet habe, hab ich ihn für heute nachmittag halb vier gestellt. Es ist jetzt –» sie schaute wieder auf ihre Uhr, «es ist jetzt genau fünfzehn Uhr fünfundzwanzig, und das egelhafte gleine Stinktier, das sich in fünf Minuten in eine Maus verwandeln wird, müßte genau jetzt draußen vor den Türen stehen!»

Oh, verflixt, sie hatte hundertprozentig recht. Der Junge, wer er auch sein mochte, ruckelte schon an der Klinke und schlug mit der Faust gegen die Türflügel.

«Rasch!» kreischte die Hoch- und Großmeister-Hexe. «Setzt eure Berücken auf! Zieht eure Handschuhe an! Zieht eure Schuhe an!»

Es entstand ein gewaltiges Geschuffele und Geraschele, während die Perücken und Handschuhe und Schuhe angezogen wurden, und ich sah, daß auch die Hoch- und Großmeister-Hexe nach ihrer Maske griff und sie über ihr schauerliches Gesicht stülpte. Es war wirklich verblüffend, wie sie diese Maske veränderte. Im Handumdrehen war sie wieder eine hübsche junge Dame.

«Laß mich rein!» erklang die Stimme des Jungen hinter den Flügeltüren. «Wo sind diese Schokoladentafeln, die Sie mir versprochen haben? Ich bin hier, um sie abzuholen! Her damit!»

«Er stinkt nicht nur, er ist auch noch gierig», stellte die Hoch- und Großmeister-Hexe fest. «Entfernt die Getten von den Düren und laßt ihn eintreten.» Das Merkwürdigste an der Maske war, daß sich ihre Lippen ganz natürlich bewegten, wenn sie sprach. Man konnte wirklich nicht erkennen, daß es eine Maske war.

Eine der Hexen sprang auf und nahm die Ketten ab. Sie stieß die beiden riesigen Flügel auf. Dann hörte ich sie sagen: «O hallo, kleiner Mann. Wie nett, dich zu sehen. Du bist wegen der Schokolade gekommen, nicht wahr? Wir haben sie schon für dich bereitgelegt. Komm nur herein.»

Ein kleiner Junge, der kurze graue Hosen, ein weißes T-Shirt und Turnschuhe trug, trat in den Saal. Ich wußte sofort, wer er war. Er hieß Bruno Jenkins, und er wohnte mit seinen Eltern im Hotel. Ich fand ihn nicht besonders. Er war einer von den Jungen, die immer was essen, wenn man sie trifft. Läuft man ihm in der Hotelhalle über den

Weg, so stopft er sich gerade ein Stück Kuchen in den Mund. Trifft man ihn auf dem Flur, so wirft er sich eine Handvoll Kartoffelchips in den Mund. Sieht man ihn zufällig im Hotelgarten, so verschlingt er gerade einen Schokoladenriegel, und die beiden nächsten ragen ihm schon aus der Hosentasche. Und außerdem bläst er sich ewig damit auf, daß sein Vater mehr Geld verdient als meiner und daß ihnen drei Autos gehören. Aber was das Schlimmste ist, gestern früh hab ich ihn auf der Hotelterrasse erwischt, da hat er mit einem Vergrößerungsglas auf den Steinplatten gekniet. Und über eine von diesen Platten ist eine Kette von Ameisen marschiert, und Bruno Jenkins hat mit dem Vergrößerungsglas einen Sonnenstrahl eingefangen und gebündelt und eine Ameise nach der anderen damit versengt. «Ich schau so gern zu, wenn sie verbrennen», sagte er. «Das ist Tierquälerei!» rief ich. «Hör sofort damit auf!» – «Wolln mal sehen, ob du mich dazu kriegst», antwortete er. In dem Augenblick hatte ich ihn auch schon mit aller Kraft beiseite geschubst, und er war seitwärts umgekippt. Sein Vergrößerungsglas fiel dabei auf die Steinplatten und war natürlich in tausend Scherben zerbrochen, und er war aufgesprungen und hatte geschrien: «Dafür wird mein Vater deinen belangen!» Und dann war er weggelaufen, wahrscheinlich um seinen reichen Vater zu suchen. Das war das letzte, bis zum jetzigen Augenblick. Ich bezweifelte sehr, daß er sich in eine Maus verwandeln würde, obgleich ich zugeben muß, daß ich es mir heimlich wünschte. So oder so, ich beneidete ihn nicht, so allein vor all den Hexen.

«Mein Schätzchen», gurrte die Hoch- und Großmeister-Hexe oben auf ihrem Podium. «Ich habe deine Schokolädchen hier schon für dich liegen! Aber komm zuerst einmal hier herauf und sag all diesen reizenden Damen guten Tag!» Ihre Stimme klang jetzt auch ganz anders. Sie war sanft und weich und triefte fast vor Süßigkeit.

Bruno schaute sich etwas verwirrt um, ließ sich jedoch brav zum Podium führen, wo er neben der Hoch- und Großmeister-Hexe stand und fragte: «Okay, wo sind meine sechs Tafeln Schokolade?»

Ich sah, wie die Hexe, die ihn hereingeführt hatte, die Kette wieder lautlos um die Türgriffe schlang. Bruno merkte nichts davon. Er war ganz wild auf seine Schokolade.

«Es ist jetzt genau eine Minute vor halb vier!» verkündete die Hoch- und Großmeister-Hexe.

«Was geht denn hier vor?» fragte Bruno. Angst hatte er offenbar nicht, aber es schien ihm etwas unbehaglich zu sein. «Was ist denn?» fragte er. «Geben Sie mir meine Schokolade!»

«Noch dreißig Sekunden!» schrie die Hoch- und Großmeister-Hexe und packte Bruno am Arm. Bruno schüttelte ihre Hand ab und starrte sie an. Sie starrte ihn ebenfalls an und lächelte mit den Lippen ihrer Maske. Die ganze Hexengesellschaft starrte Bruno an.

«Zwanzig Sekunden!» rief die Hoch- und Großmeister-Hexe.

«Geben Sie mir die Schokolade!» jaulte Bruno, der plötzlich mißtrauisch wurde. «Geben Sie mir die Schokolade und lassen Sie mich hier raus!»

«Fünfzehn Sekunden!» rief die Hoch- und Großmeister-Hexe.

«Ob mir eine von euch Vogelscheuchen vielleicht

freundlicherweise verraten könnte, worum es hier geht?»
rief Bruno.

«Zehn Sekunden!» kreischte die Hoch- und Großmeister-Hexe. «Neun ... acht ... sieben ... sechs ... fünf ...
vier ... drrrei ... zwei ... eins ... null! Und: Feuäääärrr!»
Ich hätte schwören können, daß ich einen Wecker läu-
ten hörte. Ich sah jedenfalls, wie Bruno einen Satz machte.
Er sprang so in die Höhe, als ob ihm jemand mit einer
Hutnadel kräftig in den Popo gestochen hätte, und er jammerte «Autsch!». Er sprang so hoch, daß er auf einem
kleinen Tisch oben auf dem Podium landete, und er fing
an, auf dieser Tischplatte herumzuhüpfen und mit den
Armen zu wedeln und aus vollem Hals zu brüllen. Dann
wurde er plötzlich stumm. Sein ganzer Körper versteifte
sich.

«Die Weckerglocke ist abgelaufen!» kreischte die
Hoch- und Großmeister-Hexe. «Der Mäusemacher beginnt zu wirken!» Sie begann, oben auf dem Podium her-
umzutanzen und dabei in ihre behandschuhten Hände zu
klatschen, und dann rief sie aus:

«Dies Stinkekind, die faule Nuß
wird Hokuspokus Fidibus
ganz niedlich und ganz klitzeklein,
in eine Maus verwandelt sein.»

Während dieses Singsangs wurde Bruno in jedem Augenblick kleiner. Ich konnte jetzt sehen, wie er schrumpfte ...
    Jetzt schienen seine Kleider zu verschwinden, und am
ganzen Leib wuchs ihm braunes Fell ...
    Plötzlich hatte er einen Schwanz ...

Und dann sprossen ihm Schnurrhaare…

Jetzt hatte er vier Pfoten…

Und es geschah alles so rasch, es dauerte nur Sekunden, und plötzlich gab es ihn gar nicht mehr…

Eine kleine braune Maus rannte auf der Tischplatte hin und her.

«Bravo!» schrien die Zuhörerinnen. «Sie hat es geschafft. Es funktioniert! Es ist phantastisch! Es ist überwältigend! Es ist das Größte, was es gibt! Du bist ein Wunder, o Klügste aller Klugen!» Sie waren aufgesprungen, und sie klatschten und applaudierten, und die Hoch- und Großmeister-Hexe zog eine Mausefalle aus den Falten ihres Gewandes und schickte sich an, sie zu spannen.

O nein! dachte ich. Das darf nicht geschehen! Bruno Jenkins mochte ja wirklich ein Stinker gewesen sein, aber zum Kuckuck, ich wollte doch nicht dabei zuschauen müssen, wie sie ihm seinen Kopf absäbelten.

«Wo steckt er?» fauchte die Hoch- und Großmeister-Hexe und suchte auf dem Podium herum. «Wo hat sich diese Maus versteckt?»

Sie konnte sie nicht entdecken. Der schlaue Bruno mußte vom Tisch gesprungen sein und sich in irgendeine Ritze oder vielleicht sogar in ein kleines Loch verkrochen haben. Dem Himmel sei Dank dafür.

«Das spielt jetzt keine Rolle!» rief die Hoch- und Großmeister-Hexe. «Schweigt still und setzt euch hin!»

Die Uralten

Die Hoch- und Großmeister-Hexe stand jetzt genau in der Mitte des Podiums, und ihre mordlustigen Augen wanderten langsam über die Versammlung der Hexen, die eingeschüchtert zu ihren Füßen saßen.

«Alle diejenigen, die über siebzig sind, die Hand heben!» bellte sie plötzlich.

Sieben oder acht Hände fuhren in die Höhe.

«Es kommt mir so vor», sagte die Hoch- und Großmeister-Hexe, «als ob ihr Alten nicht mehr imstande sein könntet, auf die hohen Bäume zu klettern, um die Grunzer-Eier zu suchen.»

«Das können wir auch nicht, Euer Hochgeboren, ich glaube, das können wir nicht mehr!» murmelten die alten Hexen.

«Und ihr seid auch nicht mehr imstande, den Grabbengnacker zu fangen, der hoch oben auf felsigen Glippen haust», fuhr die Hoch- und Großmeister-Hexe fort. «Ich kann mir auch nicht vorstellen, daß ihr den geschwinden Gatzengnilch jagt oder in die tiefen Glüfte daucht, um den Glatschmaulglauer mit dem Speer zu erlegen oder gar mit einer Flinte unterm Arm durch die düsteren Moore streift, um den Grabbelspritzer zu treffen. Ihr seid zu alt und zu schwach dafür.»

«Das sind wir», murmelten die Alten. «Das sind wir! Das sind wir!»

«Ihr Uralten habt mir viele Jahre lang treu gedient», sagte die Hoch- und Großmeister-Hexe. «Und ich denke nicht daran, euch nur deshalb um das Vergnügen zu bringen, ein paar tausend Ginder pro Nase verschwinden zu

266

lassen, weil ihr alt und schwach geworden seid. Deshalb habe ich höchstpersönlich und mit meinen eigenen Händen eine kleine Menge des Mäusemachers hergestellt, und bevor wir das Hotel verlassen, werde ich ihn unter den Alten verteilen.»

«Oh, danke schön, danke schön!» riefen die alten Hexen. «Du bist zu gut zu uns, hochgeborene Herzenshexe. Du bist so freundlich und fürsorglich!»

«Hier ist eine Probe dessen, was ich euch schenken will», rief die Hoch- und Großmeister-Hexe. Sie kramte in einer Tasche ihres Gewandes herum und zog eine sehr kleine Flasche heraus. Die hielt sie in die Höhe und rief: «Diese winzige Flasche enthält fünfhundert Dosen des Mäusemachers! Das reicht aus, um fünfhundert Ginder in Mäuse zu verwandeln!» Ich konnte erkennen, daß das Fläschchen aus dunkelblauem Glas bestand und wirklich sehr klein war, ungefähr so groß wie die Flaschen mit Nasentropfen.

«Jede von euch Alten wird zwei von diesen Flaschen erhalten!» verkündete sie.

«Danke schön, vielen Dank, du Großzügige und Fürsorgliche!» sangen die alten Hexen im Chor. «Keinen Tropfen werden wir vergeuden! Jede von uns wird hoch und heilig versprechen, eintausend Kinder zu zermalmen und zu vernichten und wegzupusten.»

«Die Sitzung ist geschlossen!» verkündete die Hoch- und Großmeister-Hexe. «Ich sage jetzt noch an, wie unsere Zeit für den Rest unseres Aufenthaltes in diesem Hotel eingeteilt ist. Direkt anschließend an diese Sitzung müssen wir auf die Sonnenterrasse und mit diesem lächerlichen Direktor Tee trinken. Als nächstes werden sich jene

Hexen, die zu alt sind, um noch auf Bäume zu klettern und Grunzer-Eier zu suchen, um sechs Uhr in meinem Zimmer melden und pro Nase zwei Fläschchen Mäusemacher abholen. Meine Zimmernummer ist 454. Bitte nicht vergessen! Und um acht Uhr werden wir uns alle im Speisesaal zum Abendessen versammeln. Wir sind die entzückenden Damen von der KGVK, und sie haben zwei große Tische extra für uns reserviert. Aber vergeßt nicht, euch Wattepfropfen in die Nase zu stecken. In diesem Speisesaal wird es nur so von ekelhaft gleinen Gindern wimmeln, und ohne unsere Nasenpfropfen wird der Gestank unerträglich sein. Aber das ist nicht so wichtig. Denkt vor allem immer daran, euch stets und ständig normal zu benehmen. Ist alles klar? Noch irgendwelche Fragen?»

«Ich habe eine Frage, Euer Hochgeboren», erklang eine Stimme im Publikum. «Was geschieht, wenn ein Erwachsener eine von den Süßigkeiten aus unseren Läden ißt?»

«Pech für den Erwachsenen», erwiderte die Hoch- und Großmeister-Hexe. «Die Sitzung ist geschlossen!» rief sie. «Hinaus mit euch!»

Die Hexen standen auf und begannen, ihre Sachen zusammenzusammeln. Ich beobachtete sie durch die Ritze und hoffte inständig, daß sie sich beeilen und weggehen würden, damit ich endlich in Sicherheit wäre.

«*Wartet!*» schrie eine der Hexen in der letzten Reihe. «Laßt alles stehen und liegen!» Ihre gellende Stimme scholl wie eine Trompete durch den Ballsaal. Alle Hexen hielten auf der Stelle inne und drehten sich um und schauten die Schreierin an. Sie war eine von den größeren Hexen, und ich konnte sie genau sehen. Sie stand da, hatte den Kopf zurückgeworfen und die Nase in die Luft gereckt und sog diese in tiefen langen Zügen durch ihre geriffelten rosa Muschelnüstern ein.

«*Wartet!*» schrie sie wieder.

«Was ist denn?» fragten die anderen.

«Hundeköttel!» kreischte sie. «Gerade hab ich eine Spur von Hundekötteln gerochen!»

«Aber nicht doch!» riefen die anderen. «Das kann doch gar nicht sein!»

«Jajajaja!» heulte die erste Hexe. «Da ist es wieder! Es ist nicht sehr stark! Aber *da* ist es schon! Ich glaube wenigstens, daß es da ist. Es ist bestimmt hier irgendwo ganz in der Nähe!»

«Was geht da unten vor?» grollte die Hoch- und Großmeister-Hexe und spähte vom Podium herab.

«Mildred hat gerade Hundeköttel gewittert, Euer Hochgeboren!» rief jemand zu ihr empor.

«Was ist das für ein Unfug?» rief die Hoch- und Großmeister-Hexe. «Sie hat Hundegöttel auf dem Geks. Hier in diesem Saal gibt's geine Ginder!»

«Halt, halt!» rief die Hexe, die sie Mildred genannt hatten. «Seid mal ganz still! Bewegt euch nicht! Ich hab es schon wieder!»

Ihre riesigen Nüsternrüschen wedelten wie ein Flossenpaar auf und ab.

«Es wird stärker! Jetzt wirft's mich fast um! Könnt ihr das denn nicht riechen?»

Alle Hexennasen im ganzen Saal reckten sich in die Luft, und alle Nüstern begannen zu beben und zu schnuppern.

«Sie hat recht!» rief eine zweite Stimme. «Sie hat absolut recht! Hundeköttel, das ist es, stark und stinkig!»

Innerhalb von Sekunden hatte die gesamte Hexenversammlung in das unglückliche Hundeköttelgeheul eingestimmt. «Hundeköttel!» kreischten sie. «Der ganze Saal stinkt! Puuh! Pfuii! Warum haben wir das nicht vorher gerochen? Es pestet wie ein Misthaufen! Irgendein kleines Biest muß sich ganz in der Nähe verstecken!»

«Sucht es!» schrie die Hoch- und Großmeister-Hexe. «Nehmt seine Spur auf! Scheucht es auf! Folgt euren Nasen, bis ihr es am Wickel habt!»

Die Haare auf meinem Kopf sträubten sich wie die Borsten einer Nagelbürste, und der kalte Schweiß brach mir am ganzen Leibe aus.

«Scheucht es auf, dies gleine Dreckstück!» kreischte die Hoch- und Großmeister-Hexe. «Laßt es nicht entfliehen! Wenn es hier ist, dann ist es Zeuge unserer größten Geheimnisse geworden! Es muß auf der Stelle zermalmt werden!»

Metamorphose

Ich kann mich noch daran erinnern, wie ich dachte: *Es gibt keinen Ausweg mehr für mich. Selbst wenn ich loslaufe und es schaffe, der Hexenhorde zu entwischen, so komme ich ja nicht raus, weil die Türen verkettet und verschlossen sind. Ich bin erledigt. Es ist aus mit mir. Oh, Großmama, was werden sie nur mit mir machen?*

Ich schaute mich um und sah, wie ein grauenhaftes geschminktes und gepudertes Hexengesicht zu mir hinunterstarrte, wie dieses Gesicht seinen Mund aufklappte und im

Triumph aufheulte. «Hier steckt er! Er sitzt hinter der Spanischen Wand! Kommt und zieht ihn raus!» Die Hexe streckte eine behandschuhte Hand aus und packte mich an den Haaren, ich riß mich aber los und sprang davon. Ich rannte, ach – wie ich gerannt bin! Angst und Schrekken beflügelten meine Füße! Ich sauste am Rande des großen Ballsaals entlang, und keine konnte mich fangen. Als ich die Türen erreichte, blieb ich stehen und versuchte, sie zu öffnen, aber die dicke Kette spannte sich um die Klinken, und man konnte nicht einmal daran rütteln.

Die Hexen beeilten sich gar nicht, mich zu fangen. Sie standen in kleinen Gruppen da, schauten mir zu und wußten ganz genau, daß es für mich keine Fluchtmöglichkeit gab. Ein paar von ihnen hielten sich mit ihren behandschuhten Fingern die Nase zu und gackerten: «Puuh! Was für ein Gestank! Lange kann ich das aber nicht mehr aushalten!»

«Dann fangt es doch, ihr Dransusen!» kreischte die Hoch- und Großmeister-Hexe oben auf ihrem Podium, «verteilt euch in einer Reihe quer durch den Saal und dreibt es in eine Ecke und schnappt es euch. Los, los! Backt diesen ekligen gleinen Gotzbrocken und bringt ihn mir her!»

Die Hexen formierten sich wie befohlen zu einer Treiberreihe. Sie schlichen auf mich zu, die einen von der einen Seite, ein paar von der anderen, und der Rest kam zwischen den leeren Stuhlreihen auf mich zumarschiert. So mußten sie mich erwischen. Sie hatten mich in die Ecke getrieben.

Ich schrie, ich schrie vor lauter Angst und Entsetzen. «*Hilfe!*» schrie ich und drehte dabei in der unsinnigen

Hoffnung meinen Kopf zu den Flügeltüren, daß mich draußen jemand hörte. «Hilfe! Hilfe! Hiiiilfe!»

«Packt ihn!» befahl die Hoch- und Großmeister-Hexe, «greift zu! Das Geschrei muß aufhören!»

Sie stürzten sich auf mich, und ungefähr fünf Hexenweiber packten mich bei den Armen und Beinen und hoben mich einfach hoch. Ich schrie weiter, aber eine von ihnen legte mir eine behandschuhte Hand über den Mund, und das brachte mich zum Schweigen.

«Bringt ihn her!» donnerte die Hoch- und Großmeister-Hexe. «Bringt den neugierigen gleinen Wurm hier herauf zu mir!»

Während viele Hände meine Arme und Beine wie in eisernen Klammern hielten, wurde ich auf das Podium geschleppt. Da hing ich nun in der Luft, mit dem Gesicht zur Decke. Ich sah, wie sich die Hoch- und Großmeister-Hexe über mich beugte und mich auf ihre schauerliche Art und Weise angrinste. Sie hielt das kleine blaue Fläschchen mit dem Mäusemacher hoch und schnarrte: «Jetzt gibt's ein bißchen Medizin! Haltet ihm die Nase zu, damit er den Mund aufsperrt!»

Kräftige Finger zwickten mich in die Nase. Ich preßte meinen Mund fest zu und hielt den Atem an. Aber lange konnte ich es nicht aushalten. Die Lungen schienen mir zu platzen. Ich machte den Mund auf, um einmal tief Luft zu holen, und darauf hatte die Hoch- und Großmeister-Hexe nur gewartet: Sie goß mir den gesamten Inhalt des Fläschchens in die Kehle!

Oh, war das ein Schmerz! Oh, war das eine Glut! Ich hatte das Gefühl, als ob mir ein ganzer Kessel mit kochendem Wasser in den Hals geschüttet worden wäre. Meine

Mundhöhle stand in Flammen! Dann begann sich dieses entsetzlich brennende und sengende und siedende Gefühl sehr rasch in der Brust auszubreiten und fuhr mir in den Bauch und tiefer und in die Arme und Beine und in meinen ganzen Leib! Ich schrie mir die Seele aus dem Leibe, aber wieder klappte eine behandschuhte Hand auf meine Lippen. Als nächstes spürte ich, wie sich meine Haut zu straffen begann. Wie soll ich das nur beschreiben? Sie wurde mir buchstäblich am ganzen Körper zusammengezwirbelt. Sie schrumpfte vom Schädel bis zu den Fingerspitzen und bis zu den Zehen. Ich fühlte mich wie ein Luftballon, den irgend jemand zusammendrehte, und er drehte immer weiter, und der Ballon wurde immer kleiner, und die Haut wurde immer stärker gespannt, und gleich mußte er platzen.

Und dann begann das Quetschen. Diesmal steckte ich in einer Ritterrüstung, und irgend jemand drehte an einer Schraube, und mit jeder Umdrehung der Schraube wurde die Rüstung kleiner und enger, so daß ich wie eine Orange ausgepreßt wurde und mir der Saft an den Seiten entlangrann.

Und danach hatte ich das Gefühl, daß mir die ganze Haut prickelte (oder das, was von meiner Haut übrig war). Es war so, als ob sich winzige Nägelchen von innen durch die Haut zwängten und bohrten, und heute ist mir klar, daß es das Mäusefell war, das mir wuchs.

Weit in der Ferne hörte ich die Stimme der Hoch- und Großmeister-Hexe schrillen: «Fünfhundertmal die Dosis zum Mäusemachen! Dieser übelriechenden gleinen Pestbeule haben wir fünfhundert Dosen verpaßt, und der Wecker ist zersprungen, und jetzt werden wir die *Sofort-*

wirkung sehen!» Ich hörte, wie sie Beifall klatschten und hurra riefen, und ich kann mich genau daran erinnern, daß ich dachte: *Ich bin nicht mehr ich. Ich bin aus meiner Haut gefahren!*

Ich merkte, daß der Fußboden dicht vor meiner Nase war.

Ich bemerkte ein kleines pelziges Pfotenpaar, das auf dem Boden stand. Ich konnte diese Pfoten bewegen. Sie gehörten mir!

In diesem Augenblick begriff ich, daß ich kein kleiner Junge mehr war. Ich war EINE MAUS.

«Und nun zur Mausefalle!» hörte ich die Hoch- und Großmeister-Hexe schreien. «Hier habe ich sie griffbereit. Und hier ist ein Stück Gäse!»

Darauf zu warten, hatte ich freilich überhaupt nicht im Sinn. Wie ein Blitz witschte ich vom Podium. Ich war selber über meine Geschwindigkeit verblüfft. Ich sprang über Hexenfüße, die mir rechts und links im Wege standen, und im Nu war ich über die Stufen gesaust und unten auf dem Boden des Ballsaales und huschte zwischen den Stuhlreihen davon. Was mich besonders befriedigte, war die Tatsache, daß ich beim Laufen überhaupt kein Geräusch machte. Ich bewegte mich flink und lautlos. Und was das Merkwürdigste war: der Schmerz war vollkommen verschwunden. Ich fühlte mich erstaunlich wohl. *Es ist eigentlich gar nicht so schlimm*, dachte ich mir, *ebenso winzig wie schnell zu sein, wenn eine Horde von lebensgefährlichen Hexen hinter dir her ist.* Ich suchte mir das Hinterbein eines Stuhles aus, schmiegte mich eng dagegen und verhielt mich mausestill.

Irgendwo in der Ferne rief die Hoch- und Großmeister-

Hexe: «Laßt das gleine Stinketier sausen! Es lohnt sich nicht, sich drum zu gümmern! Es ist ja jetzt nur eine Maus. Irgendwer wird sie schon fangen. Und jetzt raus mit euch! Die Sitzung ist geschlossen! Sperrt die Türen auf und setzt euch in Bewegung! Tee auf der Sonnenterrasse mit diesem schwachsinnigen Hoteldirektor!»

Bruno

Ich äugte um mein Stuhlbein herum und schaute zu, wie Hunderte von Hexenfüßen durch die Türen des Ballsaales trampelten. Als sie alle verschwunden waren und als der Raum in tiefer Ruhe lag, begann ich mich vorsichtig über den Fußboden zu bewegen. Da fiel mir plötzlich Bruno ein. Er mußte ja auch irgendwo stecken. «Bruno!» rief ich.

Ich hatte eigentlich nicht im Ernst damit gerechnet, daß ich jetzt, nachdem ich eine Maus geworden war, noch sprechen konnte, deshalb kriegte ich den Schreck meines Lebens, als ich meine eigene Stimme vernahm, meine eigene vollkommen normale und ziemlich laute Stimme, die aus meinem winzigen Mäulchen kam.

Das war wunderbar. Ich war begeistert. Ich versuchte es noch einmal. «Bruno Jenkins, wo bist du?» rief ich. «Wenn du mich hören kannst, so gib Laut!»

Meine Stimme klang genauso und auch so laut wie eben, als ich noch ein kleiner Junge war. «He, Bruno Jenkins!» rief ich. «Wo steckst du?»

Ich bekam keine Antwort.

So trippelte ich denn zwischen Stuhlbeinen herum und

versuchte mich daran zu gewöhnen, daß ich so dicht über dem Fußboden war. Ich kam zu dem Ergebnis, daß mir das eigentlich gefiel. Ihr wundert euch wahrscheinlich schon, warum ich überhaupt nicht verzweifelt war. Ich erwischte mich sogar bei dem Gedanken: *Was ist denn schon so Großartiges an einem Jungen? Wieso ist der was Besseres als eine Maus? Ich weiß, Mäuse werden gejagt, manchmal auch vergiftet und in Fallen gefangen. Aber kleine Jungen kommen auch nicht immer mit dem Leben davon. Kleine Jungen können von Autos überfahren werden oder an irgendwelchen scheußlichen Krankheiten sterben. Kleine Jungen müssen in die Schule gehen. Mäuse müssen das nicht. Mäuse müssen keine Klassenarbeiten schreiben. Mäuse brauchen sich nicht um Geld zu kümmern. Mäuse haben nur zwei Feinde, soweit ich das bisher überblicken kann, Menschen und Katzen. Meine Großmutter ist ein Mensch, aber ich weiß ganz genau, daß sie mich immer lieben wird, wer ich auch bin. Und sie hat Gott sei Dank noch nie eine Katze gehabt. Wenn Mäuse erwachsen werden, müssen sie niemals in den Krieg ziehen und gegen andere Mäuse kämpfen. Mäuse, davon war ich fest überzeugt, mögen sich allesamt gegenseitig. Menschen nicht.*

Ja, dachte ich mir, *ich glaube, es ist überhaupt nicht schlimm, eine Maus zu sein.*

Während ich über all dies nachdachte, war ich im ganzen Ballsaal herumgewandert, und da sah ich plötzlich noch eine Maus. Sie saß auf dem Boden, hielt ein Stückchen Brot in den Vorderpfoten und knabberte mit großem Behagen daran herum.

Das mußte Bruno sein. «Hallo Bruno», sagte ich.

Er schaute ungefähr zwei Sekunden hoch, dann fraß er einfach weiter.

«Was hast du denn da gefunden?» fragte ich ihn.

«Eine von denen hat das fallen lassen?» antwortete er. «Es ist ein Sandwich mit Sardellenpaste. Ganz gut.»

Er sprach auch mit einer vollkommen normalen Stimme. Man sollte eigentlich erwarten, daß eine Maus (wenn sie überhaupt sprechen würde) die feinste und piepsigste Stimme hätte, die man sich vorstellen kann. Es war irrsinnig komisch, die Stimme des eher etwas grölenden Bruno aus so einem winzigen Mäusemäulchen ertönen zu hören.

«Hör mal, Bruno», sagte ich. «Jetzt wo wir beide Mäuse sind, finde ich, daß wir ein bißchen über unsere Zukunft nachdenken sollten.»

Er hörte mit dem Essen auf und starrte mich mit seinen kleinen schwarzen Knopfaugen an. «Was meinst du mit *wir*?» fragte er. «Daß du eine Maus bist, hat doch nichts mit mir zu tun.»

«Aber du bist auch eine Maus, Bruno.»

«Quatsch doch nicht rum», sagte er. «Ich bin doch keine Maus!»

«Ich fürchte doch, Bruno.»

«Aber überhaupt nicht!» rief er. «Warum bist du so eklig zu mir? Ich hab dir doch gar nichts getan! Warum nennst du *mich* denn eine Maus?»

«Weißt du gar nicht, was mit dir passiert ist?» fragte ich.

«Verflixt noch mal, wovon redest du denn?» fragte Bruno.

«Ich muß dich davon unterrichten», antwortete ich,

«daß dich die Hexen vor gar nicht langer Zeit in eine Maus verzaubert haben. Das haben sie mit mir dann auch gemacht.»

«Du lügst!» rief er. «Ich bin keine Maus!»

«Wenn du dich nicht so gefräßig auf dieses Brötchen konzentriert hättest», sagte ich, «dann hättest du deine behaarten Pfoten bemerken müssen. Schau sie dir doch nur an.» Bruno betrachtete seine Pfoten. Er machte vor Schreck einen Satz. «Hilf Himmel!» schrie er. «Ich bin eine Maus! Na warte nur, wenn das mein Vater hört!»

«Vielleicht findet er das besser», entgegnete ich.

«Ich will aber keine Maus sein!» rief Bruno und sprang wie verrückt auf und ab. «Ich weigere mich, eine Maus zu sein. Ich bin Bruno Jenkins!»

«Es gibt Schlimmeres, als eine Maus zu sein», sagte ich. «Du kannst in einem Loch wohnen.»

«Ich will aber nicht in einem Loch wohnen!»

«Und nachts kannst du in die Speisekammer huschen», fuhr ich fort, «und dich durch alle Tüten und Packungen durchfressen: Rosinen und Cornflakes und Schokoladenkeks, alles, was es gibt. Du kannst die ganze Nacht dort bleiben und fressen, bis du platzt. Das machen Mäuse immer.»

«Gar keine schlechte Idee», antwortete Bruno schon wieder etwas vergnügter. «Aber wie krieg ich die Tür vom Kühlschrank auf, wenn ich das kalte Huhn und die anderen Reste essen will? Das mach ich nämlich zu Hause jeden Abend.»

«Vielleicht läßt dir dein reicher Vater einen extra kleinen Mäusekühlschrank ganz für dich allein bauen», sagte ich. «Einen, den du aufmachen kannst.»

«Du hast gesagt, eine Hexe hätte das mit mir gemacht», sagte Bruno. «Was für eine Hexe?»

«Diejenige, die dir gestern in der Hotelhalle die Schokolade geschenkt hat», erklärte ich ihm. «Kannst du dich nicht mehr daran erinnern?»

«Die blöde alte Kuh!» schrie er. «Die wird mir das büßen! Wo ist sie? Wer ist sie?»

«Vergiß es», sagte ich. «Das ist hoffnungslos. Dein größtes Problem sind im Augenblick deine Eltern. Wie werden sie das aufnehmen? Wie werden sie dich behandeln? Freundlich und verständnisvoll?»

Bruno dachte einen Augenblick nach. «Ich glaube», antwortete er, «mein Vater kriegt Zustände.»

«Und deine Mutter.»

«Sie hat Angst vor Mäusen», sagte Bruno.

«Dann steckst du wirklich in Schwierigkeiten, oder?»

«Wieso nur ich?» fragte er. «Wie ist es denn mit dir?»

«Meine Großmutter wird alles vollkommen verstehen», entgegnete ich. «Sie weiß über Hexen Bescheid.»

Bruno nahm noch einen Bissen von seinem Brötchen. «Und was schlägst du vor?» fragte er.

«Ich schlage vor, daß wir zuerst einmal zu meiner Großmutter gehen und sie um Rat fragen», antwortete ich. «Sie wird genau wissen, was zu tun ist.»

Ich trippelte zu den Türen, die sperrangelweit offenstanden. Bruno, der immer noch ein Stückchen Brot in einer Pfote hielt, folgte mir.

«Wenn wir auf den Korridor kommen», sagte ich, «dann müssen wir wie verrückt rennen. Halt dich immer dicht an der Wand und folge mir. Halt den Mund und paß auf, daß dich keiner sieht. Denk immer daran, jeder, der dich sieht, will dich umbringen.» Ich riß ihm das Brötchen aus der Pfote und warf es weg. «Hier entlang», sagte ich. «Halt dich hinter mir.»

Hallo Großmama

Sowie ich den Ballsaal verlassen hatte, zischte ich ab wie ein Blitz. Ich flitzte den Korridor entlang, sauste durch die Halle und den Leseraum und die Bibliothek und den Rauchsalon und erreichte das Treppenhaus. Schon sprang ich die Treppe hinauf, wobei ich mit größter Leichtigkeit von einer Stufe zur andern hüpfte, indem ich mich immer so dicht wie möglich an der Wand hielt. «Bist du bei mir Bruno?» wisperte ich.

«Genau hinter dir», flüsterte er zurück.

Das Zimmer meiner Großmutter und mein eigenes lagen im fünften Stock. Das war ein ganz schöner Aufstieg, aber wir schafften ihn, ohne einer Menschenseele zu begegnen, weil natürlich alle den Aufzug benutzten. Im fünften Stock rannte ich den Gang entlang bis zur Tür vom Zimmer meiner Großmutter. Ein Paar von ihren Schuhen stand zum Putzen vor der Tür. Bruno war neben mir. «Was machen wir jetzt?» fragte er.

Plötzlich sah ich ein Zimmermädchen, das auf dem Korridor auf uns zukam. Ich merkte sofort, daß es diejenige war, die mich beim Hoteldirektor verpetzt hatte, weil ich weiße Mäuse hielt. Das war deshalb niemand, dem ich in meiner gegenwärtigen Lage in die Quere kommen wollte. «Rasch!» zischte ich Bruno zu. «Versteck dich in einem dieser Schuhe!» Ich hüpfte in den einen, und Bruno hüpfte in den anderen. Ich wartete nun, daß das Mädchen an uns vorüberginge. Das tat sie aber nicht. Als sie die Schuhe erreicht hatte, bückte sie sich und hob sie auf. Dabei schob sie ihre Hand genau in denjenigen Schuh, in dem ich saß. Als einer ihrer Finger mich berührte, biß ich zu. Es war natürlich idiotisch, aber ich tat es ganz instinktiv, ohne nachzudenken. Das Zimmermädchen stieß einen Schrei aus, den man auf allen Schiffen draußen auf dem Ärmelkanal gehört haben muß, und sie ließ die Schuhe fallen und stürmte den Korridor entlang.

Die Tür meiner Großmutter ging auf. «Was ist denn um Himmels willen hier draußen los?» fragte sie. Ich schoß zwischen ihren Beinen in ihr Zimmer, und Bruno folgte mir.

«Mach die Tür zu, Großmama!» rief ich. «Rasch, bitte rasch!»

Sie schaute sich um und erblickte zwei kleine braune Mäuse auf dem Teppich.

«Bitte mach die Tür zu», flehte ich, und diesmal sah sie mich wirklich sprechen und erkannte meine Stimme. Sie erstarrte und stand vollkommen reglos da. Alle Teile ihres Körpers, ihre Finger und ihre Hände und ihre Arme und ihr Kopf wurden plötzlich so steif wie bei einer Marmorstatue. Ihr Gesicht verlor alle Farbe und wurde blasser als Marmor, und ihre Augen öffneten sich so weit, daß ich rings herum das Weiße sehen konnte. Dann fing sie an zu zittern und zu beben. Ich dachte schon, sie würde ohnmächtig werden und umkippen.

«Bitte, mach schnell die Tür zu, Großmama», sagte ich. «Sonst kann dieses gemeine Mädchen ja hereinkommen!»

Irgendwie gelang es ihr, sich so weit zusammenzurei-
ßen, daß sie die Tür schloß. Sie ließ sich dagegenfallen,
starrte mich mit ihrem totenblassen Gesicht an und schlot-
terte am ganzen Leibe. Ich sah, wie ihr die Tränen in die
Augen stiegen und die Wangen herunterrannen.

«Wein doch nicht, Großmama», sagte ich. «Es könnte
alles viel schlimmer sein. Ich bin ihnen ja entkommen. Ich
lebe noch. Und Bruno lebt auch.»

Ganz, ganz langsam bückte sie sich und nahm mich in
die eine Hand. Dann nahm sie Bruno in die andere Hand
und setzte uns beide auf den Tisch. Mitten auf dem Tisch
stand eine Schale mit Bananen, und Bruno war mit einem
einzigen Satz drinnen und begann sofort, die Zähne in eine
Banane zu schlagen, um an das süße Fruchtfleisch zu kommen.

Meine Großmutter klammerte sich an der Lehne ihres
Sessels fest, um sich zu fassen, aber sie ließ mich auch dabei nicht aus den Augen.

«Setz dich doch, liebste Großmama», sagte ich.

Sie sank kraftlos in den Sessel. «Oh, mein Schätzelchen», murmelte sie, und jetzt strömten ihr wirklich die
hellen Tränen über die Wangen. «Oh, mein armes süßes
Herzchen. Was haben sie nur mit dir gemacht?»

«Ich weiß, was sie gemacht haben, Großmama, und ich
weiß auch, was ich bin, aber das Komische ist, es macht
mir ganz ehrlich fast gar nichts aus. Ich bin nicht mal wütend. Ich fühle mich im Grunde genommen richtig wohl.
Ich weiß, ich bin kein Junge mehr und werde nie wieder
einer sein, aber solange du da bist und für mich sorgst, ist
alles in Ordnung.» Das sagte ich nicht, um sie zu trösten.
Ich sprach die Wahrheit, genauso fühlte und dachte ich.

Ihr meint jetzt vielleicht, es sei doch merkwürdig, daß ich nicht auch weinen mußte. Ja, es war wirklich merkwürdig, ich kann es einfach nicht erklären.

«Natürlich werde ich für dich sorgen», murmelte meine Großmutter. «Wer ist der andere?»

«Das war ein Junge, der Bruno Jenkins hieß», erklärte ich ihr. «Sie haben ihn zuerst erwischt.»

Meine Großmutter zog eine frische lange schwarze Zigarre aus einem Etui in ihrer Handtasche und steckte sie sich in den Mund. Dann holte sie eine Schachtel Streichhölzer heraus. Sie riß ein Streichholz an, aber ihre Hände zitterten so, daß die Flamme immer neben der Zigarrenspitze tanzte. Als sie sie schließlich angezündet hatte, nahm sie einen tiefen Zug und atmete den Rauch ein. Das schien sie ein wenig zu beruhigen.

«Wo ist das geschehen?» flüsterte sie. «Wo steckt die Hexe jetzt? Ist sie im Hotel?»

«Großmama», antwortete ich. «Es war nicht nur eine. Es waren *Hunderte*! Sie wimmeln hier überall herum! Sie sind auch jetzt noch hier in diesem Hotel!»

Sie beugte sich vor und starrte mich an. «Du willst doch nicht sagen ... Du meinst doch nicht etwa ... Mit anderen Worten: sie halten hier in unserem Hotel ihre jährliche Mitgliederversammlung ab?»

«Das haben sie getan, Großmama! Sie ist schon vorbei! Ich habe alles mitgehört! Sie sind aber immer noch unten, samt der Hoch- und Großmeister-Hexe. Sie tun so, als ob sie die Königliche Gesellschaft zur Verhinderung von Kindesmißhandlungen wären! Sie trinken jetzt Tee mit dem Hoteldirektor!»

«Und sie haben dich gefangen?»

«Sie haben mich gerochen», bekannte ich.

«Hundeköttel, he?» fragte sie und seufzte.

«Leider ja. Aber stark war es nicht. Fast hätten sie mich gar nicht gerochen, weil ich nämlich seit Ewigkeiten nicht gebadet hatte.»

«Kinder sollten niemals baden», bemerkte meine Großmutter. «Es ist eine lebensgefährliche Gewohnheit.»

«Ich stimme dir zu, Großmama.»

Sie machte eine Pause und saugte an ihrer Zigarre.

«Stimmt es *wirklich*, was du mir gesagt hast? Sind sie jetzt alle unten und trinken Tee?» fragte sie.

«Das weiß ich ganz sicher, Großmama.»

Sie machte abermals eine Pause. Ich konnte sehen, wie meiner Großmutter die alte Unternehmungslust allmählich wieder in den Augen aufblitzte, und plötzlich richtete sie sich kerzengerade in ihrem Sessel auf und befahl energisch: «Erzähl mir alles, von Anfang an. Und beeil dich bitte.»

Ich holte tief Luft und begann zu erzählen. Ich erzählte vom Ballsaal und wie ich mich hinter dem Wandschirm versteckt hatte, um meine Mäuse zu trainieren. Ich erzählte von dem Anschlagzettel, auf dem das von der Königlichen Gesellschaft zur Verhinderung von Kindesmißhandlungen stand. Ich erzählte ihr genau, wie die Weiber reingekommen waren und sich hingesetzt hatten und wie die kleine Frau auf dem Podium aufgetaucht war und ihre Maske abgenommen hatte. Als ich aber beschreiben wollte, wie ihr Gesicht unter der Maske ausgesehen hatte, konnte ich einfach nicht die rechten Worte finden. «Es war schrecklich, Großmama!» sagte ich. «Oh, es war schrecklich! Es war ... Es sah wie etwas Verwestes aus!»

«Weiter, weiter», drängte meine Großmutter. «Hör nicht auf!»

Dann erzählte ich ihr, wie alle anderen ihre Perücken und ihre Handschuhe und ihre Schuhe abzogen und auszogen, und wie ich ein Gewoge von pickligen Glatzen vor mir gesehen hatte, und daß die Finger der Weiber kleine Krallen hatten und ihre Füße keine Zehen.

Meine Großmutter war in ihrem Sessel nach vorne gerutscht, so daß sie ganz auf der Kante saß. Sie hatte die Hände gefaltet und auf den goldenen Knauf ihres Stockes gelegt, den sie zum Gehen brauchte, und sie schaute mich mit Augen an, die so hell und klar wie zwei Sterne funkelten.

Dann erzählte ich ihr, wie die Hoch- und Großmeister-Hexe die furchtbaren weißglühenden Funken verschossen hatte, und wie sie eine Hexe in ein Rauchwölkchen verwandelt hatte.

«Davon habe ich gehört!» rief meine Großmutter aufgeregt. «Aber ich habe es nie glauben wollen! Du bist das erste nichthexenhafte Wesen, das so etwas gesehen hat! Es ist das berühmte Strafgericht der Hoch- und Großmeister-Hexe! Es ist auch als das Grillvergnügen bekannt, und alle anderen Hexen werden vor Angst versteinert gewesen sein, daß es sie trifft! Ich habe gehört, daß es sich die Hoch- und Großmeister-Hexe zur Regel macht, bei jeder jährlichen Mitgliederversammlung mindestens eine zu verschmurgeln. Das macht sie natürlich, damit die anderen kuschen.»

Dann erzählte ich meiner Großmutter von dem Mäusemacher mit dem Verzögerungszauber, und als ich bei den Kindern von England war, die alle in Mäuse verwandelt

285

werden sollten, fuhr sie buchstäblich in ihrem Sessel in die Höhe und rief: «Ich hab's doch gewußt! Ich habe gewußt, daß sie etwas Ungeheuerliches ausbrüten!»

«Das müssen wir verhindern», sagte ich.

Sie wandte sich um und starrte mich an. «Hexen kannst du nicht aufhalten», antwortete sie. «Denk doch nur an die Zauberkraft, die der Hoch- und Großmeister-Hexe allein in den Augen steckt! Mit diesen weißglühenden Funken könnte sie jederzeit jeden von uns vernichten. Du hast es ja selber gesehen!»

«Trotzdem, Großmama, wir müssen sie daran hindern, alle Kinder in England in Mäuse zu verwandeln.»

«Du bist mit deiner Geschichte noch nicht fertig», sagte sie. «Erzähl mir von Bruno. Wie haben sie ihn erwischt?»

Ich berichtete also, wie Bruno Jenkins hereingekommen war, und daß ich wahr und wahrhaftig mit meinen eigenen Augen verfolgt hätte, wie er zu einer Maus zusammengeschrumpft war. Meine Großmutter betrachtete Bruno, der immer noch in der Bananenschüssel saß und mit vollen Backen schmatzte.

«Hört er denn nie mit dem Essen auf?» erkundigte sie sich.

«Niemals», antwortete ich. «Kannst du mir etwas erklären?»

«Ich werde mein Bestes versuchen», sagte sie. Sie streckte die Hand aus, nahm mich vom Tisch und setzte mich auf ihren Schoß. Dann begann sie mir ganz sachte das weiche Fell auf meinem Rücken zu streicheln.

Das war ein schönes Gefühl. «Was willst du denn wissen, mein Schätzelchen?» fragte sie.

«Ich kann nicht begreifen», sagte ich, «wieso Bruno

und ich immer noch genauso reden und denken können wie vorher.»

«Das ist doch ganz einfach», erwiderte meine Großmutter. «Sie haben dich ja nur schrumpfen lassen und dir vier Pfoten und ein Fell gegeben, mehr nicht. Offensichtlich sind sie nicht dazu imstande, dich ganz und gar in eine Maus zu verwandeln. Du bist immer noch du selbst, du steckst nur in einer anderen Hülle. Und du verfügst gottlob immer noch über einen Verstand und deine Gefühle und deine Stimme.»

«Dann bin ich also in Wirklichkeit gar keine *gewöhnliche* Maus», sagte ich. «Ich bin eine Art Mäusemensch.»

«Vollkommen richtig», erwiderte sie. «Du bist ein Mensch im Mausegewand. Du bist etwas ganz Besonderes.»

Wir saßen für einen Augenblick in tiefem Schweigen da, während Großmutter fortfuhr, mich mit einem Finger sanft zu streicheln, und während sie die andere Hand für ihre Zigarre brauchte. Das einzige Geräusch im Raum stammte von Bruno, der weiter zwischen den Bananen in der Schüssel herumfuhrwerkte. Ich war jedoch nicht müßig, während ich so friedlich auf ihrem Schoß saß. Meine Gedanken rasten wie verrückt. Mein Gehirnkasten sauste und dröhnte, wie er es noch nie in meinem ganzen Leben getan hatte.

«Großmama», sagte ich schließlich, «es kann sein, daß ich eine Idee habe.»

«Ja, mein Schätzelchen, was ist es denn?»

«Die Hoch- und Großmeister-Hexe hat ihnen gesagt, daß sie Zimmernummer 454 hat. Stimmt's?»

«Es stimmt», erwiderte sie.

287

«Na ja, mein Zimmer hat die Nummer 554. Meins, 554, ist im fünften Stock. Dann muß also ihrs, 454, im vierten Stock sein.»

«Das ist sicher richtig», antwortete meine Großmutter.

«Glaubst du dann nicht auch, daß dieses Zimmer 454 direkt unter Zimmer 554 liegen müßte?»

«Das ist überaus wahrscheinlich», erwiderte sie. «Diese modernen Hotels sind alle wie aus dem Baukasten angelegt. Aber was hätten wir davon, wenn das stimmte?»

«Würdest du mich bitte auf den Balkon tragen, damit ich runterschauen kann?» bat ich.

Alle Zimmer im Grandhotel hatten eigene kleine Balkönchen. Meine Großmutter trug mich also durch mein Schlafzimmer auf meinen Balkon hinaus. Und dann schauten wir beide sofort auf den Balkon unter uns.

«Also, wenn das wirklich ihr Zimmer ist», sagte ich, «dann geh ich jede Wette ein, daß ich irgendwie runterklettern und reinkommen könnte.»

«Nur damit sie dich abermals erwischen», sagte meine Großmutter. «Das werd ich nie und nimmer erlauben.»

«In diesem Augenblick», sagte ich, «sitzen alle Hexen unten auf der Sonnenterrasse und trinken Tee mit dem Hoteldirektor. Die Hoch- und Großmeister-Hexe kommt bestimmt nicht vor sechs oder kurz vor sechs zurück. Dann wollte sie nämlich die Zutaten für dieses widerwärtige Rezept den Alten geben, die nicht mehr auf die Bäume klettern können, um Grunzer-Eier zu suchen.»

«Und was denkst du dir, wenn du es wirklich schaffen solltest, in ihr Zimmer zu kommen?» fragte meine Großmutter. «Was soll dann passieren?»

«Dann würde ich versuchen, das Versteck zu finden,

wo sie ihren Vorrat an Mäusemacher aufhebt, und wenn ich es schaffe, dann würde ich ein Fläschchen stehlen und hierherbringen.»

«Könntest du das schleppen?»

«Ich glaube schon. Es ist ein sehr kleines Fläschchen.»

«Vor dem Zeug graust mir», murmelte meine Großmutter. «Was würdest du damit anfangen, wenn du es schaffst, es hierherzubringen?»

«Ein Fläschchen reicht für fünfhundert Leute», erklärte ich. «Damit könnte man allen Hexenweibern da unten mindestens eine doppelte Dosis verpassen. Wir könnten sie alle in Mäuse verwandeln.»

Meine Großmutter sprang mindestens fünf Zentimeter hoch in die Luft. Wir standen draußen auf meinem Balkon, und von da ging es eine Million Meter senkrecht in die Tiefe, und als sie ihren Luftsprung machte, fiel ich ihr fast aus der Hand und übers Geländer.

«Paß doch auf auf mich, Großmama!» keuchte ich.

«Was für eine Idee!» rief sie. «Das ist phantastisch. Das ist ungeheuerlich. Du bist ein Genie, mein Schätzelchen!»

«Das wär doch was, nicht wahr?» sagte ich. «Das wär doch wirklich was!»

«Auf einen Schlag wären wir alle Hexen in England los», rief sie. «Und die Hoch- und Großmeister-Hexe wär auch dabei!»

«Wir müssen das einfach versuchen», sagte ich.

«Hör mal», sagte sie und ließ mich vor lauter Aufregung fast wieder über das Geländer fallen. «Wenn wir das zustande brächten, dann würde es der größte Triumph in der ganzen Geschichte der Hexerei sein!»

«Wir haben dazu aber noch ziemlich viel zu tun», bemerkte ich.

«Natürlich haben wir da noch viel zu tun», sagte sie.

«Und damit können wir gleich anfangen. Nehmen wir nur mal an, du könntest eins von diesen Fläschchen ergattern. Wie würdest du das in ihr Essen mischen?»

«Das können wir uns später überlegen», sagte ich. «Laß uns doch erst einmal versuchen, überhaupt an den Stoff heranzukommen. Wie können wir ganz genau rauskriegen, ob das da unter uns wirklich ihr Zimmer ist?»

«Das werden wir sofort überprüfen!» rief meine Großmutter. «Komm mit! Wir dürfen keinen Augenblick mehr verlieren!» Während sie mich in der einen Hand trug, eilte sie aus dem Schlafzimmer und durch den Korridor, wobei sie bei jedem Schritt mit ihrem Krückstock auf den Teppich pochte. Wir gingen die Treppe hinunter, ein Stockwerk tiefer bis zur vierten Etage. Rechts und links waren die Zimmertüren, auf die die Nummern in goldenen Zahlen aufgemalt werden. «Hier ist es!» sagte meine Großmutter. «Nummer 454.» Sie rüttelte an der Tür. Natürlich war sie verschlossen. Meine Großmutter schaute sich nach rechts und links um und musterte den langen leeren Hotelflur abschätzend. «Ich glaube, du hast recht», sagte sie. «Dieses Zimmer liegt fast genau unter deinem.»

Sie marschierte den Korridor wieder zurück, wobei sie die Zimmertüren zählte, die zwischen dem Zimmer der Hoch- und Großmeister-Hexe und dem Treppenhaus lagen. Es waren sechs. Sie stieg wieder zum fünften Stock hinauf und zählte dort auch die Türen.

«Sie wohnt direkt unter dir!» rief meine Großmutter aus. «Ihr Zimmer liegt genau unter deinem!»

Sie trug mich in mein Schlafzimmer und ging abermals auf den Balkon hinaus. «Das da unten ist ihr Balkon», verkündete sie. «Und was noch besser ist: die Tür von ihrem Balkon ins Schlafzimmer steht sperrangelweit offen! Wie willst du da runterklettern?»

«Keine Ahnung», antwortete ich. Unsere Zimmer lagen an der Vorderseite des Hotels und schauten zum Strand und zum Meer hinüber.

Direkt unter meinem Balkon, Tausende von Metern unter mir, konnte ich einen Staketenzaun mit emporragenden Eisenspitzen erkennen. Wenn ich abstürzte, war es aus mit mir.

«Ich hab's!» rief meine Großmutter. Mit mir in der Hand rannte sie in ihr eigenes Zimmer zurück und begann, in der Kommode herumzuwühlen. Sie kramte ein blaues Wollknäuel heraus. Der Faden endete an vier Stricknadeln und einer halbfertigen Socke, die sie für mich gestrickt hatte. «Dies ist genau richtig», sagte sie. «Ich steck dich in die Socke und laß dich zum Balkon der Hoch- und Großmeister-Hexe hinunter. Aber wir müssen uns beeilen. Dieses Ungeheuer kann jeden Augenblick in ihr Zimmer kommen.»

Die Einbrechermaus

Meine Großmutter hastete mit mir in mein Schlafzimmer und auf den Balkon hinaus.

«Bist du bereit?» fragte sie. «Ich setz dich in den Strickstrumpf.»

«Hoffentlich kann ich das alles schaffen», sagte ich. «Ich bin doch nur eine kleine Maus.»

«Du schaffst es schon», antwortete sie. «Viel Glück, mein Schätzelchen.» Sie stopfte mich in die Socke und begann, mich über das Balkongeländer hinabzulassen. Ich rollte mich in der Strumpfspitze zusammen und hielt den Atem an. Durch die Maschen konnte ich sehr gut hinausschauen. Kilometer unter mir spielten Kinder am Strand. Sie hatten die Größe von Käfern. Der Strickstrumpf begann im Winde sanft zu schaukeln. Ich blickte empor und sah den Kopf meiner Großmutter über das Balkongeländer über mir hinausragen.

«Du bist fast da!» rief sie. «Abwärts geht's! Aber mit Fingerspitzengefühl! Jetzt bist du da!»

Ich fühlte einen leichten Stoß. «Und jetzt rein!» rief meine Großmutter. «Schnell, schnell! Spute dich! Durchsuch das Zimmer!»

Ich sprang aus der Socke und rannte in das Schlafzimmer der Hoch- und Großmeister-Hexe. Hier herrschte der gleiche üble Geruch, den ich schon im Ballsaal bemerkt hatte. Das war der Hexengestank. Er erinnerte mich an den Geruch im Männerpissoir in unserem Bahnhof.

Soweit ich es erkennen konnte, war das Zimmer ziemlich aufgeräumt. Kein Zeichen deutete darauf hin, daß hier nicht eine ganz gewöhnliche Person wohnte. Aber so mußte es ja auch sein, nicht wahr? Keine Hexe konnte so leichtsinnig sein, irgend etwas Verräterisches so herumliegen zu lassen, daß es das Zimmermädchen bemerken mußte. Plötzlich sah ich einen Frosch über den Teppich hopsen und unter dem Bett verschwinden. Ich sprang selber in die Höhe.

«*Beeil dich!*» erklang die Stimme meiner Großmutter von irgendwo draußen und hoch oben. «Schnapp dir das Zeug und dann wieder raus mit dir!»

Ich versuchte mir einen Überblick zu verschaffen und das Zimmer zu durchsuchen. Das war freilich nicht einfach. Ich konnte zum Beispiel keine der Schubladen aufziehen. Genausowenig konnte ich die Türen des großen Kleiderschranks öffnen. Ich hörte auf, ohne Sinn und Verstand herumzusausen, setzte mich mitten auf den Fußboden und konzentrierte mich auf meine Gedanken. Wenn die Hoch- und Großmeister-Hexe etwas ganz Geheimes verstecken wollte, wohin würde sie es tun? Ganz bestimmt nicht in eine normale Schublade. Und auch nicht in den Kleiderschrank. Das war viel zu offensichtlich. Ich sprang auf das Bett, um den Raum besser überblicken zu können. *He*, dachte ich, *wie wär's denn unter der Matratze?* Vorsichtig ließ ich mich über den Rand des Bettes nach unten und wutzelte mich zur Unterseite der Matratze durch. Ich mußte mich mit allen Kräften vorwärtsstemmen, um überhaupt weiterzukommen, aber ich gab nicht auf. Ich konnte überhaupt nichts sehen. Und als ich so unter der Matratze entlangkrabbelte, prallte ich plötzlich gegen etwas Hartes, das über mir *in der* Matratze steckte. Ich griff nach oben und tastete es mit meiner Pfote ab. Ob das ein Fläschchen sein konnte? Es war tatsächlich eine kleine Flasche. Ich konnte ihre Form ganz genau unter der Matratze spüren. Und genau daneben stieß ich auf noch einen harten Gegenstand und dann noch einen und noch einen. Die Hoch- und Großmeister-Hexe mußte die Matratze aufgeschlitzt und alle Fläschchen hineingeschoben und den Bezug wieder zugenäht haben. Ich begann wie verrückt, den Matratzenbezug über meinem Kopf mit meinen Zähnen zu zerfetzen. Meine Nagezähne waren hervorragend scharf, und es dauerte nicht lange, da hatte ich ein kleines Loch zustande gebracht. Ich zwängte mich in das Loch und packte ein Fläschchen am Halse. Ich schob es durch das Loch in der Matratze und hangelte mich danach auch heraus.

Indem ich rückwärts trippelte und die Flasche hinter mir herzerrte, schaffte ich es, den Rand der Matratze zu erreichen. Ich ließ die Flasche vom Bettgestell auf den Teppich fallen. Sie knallte auf und kullerte ein Stück, aber sie zerbrach nicht. Ich sprang vom Bett. Ich untersuchte das Fläschchen. Es sah genauso aus wie dasjenige, das die Hoch- und Großmeister-Hexe im Ballsaal gehabt hatte. Auch auf diesem klebte ein Schild. FORMULA 86, stand darauf, RETARD / MAUSEMUTARIUM. Außerdem noch: *Diese Flasche enthält fünfhundert Dosen.* Hurra! Ich war mit mir höchst zufrieden.

Drei Frösche kamen unter dem Bett hervor gehopst. Sie hockten auf dem Teppich und glotzten mich mit großen schwarzen Augen an. Ich starrte sie an. Diese großen Augen waren das Traurigste, was ich je gesehen habe. Es kam mir plötzlich in den Sinn, daß sie wahrscheinlich früher einmal Kinder gewesen waren, diese Frösche, ehe sie die Hoch- und Großmeister-Hexe erwischt hatte. Ich stand da und umklammerte das Fläschchen und schaute die Frösche an. «Wer seid ihr?» fragte ich sie.

Genau in diesem Augenblick hörte ich, wie sich ein Schlüssel im Türschloß drehte und wie die Tür aufflog und die Hoch- und Großmeister-Hexe ins Zimmer fegte. Die Frösche sprangen mit einem einzigen mächtigen Satz wieder unter das Bett zurück. Ich huschte hinter ihnen her, das Fläschchen immer noch im Arm, und ich rannte ganz nach hinten bis an die Wand und schob mich hinter einen der Bettpfosten. Ich hörte Füße über den Teppich schreiten. Ich lugte um den Bettpfosten. Die drei Frösche hatten sich mitten unter dem Bett aneinandergeschmiegt. Frösche können sich nicht so wie Mäuse verstecken. Sie können auch nicht so rennen wie Mäuse. Das einzige, was die armen Dinger zustande bringen, ist ihr ziemlich schwerfälliges Gehopse.

Plötzlich kam das Gesicht der Hexe in unser Blickfeld. Sie schaute unter das Bett. Ich zog den Kopf geschwind wieder hinter den Bettpfosten zurück. «Da seid ihr also, meinen kleinen Fröschchen», hörte ich sie sagen. «Ihr könnt bleiben, wo ihr seid, bis ich heute abend zu Bett gehe, dann werf ich euch aus dem Fenster, den Möwen zum Fraaaße!»

Da erscholl plötzlich sehr laut und sehr klar die Stimme meiner Großmutter durch die offene Balkontür. «Beeil dich, mein Schätzelchen!» rief sie. «Beeil dich, um Himmels willen! Komm lieber gleich heraus!»

«Wer ruft da?» fauchte die Hoch- und Großmeister-Hexe. Ich äugte wieder um den Bettpfosten herum und sah, wie sie quer über den Teppich zur Balkontür ging. «Wer ist das da auf meinem Balkon?» murmelte sie. «Wer ist das? Wer wagt es, ohne Erlaubnis meinen Balkon zu betreten?» Sie marschierte durch die Tür auf den Balkon hinaus. «Was ist das für ein Strickstrumpf, der hier herumbaumelt?» hörte ich sie fragen.

«Oh, hallo», erklang da die Stimme meiner Großmutter. «Mir ist gerade mein Strickzeug aus Versehen über

295

das Balkongeländer gefallen. Aber machen Sie sich keine Sorgen. Ich hab das andere Ende gerade noch erwischt. Ich kann es mir selber nach oben ziehen, aber trotzdem herzlichen Dank.» Ich bewunderte die Ruhe und Gelassenheit ihrer Stimme.

«Mit wem haben Sie denn gerade gesprochen?» fuhr sie die Hoch- und Großmeister-Hexe an. «Wem haben Sie befohlen, sich zu beeilen und rasch rauszukommen?»

«Ich habe mich mit meinem kleinen Enkelsohn unterhalten», hörte ich meine Großmutter sagen. «Er sitzt schon seit Stunden in der Badewanne, und allmählich wird es wirklich Zeit, daß er herauskommt. Er sitzt ganz gemütlich im Wasser und liest Bücher, und dann vergißt er vollkommen, wo er sich eigentlich befindet! Haben Sie auch Kinder, meine Liebe?»

«Ganz und gar nicht!» schnarrte die Hoch- und Groß-meister-Hexe, trat rasch wieder in das Schlafzimmer *und knallte die Balkontür hinter sich zu.*

Mir wurde heiß vor Schreck. Damit war mein Fluchtweg abgeschnitten. Ich war in einem Zimmer mit der Hoch- und Großmeister-Hexe und drei schreckensstarren Fröschen eingeschlossen. Ich war vor Angst genauso gelähmt wie diese Frösche. Ich war fest davon überzeugt, wenn sie mich entdeckte, dann würde sie mich einfangen und vom Balkon werfen, den Möwen zum Fraße.

Da klopfte es an die Zimmertür. «Was ist denn nun schon wieder?» rief die Hoch- und Großmeister-Hexe.

«Wir sind es, die Alten», zirpte eine schwache Stimme hinter der Tür. «Es ist sechs Uhr, und wir sind gekommen, um uns die Flaschen abzuholen, die du uns versprochen hast, o großmächtige Hochgeborene!»

Ich sah, wie sie über den Teppich zur Tür schritt. Die Tür ging auf, und ich sah weiter, wie ein ganzes Gewimmel von Füßen und Schuhen das Zimmer zu betreten begann. Sie schuffelten so langsam und zögerlich herein, als ob die Besitzer dieser Schuhe Angst hätten, näher zu treten. «Kommt herein! Kommt herein!» fuhr sie die Hoch- und Großmeister-Hexe an. «Trödelt nicht so herum und bleibt nicht da draußen im Gorridor stehen! Ich habe nicht den ganzen Abend Zeit!»

Da packte ich die Gelegenheit beim Schopfe. Ich sprang hinter dem Bettpfosten hervor und zischte wie ein Blitz zur geöffneten Tür. Ich hüpfte dabei über verschiedene Schuhe und Stiefel, und innerhalb von drei Sekunden war ich draußen auf dem Gang, wobei ich das kostbare Fläschchen immer noch an die Brust gepreßt hielt. Keiner hatte mich gesehen. Keiner hatte geschrien: *Eine Maus! Eine Maus!* Alles, was ich hören konnte, waren die zittrigen Stimmen der alten Hexen, die diese albernen Sätze – «Wie freundlich Euer Hochgeboren ist!» – in allen Variationen von sich gaben. Ich flitzte den Flur weiter entlang bis zum Treppenhaus, und dann ein Stockwerk nach oben. In der fünften Etage sauste ich wieder den Korridor entlang, bis ich die Tür meines Schlafzimmers erreicht hatte. Gott sei Dank war niemand zu sehen. Ich benutzte den Boden der kleinen Flasche und begann damit Pochpoch an die Tür zu klopfen. Pochpochpoch, poch poch poch ... poch poch poch ... Ob mich meine Großmutter hören konnte? Ich meinte, sie müßte es eigentlich. Jedesmal wenn ich mit der Flasche zuschlug, verursachte sie ein ziemlich lautes Pochen. Poch poch poch ... Poch poch poch ... Hauptsache, es kam keiner den Gang entlang.

Die Tür öffnete sich aber immer noch nicht. Da beschloß ich, das Wagnis auf mich zu nehmen. «Großmama!» rief ich so laut wie möglich. «Großmama! Ich bin's! Laß mich herein!»

Ich konnte hören, wie ihre Füße über den Teppich schurrten, dann ging die Tür auf. Ich schoß wie der Blitz hinein. «Ich hab's geschafft!» schrie ich und hüpfte auf und nieder. «Ich hab's geschafft, Großmama! Schau, hier ist es! Ich hab eine ganze Flasche ergattert!»

Sie schloß die Tür. Sie beugte sich nieder und hob mich auf und umarmte mich. «Oh, mein Schätzelchen!» rief sie. «Dem Himmel sei Lob und Dank, daß du wieder in Sicherheit bist!» Sie nahm mir das Fläschchen ab und las laut vor, was auf dem Etikett stand: «Formula 86 retard / Mausemutarium!» Und weiter: «Diese Flasche enthält 500 Dosen!» – «Du tüchtiger tapferer Junge! Du bist wirklich ein Wunder! Du bist eine Meistermaus! Wie bist du um Himmels willen aus ihrem Zimmer gekommen?»

«Ich bin rausgewitscht, als die Alten eintrudelten!» erklärte ich ihr. «Es war alles ein bißchen knapp, Großmama. Das würd ich nicht noch mal machen wollen.»

«Ich hab sie auch gesehen!» sagte meine Großmutter.

«Ich weiß, Großmama. Ich habe zugehört, wie ihr miteinander gesprochen habt. Findest du nicht auch, daß sie ganz, ganz böse ist?»

«Sie ist eine Mörderin», antwortete meine Großmutter. «Sie ist das böseste Weib auf der ganzen Welt!»

«Hast du ihre Maske gesehen?» fragte ich.

«Die ist fabelhaft», entgegnete meine Großmutter. «Sie sieht wirklich wie ein Gesicht aus. Ich hab doch gewußt, daß es nur eine Maske ist, aber ich hätte es trotzdem nicht erkennen können. Oh, mein Schätzelchen!» schluchzte sie und umarmte mich heftig. «Ich dachte schon, ich würde dich nie wiedersehen. Ich bin so froh, daß du mit heiler Haut davongekommen bist.»

Mister und Missis Jenkins treffen Bruno

Meine Großmutter trug mich in ihr Schlafzimmer zurück und setzte mich auf den Tisch. Die kostbare Flasche stellte sie neben mich. «Um wieviel Uhr essen die Hexen im Speisesaal zu Abend?» fragte sie mich.

«Um acht», erwiderte ich. Sie warf einen Blick auf ihre Uhr. «Es ist jetzt zehn Minuten nach sechs», sagte sie. «Wir haben nur die Zeit bis acht, um uns unseren nächsten Schritt zu überlegen.» Da fiel ihr Blick plötzlich auf Bruno. Er saß immer noch in der Bananenschüssel auf dem Tisch. Er hatte drei Bananen aufgefuttert und nahm jetzt eine vierte in Angriff. Er war richtiggehend fett geworden.

«Das reicht allmählich», entschied meine Großmutter, hob ihn aus der Schüssel und setzte ihn auf die Tischplatte. «Ich glaube es ist Zeit, daß wir diesen kleinen Burschen in den Schoß der Familie zurücktransportieren. Findest du nicht auch, Bruno?»

Bruno runzelte die Stirn und schaute sie an. Ich hatte vorher noch nie eine Maus gesehen, die die Stirn kraus zieht, aber er brachte es zustande. «Meine Eltern lassen mich so viel essen, wie ich will», sagte er. «Ich will lieber bei denen sein als bei Ihnen.»

299

«Aber das ist doch selbstverständlich», antwortete meine Großmutter. «Hast du eine Ahnung, wo sich deine Eltern in diesem Augenblick aufhalten könnten?»

«Vor gar nicht langer Zeit haben sie noch in der Halle gesessen», sagte ich. «Ich hab sie dort gesehen, als wir auf dem Weg hier herauf da vorbeigekommen sind.»

«Na schön», antwortete meine Großmutter. «Dann wollen wir mal sehen, ob sie da noch sind. Willst du mitkommen?» setzte sie hinzu und schaute mich an.

«Ja bitte», entgegnete ich.

«Ich stecke euch beide in meine Handtasche», verkündete sie. «Haltet euch ruhig und laßt euch nicht sehen. Wenn ihr von Zeit zu Zeit Luft schnappen müßt, so streckt nicht mehr als eure Nasenspitzen heraus.»

Ihre Handtasche war eine große sackartige Angelegenheit aus schwarzem weichem Leder mit einem Verschluß aus Schildpatt. Sie hob Bruno und mich auf und stopfte uns hinein. «Ich werde den Verschluß offen lassen», sagte sie. «Aber paßt auf, daß man euch nicht sehen kann.»

Ich hatte jedoch nicht die Absicht, mich außer Sichtweite zu halten. Ich wollte alles mitkriegen. Ich setzte mich in der Handtasche in eine kleine Seitentasche dicht beim Verschluß, und von dort aus konnte ich meinen Kopf herausstrecken, wann immer ich es wollte.

«He!» rief Bruno. «Geben Sie mir den Rest von der Banane, die ich gegessen habe!»

«Na gut, na gut», antwortete meine Großmutter. «Du sollst alles haben, was dich friedlich hält.» Sie ließ die halb aufgefressene Banane in ihre Tasche fallen, hängte sich die Handtasche dann über den Arm, marschierte aus dem Zimmer und pochte mit ihrem Krückstock den Korridor entlang.

Wir fuhren mit dem Aufzug ins Erdgeschoß, und dort bahnten wir uns den Weg durch das Lesezimmer in die Halle. Und dort saßen Mister und Missis Jenkins dann auch in zwei Sesseln und hatten zwischen sich einen runden niedrigen Tisch mit einer Glasplatte. Es gab dort noch verschiedene andere Gruppen, aber die Jenkins' waren das einzige Ehepaar, das alleine saß. Mister Jenkins las eine Zeitung, Missis Jenkins strickte irgend etwas Umfangreiches und Senffarbenes. Ich schaute nur mit der Nase und den Augen über den Verschluß von der Handtasche meiner Großmutter hinaus, aber ich hatte einen fabelhaften Überblick. Ich konnte alles sehen.

Meine Großmutter, in schwarze Spitze gehüllt, pochte quer durch die Halle und blieb vor dem Tisch der Jenkins' stehen. «Sind Sie Mister und Missis Jenkins?» fragte sie. Mister Jenkins warf ihr über den Rand seiner Zeitung hinweg einen Blick zu und runzelte die Stirn.

«Ja», antwortete er. «Ich bin Mister Jenkins. Was kann ich für Sie tun, gnädige Frau?»

«Ich fürchte, ich habe einige nicht sehr erfreuliche Nachrichten für Sie. Es dreht sich um Ihren Sohn, um Bruno.»

«Was ist mit Bruno?» fragte Mister Jenkins.

Missis Jenkins schaute auf, strickte aber weiter. «Was hat der kleine Lauser denn jetzt schon wieder angerichtet?» fragte Mister Jenkins. «Wahrscheinlich räubert er die Küche aus.»

«Etwas ärger als das ist es schon», sagte meine Großmutter. «Ob wir uns vielleicht irgendwohin zurückziehen könnten, wo man ungestört Privatgespräche führen kann?»

«Privat?» fragte Mister Jenkins. «Warum müssen wir denn Privatgespräche führen?»

«Es ist nicht ganz einfach für mich, das richtig zu erklären», fuhr meine Großmutter fort. «Mir wäre es lieber, wenn wir alle zusammen in Ihr Zimmer hinaufgingen.»

Mister Jenkins ließ die Zeitung sinken. Missis Jenkins hörte auf zu stricken. «Ich *denke* gar nicht daran, in mein Zimmer hinaufzugehen, beste Frau», sagte Jenkins. «Ich finde es hier sehr gemütlich, besten Dank also.» Er war ein großer grober Mann, und er war es nicht gewöhnt, von jemandem auch nur einen Ratschlag anzunehmen. «Sagen Sie uns also gefälligst, was Sie auf dem Herzen haben, und lassen Sie uns dann wieder allein», fügte er hinzu. Er redete so, als ob er einen Vertreter vor sich hätte, der ihm an der Haustür einen Staubsauger aufschwatzen wollte.

Meine arme Großmutter, die bis dahin versucht hatte, ihn so freundlich und rücksichtsvoll wie möglich zu behandeln, stellte jetzt selber die Stacheln auf. «Hier können wir uns unter keinen Umständen unterhalten», sagte sie. «Hier sind zu viele Leute. Es dreht sich um eine ziemlich delikate und persönliche Angelegenheit.»

«Ich unterhalte mich da, wo's mir verflixt noch mal paßt, meine Gnädigste», polterte Mister Jenkins. «Und nun machen Sie schon, heraus damit! Wenn Bruno ein Fenster zerschmissen hat oder auf Ihre Brille getreten ist, dann komm ich für den Schaden auf, aber ich denke gar nicht daran, mich aus diesem Sessel zu erheben!»

Ein oder zwei andere Gruppen in der Halle fingen jetzt an, uns anzustarren.

«Wo steckt Bruno?» fragte Mister Jenkins. «Sagen Sie ihm, daß er zu mir kommen soll.»

«Er ist bereits da», sagte meine Großmutter. «Er steckt in meiner Handtasche.» Sie klopfte mit ihrem Krückstock an den großen weichen Lederbeutel.

«Was soll das heißen, er steckt in Ihrer Handtasche?» rief Mister Jenkins.

«Soll das vielleicht komisch sein?» fragte Missis Jenkins beleidigt.

«An dieser Sache ist überhaupt nichts komisch», sagte meine Großmutter. «Ihrem Sohn ist ein ziemlich unangenehmes Mißgeschick passiert.»

«Er hat ein Mißgeschick nach dem anderen», sagte Mister Jenkins. «Er hat das Mißgeschick, sich zu überfressen, und er hat das Mißgeschick, unter Blähungen zu leiden. Sie sollten ihn mal nach dem Mittagessen hören. Er knattert wie eine Blaskapelle! Aber eine anständige Portion Rizinusöl bringt die Geschichte wieder in Ordnung. Also, wo steckt das kleine Luder?»

«Das habe ich Ihnen bereits gesagt», entgegnete meine Großmutter. «Er befindet sich in meiner Handtasche. Aber ich glaube wirklich, es wäre besser, wenn wir uns woandershin zurückziehen könnten, ehe Sie ihm in seinem gegenwärtigen Zustand begegnen.»

«Dies Weib ist verrückt», stellte Missis Jenkins fest. «Sag ihr, daß sie weggehen soll.»

«Die nackte Tatsache ist die», fuhr meine Großmutter fort, «daß sich Ihr Sohn Bruno ziemlich drastisch verwandelt hat.»

«*Verwandelt?*» rief Mister Jenkins. «Was zum Teufel wollen Sie mit *verwandelt* sagen?»

303

«Gehen Sie!» sagte Missis Jenkins. «Sie sind eine alte Frau, die den Verstand verloren hat!»

«Ich versuche Ihnen so schonend wie möglich beizubringen, daß Bruno sich tatsächlich in meiner Handtasche befindet», sagte meine Großmutter. «Mein eigener Enkelsohn hat außerdem gesehen, was sie mit ihm gemacht haben.»

«Hat wen was mit ihm machen sehen, Herrgott noch mal!» rief Mister Jenkins. Er hatte einen schwarzen Schnurrbart auf der Oberlippe, der immer auf und ab zuckte, wenn er schrie.

«Wie ihn die Hexen in eine Maus verwandelt haben.»

«Ruf den Direktor, Lieber», sagte Missis Jenkins zu ihrem Gemahl. «Laß diese verrückte Alte aus dem Hotel werfen.»

In diesem Augenblick riß meiner Großmutter der Geduldsfaden. Sie wühlte in ihrer Handtasche herum und erwischte Bruno. Sie zog ihn heraus und setzte ihn auf die gläserne Tischplatte. Missis Jenkins warf einen einzigen Blick auf die dicke kleine braune Maus, die immer noch an einem Stück Banane schmatzte, und schon stieß sie einen Schrei aus, der die Glaskristalle des Kronleuchters erklirren ließ. Sie fuhr aus ihrem Sessel empor und schrie: «Eine Maus! Weg damit! Ich kann diese Viecher nicht ausstehen!»

«Das ist Bruno», sagte meine Großmutter.

«Sie freches unverschämtes altes Weibsstück!» rief Mister Jenkins. Er begann, mit seiner Zeitung vor Bruno herumzuwedeln, um ihn vom Tisch zu scheuchen. Meine Großmutter stürzte sich vorwärts und schaffte es gerade, ihn noch zu erwischen, ehe er zu Boden gefegt wurde. Missis Jenkins schrie immer noch aus vollem Halse, und Mister Jenkins baute sich drohend vor uns auf und schrie ebenfalls: «Hinaus! Wie können Sie es wagen, meine Gattin so zu erschrecken. Nehmen Sie auf der Stelle Ihre dreckige Maus wieder weg!»

«Hilfe!» heulte Missis Jenkins. Ihr Gesicht hatte die Farbe von Fischbäuchen angenommen.

«Na gut, ich hab mein Bestes versucht», sagte meine Großmutter. Und mit diesen Worten drehte sie sich um und rauschte aus dem Saal, wobei sie Bruno mit sich nahm.

Der Plan

Als wir wieder in unserem Zimmer waren, nahm uns meine Großmutter beide aus ihrer Handtasche, Bruno und mich, und setzte uns auf den Tisch. «Warum hast du um Himmels willen nicht den Mund aufgemacht und deinem Vater gesagt, wer du bist?» fragte sie Bruno.

«Weil ich den Mund voll hatte», antwortete Bruno. Er hüpfte spornstreichs in die Bananenschüssel zurück und fuhr mit dem Futtern fort.

«Was bist du doch für ein widerwärtiger kleiner Junge», sagte meine Großmutter zu ihm.

«Nicht Junge», berichtigte ich. «Maus.»

«Ganz recht, mein Schätzelchen. Aber wir haben im Augenblick keine Zeit, uns seinetwegen den Kopf zu zerbrechen. Wir müssen Pläne schmieden. In anderthalb Stunden werden alle Hexen sich zum Abendessen in den Speisesaal begeben, richtig?»

305

«Richtig», erwiderte ich.

«Und jeder einzelnen müssen wir eine Dosis Mäusemacher verpassen», fuhr sie fort. «Wie um Himmels willen sollen wir das nur machen?»

«Großmama», sagte ich, «ich glaube, du vergißt immer, daß eine Maus dahin gehen kann, wo Menschen nicht hinkommen.»

«Das ist ganz richtig», sagte sie. «Aber selbst eine Maus kann nicht auf einer festlich gedeckten Tafel herumspazieren und Fläschchen unterm Arm tragen und Mäusemacher auf alle Roastbeefportionen der Hexen träufeln, ohne daß es jemandem auffiele.»

«Das wollte ich eigentlich auch gar nicht im Speisesaal machen», sagte ich.

«Wo denn?» fragte sie.

«In der Küche», erwiderte ich, «während ihr Essen angerichtet wird.»

Meine Großmutter starrte mich an. «Mein allerliebstes Kind», sagte sie langsam, «ich glaube allmählich, die Verwandlung in eine Maus hat deine Geisteskräfte verdoppelt!»

«Eine kleine Maus», fuhr ich fort, «kann in der Küche zwischen Töpfen und Pfannen herumhuschen, und wenn sie tüchtig aufpaßt, dann wird sie schon keiner sehen.»

«Brillant!» rief meine Großmutter aus. «Wahrhaftig, ich glaube, du hast es getroffen!»

«Es gibt nur ein Problem», sagte ich. «Woher kann ich wissen, welches Essen für sie gemacht wird? Ich will es nicht in den falschen Saucentopf geben. Es wäre ziemlich katastrophal, wenn sich alle anderen Gäste aus Versehen in Mäuse verwandelten, besonders du, Großmama.»

«Dann mußt du dich eben in die Küche schleichen und dir ein gutes Versteck suchen und abwarten ... Und die Ohren spitzen. Witsch einfach in irgendeinen dunklen Winkel und bleib da hocken und hör zu, was die Köche sagen ... Und dann, mit ein bißchen Glück, wird dir schon jemand einen Hinweis geben. Wenn sie das Essen für eine so große geschlossene Gesellschaft kochen müssen, dann bereiten sie es meistens gesondert vor.»

«Gut», sagte ich. «Das werd ich also machen. Ich werde dort warten und die Ohren spitzen und auf ein bißchen Glück vertrauen.»

«Es wird sehr gefährlich werden», setzte Großmutter hinzu. «Kein Koch hat gerne Mäuse in der Küche. Wenn sie dich sehen, dann schlagen sie dich tot.»

«Ich werd mich nicht sehen lassen», sagte ich.

«Und vergiß nicht, du mußt auch noch das Fläschchen schleppen», sagte sie. «Du bist also etwas weniger flink und wendig.»

«Ich kann sehr gut und sehr schnell auf zwei Beinen rennen, auch mit der Flasche im Arm», sagte ich. «Das hab ich doch gerade bewiesen, nicht wahr? Ich bin den ganzen Weg vom Zimmer der Hoch- und Großmeister-Hexe heraufgekommen, mit der Flasche.»

«Und wie ist das mit dem Aufschrauben?» fragte sie. «Das könnte dir Schwierigkeiten bereiten.»

«Laß mich mal versuchen», sagte ich. Ich packte das Fläschchen, und ich stellte fest, daß es mir ganz leicht fiel, mit meinen beiden Vorderpfoten die Kappe abzuschrauben. «Das ist sehr gut», sagte meine Großmutter. «Du bist wirklich eine sehr geschickte Maus.» Sie warf einen Blick auf die Uhr. «Um halb acht», sagte sie, «werde ich zum

Abendessen in den Speisesaal hinuntergehen, mit dir in meiner Handtasche. Dort werde ich dich zusammen mit der kostbaren Flasche unter dem Tisch auf den Boden setzen, und von da ab mußt du dich alleine durchschlagen. Du mußt durch den Speisesaal und zu der Tür, die in die Küche führt, und du darfst dabei nicht gesehen werden. Durch diese Tür gehen die Kellner alle Augenblicke rein und raus. Du mußt also den richtigen Augenblick abpassen und hinter einem von ihnen mit hineinhuschen, aber paß um Himmels willen auf, daß er nicht auf dich tritt und daß du nicht zwischen den Türflügeln eingeklemmt wirst.»

«Ich werde gut aufpassen», sagte ich.

«Und mag kommen, was wolle: du darfst dich nicht von ihnen erwischen lassen.»

«Hör damit auf, Großmama. Du machst mich ganz nervös.»

«Du bist ein tapferer kleiner Bursche», sagte sie. «Ich hab dich lieb.»

«Was sollen wir denn mit Bruno machen?» fragte ich sie.

Bruno schaute auf. «Ich komme mit dir», sagte er, den Mund voll Banane. «Ich laß doch nicht mein Abendessen sausen!»

Meine Großmutter dachte einen Augenblick nach. «Ich werde dich mitnehmen», entschied sie, «wenn du mir versprichst, in meinem Beutel zu bleiben und keinen Mucks von dir zu geben.»

«Reichen Sie mir immer was zu essen von Ihrem Teller runter?» fragte Bruno.

«Ja», sagte sie, «wenn du mir versprichst, dich manierlich zu benehmen. Möchtest du vielleicht etwas zu essen haben, mein Schätzelchen?» fragte sie mich.

«Nein, vielen Dank», sagte ich. «Ich bin zu aufgeregt, ich kann nichts essen. Und ich muß für die Arbeit, die vor mir liegt, leicht und wendig bleiben.»

«Ja, es ist eine schwere Aufgabe», sagte meine Groß-mutter. «So eine wichtige Arbeit wirst du niemals wieder zu erledigen haben.»

In der Küche

«Jetzt ist es an der Zeit!» sagte meine Großmutter. «Die große Stunde ist gekommen. Bist du bereit, mein Schätzel-chen?»

Es war genau halb acht. Bruno saß in der Obstschale und beendete gerade die vierte Banane. «Moment noch», sagte er. «Nur noch die paar Bissen.»

«Nein!» sagte meine Großmutter. «Wir müssen ge-hen!» Sie hob ihn auf und umschloß ihn fest mit ihrer Hand. Sie war sehr nervös und angespannt. So hatte ich sie noch nie erlebt. «Ich stecke euch beide jetzt in die Hand-tasche», sagte sie. «Aber ich lasse den Verschluß wieder offen.» Sie stopfte Bruno zuerst hinein, ich wartete, das Fläschchen fest an die Brust gepreßt. «Jetzt du», sagte sie. Sie hob mich auf und gab mir einen Kuß auf die Nasen-spitze. «Viel Glück, mein Schätzelchen. Ach übrigens, es ist dir doch klar, daß du jetzt einen Schwanz hast, nicht wahr?»

«Einen was?» fragte ich.

«Einen Schwanz. Einen langen geschwungenen Schwanz.»

«Ich muß gestehen, das ist mir noch gar nicht so richtig aufgefallen», antwortete ich. «Gütiger Himmel. Ich habe wirklich einen! Jetzt merke ich es selber. Und ich kann ihn auch tatsächlich bewegen! Das ist ja fabelhaft!»

«Ich hab das nur erwähnt, weil er dir von Nutzen sein könnte, wenn du in der Küche herumkletterst», sagte meine Großmutter. «Du kannst ihn um etwas herumwikkeln, und du kannst Gegenstände damit heranangeln, und du kannst dich daran aufhängen und hin und her schaukeln, und du kannst dich mit seiner Hilfe von einer hochgelegenen Stelle herablassen.»

«Das hätte ich vorher wissen sollen», sagte ich. «Dann hätte ich ein wenig üben können.»

«Dafür ist es jetzt zu spät», sagte meine Großmutter. «Wir müssen aufbrechen.» Sie schob mich zu Bruno in die Handtasche, und ich nahm sofort meinen gewohnten Sitz in der kleinen Seitentasche ein, so daß ich meinen Kopf hinausstrecken und verfolgen konnte, was draußen passierte.

Meine Großmutter griff nach ihrem Stock und ging hinaus, den Gang entlang zum Aufzug. Sie drückte auf den Knopf, der Aufzug kam, und sie stieg ein. Außer uns befand sich niemand in der Kabine.

«Hört mal», sagte sie. «Wenn wir im Speisesaal sind, werde ich mich nicht mehr mit euch unterhalten können. Wenn ich das nämlich tue, werden die Leute denken, ich sei verkalkt und hielte Selbstgespräche.»

Der Aufzug erreichte das Erdgeschoß und hielt mit einem kleinen Bumser an. Meine Großmutter verließ den

Fahrstuhl, durchquerte die Hotelhalle und betrat den Speisesaal. Das war ein sehr großer Raum mit Golddekorationen an der Decke und hohen Spiegeln ringsherum an allen Wänden. Bestimmte Tische waren immer für die Hausgäste reserviert, und die meisten von ihnen hatten bereits Platz genommen und fingen an, sich ihrem Abendessen hinzugeben.

Kellner schwirrten überall umher und schleppten Teller und Platten. Unser Tisch war klein und stand an der rechten Wand, fast in der Mitte. Meine Großmutter marschierte dorthin und setzte sich.

Ich lugte aus der Handtasche und konnte sehen, daß genau im Mittelpunkt des Saales zwei lange Tische standen, an denen noch niemand saß. Auf jedem Tisch prangte ein kleines Kärtchen in einem Silberhalter, und auf den Kärtchen stand: RESERVIERT FÜR DIE MITGLIEDER DES KGVK.

Meine Großmutter betrachtete sich die beiden langen Tische, sagte aber nichts. Sie faltete ihre Serviette auseinander und breitete sie über die Handtasche auf ihrem Schoß. Ihre Hand glitt unter die Serviette und umschloß mich sanft. Unter dem Schutz der Serviette hob sie mich dicht an ihr Gesicht: «Ich setze dich jetzt unter dem Tisch auf den Boden. Das Tischtuch reicht fast bis auf den Fußboden, es kann dich also keiner sehen. Hast du das Fläschchen? Und hältst du es gut fest?»

«Ja», flüsterte ich zurück. «Ich bin bereit, Großmama.»

Gerade in diesem Augenblick kam ein Kellner in einem schwarzen Frack und blieb vor unserem Tisch stehen. Ich konnte trotz der Serviette seine Beine sehen, und als ich seine Stimme hörte, wußte ich auch, wer er war. Er hieß William. «Guten Abend, gnädige Frau», sagte er zu meiner Großmutter. «Wo ist denn der junge Herr heute abend?»

«Er fühlt sich nicht wohl», erwiderte meine Großmutter. «Er ist oben in seinem Zimmer geblieben.»

«Das tut mir aber leid», antwortete William. «Heute gibt es grüne Erbsensuppe als Vorspeise, und beim Hauptgericht haben Sie die Wahl zwischen gegrilltem Seezungenfilet und Lammbraten.»

«Erbsensuppe und Lamm für mich, bitte», sagte meine Großmutter. «Aber Sie brauchen sich nicht zu beeilen, William. Ich habe heute abend Zeit. Ach, Sie könnten mir überhaupt zuerst einmal ein Glas trockenen Sherry bringen.»

«Sehr wohl, gnädige Frau», erwiderte William und ging von dannen. Meine Großmutter tat so, als ob ihr irgend etwas hingefallen wäre, und als sie sich bückte, ließ sie mich unter der Serviette auf den Boden unter den Tisch gleiten. «Lauf, Schätzelchen, lauf!», flüsterte sie, und dann richtete sie sich wieder auf.

Ich war nun ganz auf mich gestellt. Ich umklammerte das Fläschchen. Ich wußte genau, wo sich die Tür zur Küche befand. Ich mußte, um sie zu erreichen, fast um den halben riesigen Saal herumrennen. *Also los*, dachte ich, und huschte wie ein Blitz unter dem Tisch hervor und flitzte zur Wand. Ich hatte nicht die Absicht, quer durch den Speisesaal zu laufen. Das war viel zu riskant. Mein Plan bestand darin, mich dicht an die Fußleiste unten an der Wand zu halten und ihr zu folgen, bis ich auf die Küchentür stieß.

Ich rannte. Ach, und wie ich rannte! Ich glaube nicht, daß mich jemand sah. Sie waren alle viel zu sehr mit dem Essen beschäftigt. Aber um die Tür zu erreichen, die in die Küche führte, mußte ich den Haupteingang in den Speisesaal überqueren. Ich war gerade dabei, Anlauf zu nehmen, da strömte eine große Horde von Damen herein. Ich schmiegte mich an die Wand und preßte das Fläschchen an mich. Zuerst sah ich nur die Schuhe und die Fesseln dieser Frauen, die durch die Tür quollen, als ich aber etwas höher blickte, erkannte ich sie gleich. Die Hexen versammelten sich zum Abendessen.

Ich wartete, bis sie alle an mir vorbeigegangen waren, dann flitzte ich zur Küchentür. Ein Kellner stieß sie gerade auf, um hineinzugehen. Ich trippelte hinter ihm her und versteckte mich sofort hinter einem großen Müllkübel. Ich blieb dort ein paar Minuten verborgen und hörte nur zu, wie sie schwatzten und spektakelten.

Meine Güte, was war diese Küche für ein Ort! Dieser Krach! Und diese Dampfschwaden! Und das Geklapper von Töpfen und Pfannen, und das Durcheinandergeschrei der Köche! Und dazu noch die Kellner, die unaufhörlich vom Speisesaal raus und rein eilten und den Köchen die Bestellungen zuriefen! «Vier Suppen und zwei Lamm und zwei Fisch für Tisch 28! Drei Apfelauflauf und zwei Erdbeereis für Nummer 17!» So ging das die ganze Zeit.

Über mir, aber nicht weit von meinem Kopf entfernt, war ein Griff, der seitlich an dem Abfallkübel saß. Ohne das Fläschchen loszulassen, machte ich einen Satz, überschlug mich in der Luft und erwischte den Griff mit meiner Schwanzspitze. Plötzlich schaukelte ich hin und her und rauf und runter. Ich war vor Entzücken ganz außer mir.

Das war herrlich! *So*, sagte ich mir, *muß sich ein Trapezkünstler fühlen, wenn er sich hoch oben durch die Zirkus-
kuppel schwingt.* Der einzige Unterschied bestand darin,
daß sein Trapez nur vorwärts und rückwärts schaukeln
konnte. Mein Trapez jedoch, mein Schwanz, konnte mich
in jeder Richtung schaukeln lassen, die ich wünschte. Vielleicht würde ich am Ende noch eine Zirkusmaus werden.

In diesem Augenblick kam ein Kellner mit einem Teller
in der Hand herein, und ich hörte, wie er sagte: «Die alte
Ziege von Tisch 14 sagt, dies Fleisch hier sei zäh. Sie will
eine andere Portion!» Einer der Köche antwortete: «Los,
gib mir ihren Teller!» Ich ließ mich auf den Boden fallen
und lugte um den Müllkübel. Ich sah, wie der Koch das
Fleisch vom Teller gleiten ließ und wie er eine andere
Scheibe draufklatschte. Dann sagte er: «Los Jungs, gebt
ihr ein bißchen Sauce!» Er machte mit dem Teller eine
Runde durch die Küche, und wißt ihr, was sie gemacht
haben? Jeder von diesen Köchen und Küchenjungen hat
einmal auf den Teller der alten Dame gespuckt! «So,
woll'n mal sehn, wie ihr das schmeckt!» sagte der Koch
und gab dem Kellner den Teller zurück.

Kurz darauf kam wieder ein Kellner hereingeeilt und
rief: «Alle von der großen KGVK-Gesellschaft wollen die
Suppe!» Das war der Augenblick! Ich war jetzt ganz Ohr.
Ich beugte mich ein bißchen weiter hinter dem Abfall-
eimer hervor, so daß ich alles verfolgen konnte, was in der
Küche passierte. Ein Mann mit einer hohen weißen
Mütze, der der Chefkoch gewesen sein muß, rief mit lauter
Stimme: «Die Suppe für die große Gesellschaft in die grö-
ßere Silberterrine!»

Ich sah, wie der Chefkoch eine riesige silberne Suppenschüssel auf das hölzerne Seitenbrett stellte, das an der gegenüberliegenden Wand von einem Ende bis zum anderen reichte. *In diese silberne Schüssel kommt also die Suppe,* sagte ich mir. *Da hinein muß also auch der Inhalt von meiner kleinen Flasche.*

Ich sah, daß über diesem Seitenbrett ziemlich hoch und fast unter der Decke ein fast ebenso langes Regal angebracht war, das mit Kasserollen und Bratpfannen vollgepackt war. *Wenn ich es irgendwie schaffe, auf dieses Regal zu kommen,* dachte ich, *dann ist die Sache geritzt. Dann werde ich nämlich direkt über der silbernen Suppenschüssel sein.*

Aber zuerst mußte ich irgendwie quer durch die Küche auf die andere Seite kommen und dann auch noch hinauf auf das Regal. Da hatte ich eine großartige Idee! Ich sprang abermals in die Höhe und schlang meinen Schwanz um den Griff des Müllkübels. Dann begann ich, Schwanz oben, Kopf unten, zu schaukeln. Ich schwang mich immer höher. Ich dachte dabei an den Trapezkünstler im Zirkus, den ich vorige Ostern gesehen hatte, und wie er das Trapez immer höher und höher hatte schwingen lassen, und wie er es dann losließ und durch die Luft flog. Genauso machte ich es. Im richtigen Moment, also am höchsten Punkt meines Schwunges, ließ ich meinen Schwanz los und segelte quer durch die Küche und setzte zu einer perfekten Landung auf dem mittleren Regal auf.

Donnerwetter, dachte ich, *was können Mäuse alles machen! Und dabei stehe ich doch erst am Anfang!*

Keiner hatte mich gesehen. Sie waren alle viel zu sehr mit ihren Töpfen und Pfannen beschäftigt. Von dem mittleren Regal aus schaffte ich es irgendwie, an einem kleinen

Wasserrohr in der Ecke höher zu krabbeln, und im Handumdrehen befand ich mich oben auf dem höchsten Regal fast unter der Decke, zwischen lauter Kasserollen und Bratpfannen. Ich wußte, daß mich hier oben keiner sehen konnte. Es war eine hervorragende Position, und ich begann mir auf dem Regal einen Weg zu bahnen, bis ich mich direkt über der großen leeren silbernen Terrine befand, in die sie die Suppe füllen wollten. Ich stellte mein Fläschchen hin. Ich schraubte die Kappe ab und kroch an den Rand des Regals und kippte den Inhalt in die Silberterrine da unten. Im nächsten Augenblick kam schon einer der Köche mit einem mächtigen Topf, in dem die grüne Suppe dampfte, und goß die ganze Geschichte in die Terrine. Dann setzte er den Deckel drauf und rief: «Suppe für die große Gesellschaft kann raus!» Daraufhin erschien ein Kellner und trug die Silberterrine fort.

Ich hatte es geschafft! Selbst wenn ich jetzt nicht mehr lebendig zu meiner Großmutter zurückkäme, würden die Hexen ihren Mäusemacher bekommen! Ich ließ das leere Fläschchen hinter einem großen Stieltopf stehen und machte mich oben auf dem Regal auf den Rückweg. Ohne Flasche kam ich viel besser voran. Ich begann mehr und mehr, meinen Schwanz zu benutzen. Ich turnte von einem Topfgriff zum nächsten, während tief unter mir Köche und Kellner hin und her wuselten und Kessel dampften und Töpfe brodelten und Pfannen zischelten, und ich dachte: *Oh, Junge, das ist das wahre Leben! Was für eine Wonne, eine Maus zu sein und solche abenteuerlichen Aufgaben zu erledigen!* Ich schaukelte ununterbrochen weiter. Ich hing und hangelte, flog und schwebte aufs herrlichste von Griff zu Griff, und ich genoß das so in vollen Zügen, daß ich vollkommen vergaß, wie sehr ich mich da vor aller Augen bewegte, falls einer in der Küche zufällig nach oben schaute.

Was als nächstes geschah, passierte so rasch, daß ich keine Zeit mehr hatte, mich zu retten. Ich hörte eine Männerstimme schreien: «Eine Maus! Schaut euch diese drekkige kleine Maus an!» Ich erhaschte einen Blick auf eine weißgekleidete Gestalt mit einer hohen Kochmütze unter mir, und dann blitzte Stahl auf, als das Tranchiermesser durch die Luft fuhr, und dann schoß mir der Schmerz durch die Schwanzspitze, und plötzlich stürzte ich und knallte mit dem Kopf zuerst auf den Küchenboden.

Schon als ich fiel, wußte ich genau, was passiert war. Ich wußte, daß mir die Schwanzspitze abgehauen worden war und daß ich auf den Boden krachen würde und daß sich alle Mann in der Küche auf mich stürzen würden.

«Eine Maus!» schrien sie. «Eine Maus! Eine Maus! Schnell, fangt sie!»

Ich prallte auf den Boden, sprang sofort auf und rannte um mein Leben. Überall um mich herum waren diese großen schwarzen Stiefel und traten zu und knallten auf die Kacheln, und ich wieselte zwischen ihnen hindurch und rannte und rannte und drehte und wendete mich und schlug Haken und flitzte quer über den Küchenboden.

«Fangt sie!» riefen sie. «Erschlag sie! Tritt doch drauf!»

Der ganze Fußboden schien voll von schwarzen Stiefeln zu sein, die mich tottreten wollten, und ich duckte mich und drehte mich und hüpfte und sprang und schnellte hin und her und machte wilde Sätze, und dann, aus reiner Verzweiflung und ohne daß ich wußte, was ich tat, nur um ein

317

Plätzchen zu finden, wo ich mich verbergen konnte, fuhr ich einem der Köche in das Hosenbein und klammerte mich an seiner Socke fest.

«He!» schrie der Koch. «Verflixt noch mal! Jetzt ist sie mir in die Hose gesaust! Wartet, Jungs! Jetzt werden wir sie aber haben!»

Die Hände des Mannes begannen mit aller Kraft gegen das Hosenbein zu schlagen, und wenn ich jetzt nicht flink war, konnte ich wirklich zermalmt werden. Ich hatte nur einen einzigen Fluchtweg, und der führte nach oben. Ich grub meine kleinen Krallen dem Mann in seine behaarten Beine und krabbelte nach oben, immer höher, die Wade entlang, durch die Kniekehle und dann zur Hüfte hinauf.

«Heiliges Kanonenrohr!» heulte der Mann. «Sie kommt mir ganz rauf. Sie läuft mein Bein rauf!» Ich hörte, wie die anderen Köche vor Vergnügen schrien und wieherten, aber ich schwöre euch, mir war nicht im geringsten zum Kichern zumute. Ich krabbelte um mein Leben. Die Hände des Mannes klopften und trommelten hinter mir her, und er machte Luftsprünge, als ob er barfuß auf heißen Ziegelsteinen stünde, und ich kletterte immer weiter und wich so gut wie möglich aus und hatte ziemlich bald das Ende des Hosenbeins erreicht, und da ging es nicht mehr weiter.

«Hilfe! Zu Hilfe!» kreischte der Mann. «Jetzt sitzt sie in meiner Unterhose! Sie rennt in meiner verdammten Unterhose herum! Holt sie doch raus! Hilf mir doch jemand, damit sie da wieder rausgeht!»

«Laß doch deine Hose runter, du Torfkopf!» rief jemand anders. «Und dann zieh deine Unterhose aus, dann werden wir sie schon erwischen!»

Ich steckte jetzt genau in der Mitte der Männerhose, an der Stelle, wo die beiden Hosenbeine zusammenstoßen und wo der Reißverschluß beginnt. Es war hier drinnen finster und scheußlich heiß. Ich wußte aber, daß ich weiter mußte. Ich stürzte mich also wieder weiter und fand den Anfang des anderen Hosenbeines. Ich rutschte wie ein geölter Blitz durch die Röhre, purzelte unten heraus und fand mich wieder auf dem Fußboden. Ich hörte, wie der dämliche Koch immer noch schrie: «Sie steckt in meiner Hose! Holt sie raus! *Bitte, bitte!* Kann mir nicht jemand helfen und sie rausholen, ehe sie mich beißt!»

Ich erhaschte noch einen flüchtigen Blick auf die gesamte Küchenbrigade, die sich um ihn drängelte und sich halbtot lachte, und keiner sah die kleine braune Maus, die über den Kachelboden huschte und in einen Sack mit Kartoffeln sprang.

Ich buddelte mich zwischen den schmutzigen Kartoffeln ein und hielt die Luft an.

Der Koch mußte angefangen haben, seine Hosen auszuziehen, denn jetzt brüllten sie alle durcheinander: «Da ist ja gar nichts! Da steckt nichts drin! Du hast ja gar keine Mäuse, du mickriger Mäusemelker!»

«Aber da ist eine gewesen! Ich schwör's euch, da war eine!» schrie der Mann zurück. «Ihr habt ja noch nie eine Maus in der Hose gehabt. Ihr habt ja keine Ahnung, was das für ein Gefühl ist!»

Die Tatsache, daß ein so winziges Wesen, wie ich es war, eine ganze Mannschaft von erwachsenen Männern so in Aufruhr versetzen konnte, erfüllte mich mit einem wohligen Glücksgefühl. Trotz der Schmerzen, die ich in meinem Schwanz hatte, mußte ich schmunzeln.

Ich blieb, wo ich war, bis ich sicher sein konnte, daß sie mich vergessen hatten. Dann wühlte ich mich wieder aus den Kartoffeln heraus und schob meinen kleinen Kopf über den Rand des Sackes. Die Küche war wieder von dem Krach und Getöse der Köche und der Kellner erfüllt, die unaufhörlich überall herumrannten. Ich erblickte den Kellner, der vorhin das beanstandete zähe Fleisch zurückgebracht hatte. Er kam jetzt wieder herein. «He Jungs!» rief er. «Ich hab die alte Ziege gefragt, ob das neue Stück Fleisch besser wäre, und sie hat gesagt, es wäre einfach göttlich! Richtig lecker wär es, hat sie gesagt!»

Ich mußte aus der Küche heraus und zu meiner Großmutter zurück. Und da gab's nur einen einzigen Weg. Ich mußte quer über den Fußboden flitzen und hinter einem der Kellner zur Tür hinaus. Ich verhielt mich vollkommen reglos und wartete auf meine Gelegenheit. Mein Schwanz tat unterdessen schrecklich weh. Ich ringelte ihn herum, damit ich ihn betrachten konnte. Es fehlten ein paar Zentimeter, und er blutete ziemlich stark. Ein Kellner war gerade dabei, sich mit Tellern zu beladen, auf denen irgendein rosa Eis angerichtet war. Er trug einen Teller in jeder Hand und balancierte zwei weitere auf jedem Unterarm. Er ging gerade auf die Tür zu. Er stieß sie mit der Schulter auf. Ich sprang aus dem Kartoffelsack, sauste über diesen Küchenboden und wie ein Blitz in den Speisesaal, und ich hörte nicht zu rennen auf, bis ich unter dem Tisch meiner Großmutter war.

Es war zu schön, die Füße meiner Großmutter wiederzusehen, in diesen altmodischen schwarzen Stiefeln mit ihren Schnürsenkeln und Haken. Ich huschte an einem ihrer Beine hinauf und landete in ihrem Schoß. «Hallo,

Großmama!» flüsterte ich. «Ich bin wieder da. Ich hab's geschafft! Ich hab es in ihre Suppe gegossen!»

Ihre Hand kam unter den Tisch und streichelte mich. «Bravo, mein Schätzelchen», flüsterte sie zurück. «Gut gemacht! Im Augenblick sind sie gerade dabei, diese Suppe zu essen!» Plötzlich zog sie ihre Hand zurück. «Du blutest ja!» flüsterte sie. «Mein Schätzelchen, was ist denn mit dir passiert?»

«Einer der Köche hat mir den Schwanz mit einem Küchenmesser abgeschlagen», flüsterte ich zurück. «Es tut ganz schön weh.»

«Laß mich mal sehen», sagte sie. Sie senkte den Kopf und untersuchte meinen Schwanz. «Armes kleines Ding», flüsterte sie. «Ich werde dich erst einmal mit meinem Taschentuch verbinden. Dann wird es nicht mehr bluten.»

Sie zog ein kleines spitzenbesetztes Taschentuch aus ihrem Lederbeutel und wickelte es irgendwie um meine Schwanzspitze. «Das wird wieder heilen», sagte sie. «Versuch jetzt einfach, nicht mehr daran zu denken. Hast du es wirklich geschafft, ihnen den ganzen Flascheninhalt in die Suppe zu träufeln?»

«Bis zum letzten Tropfen», antwortete ich. «Meinst du, du könntest mich irgendwo unterbringen, von wo ich sie beobachten kann?»

«Sicherlich», antwortete sie. «Meine Handtasche liegt neben mir, auf deinem eigenen Stuhl. Ich steck dich da jetzt hinein, und du kannst hinausschauen, aber nur, wenn du aufpaßt, daß dich niemand sieht. Bruno steckt auch da drinnen, aber um ihn brauchst du dich gar nicht zu kümmern. Ich habe ihm ein Brötchen zu essen gegeben, und damit wird er wohl eine Weile beschäftigt sein.»

Ihre Hand umschloß mich, und ich wurde von ihrem Schoß gehoben und in ihre Handtasche überführt. «Hallo, Bruno», sagte ich.

«Schön großes Brötchen», antwortete er, und ich hörte ihn im Grunde des Beutels knuspern und knabbern. «Wär mir nur lieber gewesen, wenn sie's mit Butter bestrichen hätte.»

Ich spähte über den Rand der Handtasche. Ich konnte die Hexen ganz klar und deutlich sehen, wie sie mitten im Saal an ihren beiden langen Tischen saßen. Sie waren bereits mit der Suppe fertig, und die Kellner sammelten die Teller ein. Meine Großmutter hatte sich eine von ihren schrecklichen schwarzen Zigarren angezündet und nebelte uns gerade ein.

Um uns herum saßen die anderen Sommergäste dieses ziemlich vornehmen Hotels und schwatzten und lachten und stopften sich das Essen in den Bauch. Ungefähr die Hälfte von ihnen waren alte Leute mit Krückstöcken, aber es gab auch eine ganze Masse Familien mit Vater, Mutter und mehreren Kindern. Sie sahen alle recht wohlhabend aus. Das mußte man auch sein, wenn man im Grandhotel Ferien machen wollte. «Das ist sie, Großmama!» flüsterte ich. «Das ist die Hoch- und Großmeister-Hexe!»

«Ich weiß!» flüsterte meine Großmutter zurück. «Sie ist die zierliche Person in Schwarz, am Kopf der Tafel, die uns am nächsten ist.»

«Sie könnte dich ermorden!» flüsterte ich. «Sie könnte jedermann in diesem Raum mit ihren weißglühenden Funken töten!»

«Paß auf!» flüsterte meine Großmutter. «Der Kellner kommt!»

Ich schlüpfte in mein Versteck, und ich hörte William sagen: «Ihr Lammbraten, gnädige Frau. Und was für ein Gemüse wünschen Sie? Erbsen oder Mohrrüben?»

«Mohrrüben bitte», antwortete meine Großmutter. «Aber keine Kartoffeln.»

Ich hörte, wie die Mohrrüben serviert wurden. Dann wieder Stille. Dann die Stimme meiner Großmutter, die flüsterte: «In Ordnung. Er ist weg.» Ich schob meinen Kopf wieder heraus. «Es merkt doch wohl keiner, wenn ich meinen kleinen Kopf so wie jetzt rausstrecke?» wisperte ich.

«Nein», antwortete sie. «Das glaub ich wirklich nicht. Mein Problem besteht darin, daß ich mich mit dir unterhalten muß, ohne die Lippen zu bewegen.»

«Das kannst du aber großartig», sagte ich.

«Ich hab die Hexen gezählt», sagte sie. «Es sind gar nicht so viele, wie du gedacht hast. Als du gesagt hast zweihundert, da hast du wahrscheinlich nur geschätzt, oder?»

«Sie sind mir wie zweihundert vorgekommen», antwortete ich.

«Ich hab mich auch geirrt», fuhr meine Großmutter fort. «Ich dachte, es gäbe sehr viel mehr Hexen in England.»

«Wie viele sind es denn?» fragte ich.

«Vierundachtzig», erwiderte sie.

«Dann sind es fünfundachtzig gewesen», sagte ich. «Denn eine ist verschmurgelt worden.»

In diesem Moment erblickte ich Mister Jenkins, Brunos Vater, der direkt auf unseren Tisch zusteuerte. «Paß auf, Großmama!» flüsterte ich. «Da kommt Brunos Vater!»

Mister Jenkins und sein Sohn

Mister Jenkins kam mit einem unheilschwangeren Gesicht auf unseren Tisch zu. «Wo steckt dieser Enkelsohn von Ihnen?» fuhr er meine Großmutter an. Er benahm sich unhöflich, und er sah sehr wütend aus.

Meine Großmutter musterte ihn mit einem eisigen Blick, gönnte ihm jedoch keine Antwort.

«Ich vermute nämlich stark, daß er und mein Sohn Bruno irgendeine Teufelei ausgeheckt haben», fuhr Mister Jenkins fort. «Bruno ist nämlich nicht zum Abendessen aufgetaucht, und es gehört schon was dazu, daß dieser Junge sein Essen versäumt!»

«Ich muß zugeben, daß er einen gesunden Appetit hat», bemerkte meine Großmutter.

«Ich habe das Gefühl, daß Sie mit ihm unter einer Decke stecken», fuhr Mister Jenkins fort. «Ich habe keine Ahnung, wer Sie zum Teufel sind, und es ist mir auch egal, aber Sie haben mir und meiner Frau heute nachmittag einen gemeinen Streich gespielt. Sie haben eine dreckige kleine Maus auf den Tisch gesetzt. Das läßt mich vermuten, daß Sie alle drei etwas ausgebrütet haben. Also, wenn Sie wissen, wo sich Bruno versteckt, so rücken Sie gefälligst sofort damit heraus!»

«Ich habe Ihnen keinen Streich gespielt», erwiderte meine Großmutter. «Diese Maus, die ich Ihnen geben wollte, war Ihr eigener kleiner Sohn Bruno. Ich habe mich Ihnen gegenüber nur freundlich erwiesen. Ich habe versucht, das Kind in den Schoß der Familie zurückzuführen. Sie haben sich geweigert, ihn anzunehmen.»

«Was zum Geier wollen Sie damit sagen, meine Gnädigste?» rief Mister Jenkins. «Mein Sohn ist keine *Maus*!» Sein schwarzer Schnurrbart zappelte beim Sprechen wie verrückt auf und ab. «Und jetzt raus damit, Sie Weibsperson! Wo steckt er? Antworten Sie gefälligst!»

Die Familie an unserem Nachbartisch hatte aufgehört zu essen. Alle starrten Mister Jenkins an.

Meine Großmutter saß friedlich da und paffte genüßlich an ihrer schwarzen Zigarre. «Ich kann Ihre Aufregung gut verstehen, Mister Jenkins», sagte sie. «Jeder andere englische Vater würde genauso aus der Haut fahren wie Sie. Aber drüben in Norwegen, woher ich stamme, sind wir an solche Ereignisse gewöhnt. Wir haben gelernt, sie als einen Teil des Alltagslebens zu akzeptieren.»

«Sie müssen verrückt sein, Weib!» schrie Mister Jenkins. «Wo ist Bruno? Wenn Sie mir das nicht auf der Stelle sagen, rufe ich die Polizei!»

«Bruno ist eine Maus», antwortete meine Großmutter unerschütterlich ruhig.

«Er ist todsicher *keine* Maus!» rief Mister Jenkins.

«O doch, ich bin eine!» sagte Bruno und schob seinen Kopf aus der Handtasche.

Mister Jenkins sprang fast einen Meter hoch in die Luft.

«Hallo, Vati», sagte Bruno. Auf seinem Gesicht lag eine Art von mäusischem Lächeln.

Mister Jenkins' Unterkiefer klappte so weit auf, daß man die Goldfüllungen in seinen Backenzähnen erkennen konnte.

«Mach dir keine Sorge, Vati», fuhr Bruno fort. «So schlimm ist das gar nicht. Hauptsache, die Katze erwischt mich nicht.»

«B-b-bruno!» stammelte Mister Jenkins.

«Und nie mehr Schule!» fuhr Bruno fort und grinste jetzt ein breites und dämliches Mausegrinsen. «Nie mehr Hausaufgaben! Ich werde in den Küchenschrank ziehen und von Rosinen und Honig leben.»

«A-a-aber B-b-bruno», stammelte Mister Jenkins wieder. «Wiwiwie ist das nur passiert?» Aus dem armen Mann war die ganze Luft heraus.

«Hexen», erklärte meine Großmutter. «Die Hexen haben das gemacht.»

«Ich kann doch nicht eine Maus als Sohn haben!» schrie Mister Jenkins.

«Aber jetzt haben Sie eine», entgegnete meine Großmutter. «Seien Sie lieb zu ihm, Mister Jenkins.»

«Missis Jenkins wird wahnsinnig werden!» jammerte Mister Jenkins. «So was kann sie nicht ertragen!»

«Sie braucht sich nur an ihn zu gewöhnen», erwiderte meine Großmutter. «Hoffentlich haben Sie keine Katze zu Hause.»

«Aber doch! Aber natürlich!» rief Mister Jenkins. «Meine Frau liebt Topsy über alles in der Welt.»

«Dann werden Sie sich eben von Topsy trennen müssen», stellte meine Großmutter fest. «Ihr Sohn ist wichtiger als eine Katze.»

«Das will ich wohl meinen!» rief Bruno im Inneren des Lederbeutels. «Sag Mami, daß sie Topsy weggeben muß. Eher komm ich nicht nach Hause!»

Unterdessen beobachtete der halbe Speisesaal unsere kleine Gruppe. Messer und Gabeln und Löffel waren längst beiseite gelegt, und überall wurden die Hälse gereckt und die Köpfe gedreht, um Mister Jenkins anzustarren, wie er so dastand und stotterte und fluchte. Sie konnten weder Bruno noch mich sehen, und deshalb zerbrachen sie sich vergeblich die Köpfe, um was der ganze Wirbel ging.

«Ach übrigens», sagte meine Großmutter. «Möchten Sie gerne wissen, wer ihm das angetan hat?» Auf ihrem Gesicht lag ein kleines boshaftes Lächeln, und ich merkte, daß sie auf dem besten Wege war, Mister Jenkins Schwierigkeiten zu bereiten.

«Wer?» rief er. «Wer war das?»

«Diese Dame dort drüben», erwiderte meine Großmutter. «Die zierliche in dem schwarzen Kleid am Kopf der langen Tafel.»

«Sie gehört zum KGVK!» rief Mister Jenkins. «Sie ist die Vorsitzende!»

«Nein, das ist sie nicht», berichtigte meine Großmutter. «Sie ist die Hoch- und Großmeister-Hexe des gesamten Erdkreises.»

«Sie behaupten also, sie hätte das getan? Dieses mickrige kleine Weib da drüben?» rief Mister Jenkins und zeigte mit seinem langen Zeigefinger auf sie. «Bei Gott, der werd ich meine Anwälte auf den Hals hetzen. Die muß mir das bezahlen, und wenn sie pleite geht!»

«Ich würde nichts überstürzen», rief ihm meine Großmutter. «Diese Dame besitzt Zauberkräfte. Sie könnte den Entschluß fassen, *Sie* in etwas noch Lächerlicheres als eine Maus zu verhexen. Vielleicht in eine Kakerlake.»

«*Mich* in eine *Kakerlake* verwandeln?» rief Mister Jenkins und warf sich in die Brust. «Das wollen wir doch mal sehen!»

Er drehte sich um und begann, quer durch den Speisesaal auf den Tisch der Hoch- und Großmeister-Hexe zu-

zumarschieren. Meine Großmutter und ich beobachteten ihn. Bruno war auf unsern Tisch gehüpft und beobachtete seinen Vater auch. Fast jeder im Speisesaal verfolgte jetzt das, was Mister Jenkins tat. Ich blieb, wo ich war, und spähte aus der Handtasche meiner Großmutter heraus. Ich dachte, es könnte gescheiter sein, in Deckung zu bleiben.

Der Triumph

Als Mister Jenkins nicht mehr als ein paar Schritte auf den Tisch der Hoch- und Großmeister-Hexe zumarschiert war, übertönte ein schriller Schrei alle anderen Geräusche im Saal, und im gleichen Augenblick sah ich, wie die Hoch- und Großmeister-Hexe in die Höhe schoß.

Sie stand jetzt auf ihrem Stuhl und schrie aus vollem Halse ...

Jetzt war sie auf dem Tisch und wedelte mit den Armen.

«Was geschieht denn da um Himmels willen, Groß-mama?»

«Wart's ab», entgegnete meine Großmutter. «Schweig stille und schau zu!»

Plötzlich fingen alle anderen Hexen, insgesamt über achtzig, ebenfalls zu schreien an und fuhren von ihren Stühlen hoch, als ob ihnen Nadeln in den Popo gejagt würden. Einige standen auf den Stühlen, andere waren auf die Tische gesprungen, und alle miteinander zappelten und verrenkten sich und schwenkten auf merkwürdige Art und Weise ihre Arme.

Dann wurden sie plötzlich vollkommen stumm.

Dann erstarrten sie. Jede einzelne Hexe stand so steif und starr wie eine Leiche da.

Eine Totenstille senkte sich auf den ganzen Saal.

«Sie schrumpfen, Großmama», sagte ich. «Sie schrumpfen genauso, wie ich es getan habe!»

«Ich weiß, ich sehe es», antwortete meine Großmutter.

«Es ist der Mäusemacher!» rief ich. «Sieh doch nur! Bei ein paar Hexen wächst das Fell schon auf dem Gesicht! Warum wirkt das nur so rasch, Großmama?»

«Ich will es dir sagen, warum das so schnell geht», erwiderte meine Großmutter. «Weil jede von ihnen eine erhebliche Überdosis verpaßt bekommen hat, genauso wie du. Das hat den Wecker wieder auf den Kopf gestellt.»

Alle Gäste im Speisesaal waren jetzt aufgesprungen, um besser sehen zu können. Die Leute schoben sich neugierig näher. Sie fingen an, sich um die beiden langen Tafeln zu drängen.

Meine Großmutter hob Bruno und mich in die Höhe, damit uns auch nichts entging. In ihrer Aufregung sprang sie sogar auf ihren Stuhl, damit sie über die Köpfe der Menge hinwegschauen konnte.

Nach ein paar Sekunden waren alle Hexen vollkommen verschwunden, und auf beiden Tischen wimmelte es von kleinen braunen Mäusen.

Im ganzen Speisesaal kreischten jetzt die Frauen, und selbst starke Männer erblaßten und stammelten: «Das ist verrückt! Das kann nicht sein! Laßt uns bloß hier raus! Schnell!»

Die Kellner droschen mit Stühlen und Weinflaschen auf die Mäuse ein und mit allen anderen Gegenständen, die ihnen in die Hände gerieten. Ich sah, wie ein Koch mit

329

seiner hohen weißen Mütze aus der Küche stürmte und eine Bratpfanne schwang, und ein zweiter, der ihm dicht auf den Fersen war, fuhr ihm mit dem Küchenmesser über dem Kopf herum, und alle schrien: «Mäuse! Mäuse! Mäuse! Wir müssen die Mäuse verscheuchen!»

Nur die Kinder im Saal hatten wirklich ihren Spaß daran. Sie schienen allesamt instinktiv zu begreifen, daß genau vor ihrer Nase etwas Gutes geschehen war, und sie klatschten in die Hände und schrien hurra und lachten wie verrückt.

«Es ist Zeit für uns aufzubrechen», sagte meine Großmutter. «Unsere Arbeit ist getan.» Sie kletterte von ihrem Stuhl, nahm ihre Handtasche und hängte sie sich an den Arm. Mich hatte sie in ihrer rechten Hand und Bruno in der linken. «Bruno», sagte sie, «jetzt ist der Augenblick gekommen, in dem du in den sprichwörtlichen Schoß der Familie zurückkehren wirst.»

«Meine Mami mag aber keine Mäuse», sagte Bruno.

«Das hab ich auch bemerkt», entgegnete meine Großmutter. «Sie muß sich einfach an dich gewöhnen, meinst du nicht auch?»

Es war nicht schwer, Mister und Missis Jenkins zu finden. Die schrille Stimme von Missis Jenkins war im ganzen Saal zu hören. «Herbert!» schrie sie. «Herbert, bring mich hier raus! Überall Mäuse! Sie werden mir unter den Rock krabbeln!» Sie hatte ihre Arme um den Hals ihres Mannes geschlungen, und von meinem Standpunkt sah es so aus, als ob sie an seinem Hals hinge.

Meine Großmutter trat auf sie zu und drückte Bruno Mister Jenkins in die Hand. «Hier ist Ihr kleiner Sohn», sagte sie. «Sie sollten ihn auf Schlankheitsdiät setzen.»

«Hallo, Vati!» sagte Bruno. «Hallo, Mami!»

Missis Jenkins stieß einen noch ohrenbetäubenderen Schrei aus. Meine Großmutter, mit mir in der Hand, wandte sich ab und marschierte aus dem Raum. Sie ging geradewegs durch die Hotelhalle und durch den Haupteingang ins Freie.

Es war ein milder, warmer Abend, und ich konnte hören, wie die Wellen nur auf der anderen Seite der Straße an den Strand schlugen.

«Kann ich ein Taxi haben?» fragte meine Großmutter den stattlichen Portier in seiner grünen Uniform.

«Aber gewiß doch, gnädige Frau», antwortete er, schob zwei Finger in den Mund und stieß einen langen schrillen Pfiff aus. Ich betrachtete ihn voller Neid. Wochenlang hatte ich geübt, so zu pfeifen wie er, aber es war mir kein einziges Mal gelungen. Jetzt würde ich es wohl niemals können.

Das Taxi kam. Der Fahrer war ein älterer Mann mit einem dichten schwarzen Schnurrbart, der ihm wie die Wurzeln einer Pflanze über dem Mund hing. «Wohin soll's denn gehn, meine Dame?» fragte er. Dabei fiel sein Blick auf mich, eine kleine Maus, die sich in die Hand der alten Frau schmiegte. «Donnerlittchen!» sagte er. «Was ist denn das?»

«Das ist mein Enkelsohn», antwortete meine Großmutter. «Fahren Sie uns bitte zum Bahnhof.»

«Mäuse hab ich immer gemocht», sagte der alte Taxifahrer. «Früher, als ich noch ein kleiner Junge war, da hab ich mir Hunderte gehalten. Mäuse sind die schnellsten Brüter der Welt. Haben Sie das gewußt, meine Dame? Wenn er also Ihr Enkelsohn ist, dann werden Sie wohl in ein paar Wochen außer ihm noch einen ganzen Schwung Urenkel haben.»

«Fahren Sie uns bitte zum Bahnhof», sagte meine Großmutter und spitzte mißbilligend die Lippen.

«Jawohl, meine Dame», sagte er. «Sofort.»

Meine Großmutter stieg hinten in das Taxi ein, setzte sich zurecht und nahm mich auf ihren Schoß.

«Fahren wir heim?» fragte ich sie.

«Ja», antwortete sie. «Zurück nach Norwegen.»

«Hurra!» rief ich. «O hurra, hurra, hurra!»

«Ich hab mir gedacht, daß dir das gefallen wird», sagte sie.

«Und was ist mit unserem Gepäck?»

«Wer braucht schon Gepäck?» fragte sie.

Das Taxi fuhr durch die Straßen von Bournemouth, und zu dieser Tageszeit war alles voll von Feriengästen, die ziellos durch die Gegend schlenderten und nichts zu tun hatten. «Wie fühlst du dich, mein Schätzelchen?» fragte meine Großmutter.

«Gut», antwortete ich. «Ganz wunderbar.»

Sie begann, mir das Nackenfell mit einem Finger zu streicheln. «Wir haben heute Großes geleistet», sagte sie.

«Es ist großartig gewesen», sagte ich. «Absolut großartig.»

Das Herz einer Maus

Es war herrlich, wieder in Norwegen, wieder in dem schönen alten Haus meiner Großmutter zu sein. Weil ich jetzt so klein war, kam mir alles anders vor, und ich brauchte eine Zeit, um mich überall zurechtzufinden. Meine Welt bestand aus Teppichen und Tischbeinen und Stuhlbeinen und den kleinen Schlupfwinkeln hinter den großen Möbelstücken. Eine verschlossene Tür konnte nicht geöffnet werden, und was sich auf einem Tisch befand, blieb unerreichbar. Nach ein paar Tagen begann meine Großmutter jedoch, Kleinigkeiten für mich zu erfinden, die mir das Leben etwas leichter machen sollten. Sie bestellte einen Tischler, der eine Reihe von langen, aber sehr schmalen Trittleitern baute, und sie lehnte eine an jeden Tisch im ganzen Hause, so daß ich immer hinaufklettern konnte, wenn ich es wollte. Außerdem konstruierte sie aus Draht und Federzügen und Rollen und schweren Gewichten, die an langen Stricken hingen, selber einen überaus kunstreichen Türöffner, und bald war auch jede Tür im ganzen Haus damit ausgerüstet. Ich brauchte nur mit den Vorderpfoten auf ein kleines Holzbrett zu tippen, und – schwups – schon zog sich eine Feder, ein Gewicht wurde ausgelöst, und die Tür schwang auf.

Als nächstes entwickelte sie ein sinnreiches System, mittels dessen ich überall das Licht anknipsen konnte, wenn ich nachts ein Zimmer betrat. Ich kann nicht erklären, wie es funktionierte, weil ich nichts von Elektrizität verstehe, aber in jedem Zimmer des Hauses war neben der Tür ein kleiner Knopf in den Fußboden eingelassen, und wenn ich meine Pfote auch nur leicht auf den Knopf legte, ging das

Licht an. Wenn ich noch einmal drückte, ging das Licht wieder aus.

Meine Großmutter machte mir auch eine winzige Zahnbürste. Sie benutzte ein Streichholz als Griff, und da hinein bohrte sie kleine Borstenstücke, die sie von einer ihrer Haarbürsten abschnippelte. «Du *darfst* keine Löcher in den Zähnen bekommen», sagte sie. «Ich kann doch eine *Maus* nicht zum Zahnarzt bringen! Er würde mich für verrückt erklären!»

«Komisch», sagte ich, «aber seit ich eine Maus bin, ist mir der Geschmack von Süßigkeiten zuwider. Deshalb glaub ich, daß ich gar keine Löcher kriege.»

«Trotzdem, nach jeder Mahlzeit werden die Zähne geputzt!» befahl meine Großmutter, und ich gehorchte ihr. Als Badewanne gab sie mir eine silbener Zuckerschale, und darin badete ich mich jeden Abend, bevor ich zu Bett ging. Sie wollte niemanden mehr im Haus haben, nicht einmal eine Bedienerin oder einen Koch. Wir lebten ganz zurückgezogen, und einer war mit der Gesellschaft des anderen sehr glücklich und zufrieden. Als ich eines Abends vorm Kaminfeuer auf dem Schoß meiner Großmutter lag, sagte sie zu mir: «Ich möchte wirklich wissen, was mit dem kleinen Bruno passiert ist.»

«Es würde mich nicht wundern, wenn ihn sein Vater dem Portier in die Hand gedrückt hätte, damit er ihn im Löscheimer ertränkt», antwortete ich.

«Ich fürchte, du könntest recht haben», seufzte meine Großmutter. «Das arme kleine Ding.»

Wir versanken für eine Weile in Schweigen, während meine Großmutter ihre schwarze Zigarre paffte und ich gemütlich in der Wärme vor mich hindöste.

«Kann ich dich etwas fragen, Großmama?» sagte ich endlich.

«Du kannst mich alles fragen, was du willst, mein Schätzelchen.»

«Wie lange lebt eine Maus?»

«Aha», erwiderte sie. «Auf diese Frage habe ich schon gewartet.» Wieder herrschte Schweigen. Sie saß da und rauchte und schaute ins Feuer.

«Na gut», fing ich an. «Wie langen leben wir, wir Mäuse?»

«Ich habe mich über Mäuse informiert», erwiderte sie. «Ich habe versucht, alles über sie herauszufinden, was es überhaupt von ihnen zu wissen gibt.»

«Schieß los, Großmama. Warum sagst du's mir denn nicht?»

«Wenn du's wirklich wissen willst», sagte sie, «so muß ich dir leider gestehen, daß Mäuse nicht sehr lange leben.»

«Wie lange?» fragte ich.

«Tja, eine *gewöhnliche* Maus lebt nur ungefähr drei Jahre», erwiderte sie. «Aber du bist keine gewöhnliche Maus. Du bist ein Mäusemensch, und das ist ganz etwas anderes.»

«Wie anders denn?» fragte ich. «Wie lange lebt ein Mäusemensch, Großmama?»

«Länger», antwortete sie. «Viel länger.»

«Wieviel länger?» fragte ich.

«Ein Mäusemensch wird mit größter Wahrscheinlichkeit dreimal so alt wie eine gewöhnliche Maus», sagte meine Großmutter. «Ungefähr neun Jahre.»

«Gut!» rief ich. «Das ist großartig! Das ist die beste Nachricht, die ich jemals gehört habe.»

«Warum sagst du das?» fragte sie verblüfft.

«Weil ich keinen Tag länger leben will als du», entgegnete ich. «Ich könnte es nicht ertragen, wenn sich jemand anders um mich kümmerte.»

Danach schwiegen wir wieder eine Weile. Sie hatte eine köstliche Art, mich mit der Fingerspitze hinter den Ohren zu kraulen. «Wie alt bist du, Großmama?» fragte ich.

«Ich bin sechsundachtzig», antwortete sie.

«Wirst du noch acht oder neun Jahre leben?»

«Das könnte schon sein», erwiderte sie. «Mit ein bißchen Glück.»

«Das mußt du haben», sagte ich. «Denn bis dahin werde ich eine uralte Maus sein, und du wirst eine uralte Großmutter sein, und dann können wir beide miteinander sterben.»

«Das wäre ideal», sagte sie.

Danach machte ich ein kleines Nickerchen. Ich schloß nur die Augen und dachte an gar nichts und fühlte mich im Einklang mit der ganzen Welt.

«Soll ich dir noch etwas von dir erzählen, etwas sehr Interessantes?» fragte meine Großmutter.

«O ja bitte, Großmama», erwiderte ich, ohne die Augen zu öffnen.

«Zuerst konnte ich es gar nicht glauben, aber offensichtlich ist es vollkommen wahr», begann sie.

«Was denn?» fragte ich.

«Das Herz einer Maus», sagte sie, «und das bedeutet: dein Herz schlägt *fünfhundertmal in der Minute*. Ist das nicht fabelhaft?»

«Das ist gar nicht möglich», antwortete ich und riß meine Augen weit auf.

«Es ist so wahr, wie ich hier sitze», sagte sie. «Es ist eine Art von Wunder.»

«Das sind ja fast neun Schläge pro Sekunde», rief ich, nachdem ich es im Kopf ausgerechnet hatte.

«Richtig», antwortete sie. «Dein Herz schlägt so schnell, daß man die einzelnen Schläge unmöglich hören kann. Was man hört, ist ein sanftes Summen.»

Sie trug ein Spitzenkleid, und die Spitze kitzelte mich in der Nase. Ich mußte meinen Kopf auf meine Vorderpfoten legen.

«Hast du mein Herz schon mal summen gehört?» fragte ich sie.

«Oft», erwiderte sie. «Ich höre es immer, wenn du nachts dicht neben mir auf dem Kopfkissen liegst.»

Danach blieben wir beide lange Zeit schweigend vorm Feuer sitzen und dachten über diese wunderbaren Dinge nach.

«Mein Schätzelchen», sagte sie schließlich. «Bist du auch ganz bestimmt nicht traurig, daß du für den Rest deines Lebens eine Maus bleiben mußt?»

«Das ist mir ganz egal», antwortete ich. «Es spielt gar keine Rolle, wer man ist oder wie man aussieht, solange einen nur jemand liebt.»

Wir gehen wieder an die Arbeit!

An diesem Abend aß meine Großmutter ein einfaches Omelette mit einer Scheibe Brot. Ich bekam ein Stück von diesem braunen norwegischen Ziegenmilchkäse, den man

Gjetost nennt und den ich schon gerne gegessen hatte, als ich noch ein Junge war. Wir aßen vorm Kaminfeuer, meine Großmutter in ihrem Sessel und ich auf dem Tisch, der Käse auf einem kleinen Teller vor mir.

«Großmama», sagte ich. «Jetzt haben wir doch die Hoch- und Großmeister-Hexe erledigt – werden da die anderen Hexen auf der Welt allmählich verschwinden?»

«Nein, das werden sie ganz bestimmt nicht tun», antwortete sie.

Ich hörte auf zu kauen und starrte sie an. «Aber das müssen sie doch!» rief ich. «Das müssen sie sicher!»

«Ich fürchte nein», wiederholte sie.

«Aber wenn sie nicht mehr da ist, woher kriegen sie denn das viele Geld, das sie brauchen? Und wer gibt ihnen jetzt die Befehle und treibt sie zum Jahrestreffen zusammen und erfindet ihnen ihre Zaubermittel?»

«Wenn eine Bienenkönigin stirbt, gibt es immer eine zweite Biene im Stock, die dazu geschaffen ist, ihren Platz einzunehmen», erklärte meine Großmutter. «Mit den Hexen ist es genauso. In dem großen Hauptquartier, wo die Hoch- und Großmeister-Hexe lebt, gibt es immer noch eine zweite Hoch- und Großmeister-Hexe, die geduldig darauf wartet, im Fall einer Katastrophe die Führung zu übernehmen.»

«O nein!» rief ich. «Das bedeutet ja, daß alles, was wir getan haben, umsonst war! Bin ich für nichts und wieder nichts eine Maus geworden?»

«Wir haben die Kinder von England gerettet», sagte sie. «Das würde ich nicht als nichts bezeichnen.»

«Ich weiß, ich weiß!» rief ich. «Aber das ist doch längst nicht genug! Ich bin fest davon überzeugt gewesen, jetzt, wo wir ihre Anführerin erledigt haben, schwänden alle Hexen der Welt allmählich dahin. Und nun erzählst du mir, daß alles genauso weitergeht, wie es vorher war!»

«Nicht genauso wie davor», widersprach meine Großmutter. «In England gibt es zum Beispiel keine Hexen mehr. Das ist doch ein ganz schöner Erfolg, oder?»

«Und was ist mit dem Rest der Welt», rief ich. «Was ist mit Amerika und Frankreich und Holland und mit Deutschland? Und was ist mit Norwegen?»

«Du mußt nicht denken, ich hätte in den letzten Tagen hier nur herumgesessen und gar nichts getan», sagte sie. «Ich habe mich gerade mit diesem speziellen Problem ziemlich eingehend beschäftigt und lange darüber nachgedacht.»

Während sie sprach, schaute ich zu ihrem Gesicht empor, und plötzlich merkte ich, wie ein kleines verschmitztes Lächeln heimlich um ihre Augen herum tanzte und sich bis zu den Mundwinkeln ausbreitete. «Warum lächelst du so, Großmama?» fragte ich sie.

«Ich habe einige interessante Neuigkeiten für dich», verkündete sie.

«Was für Neuigkeiten?»

«Soll ich es dir ganz von Anfang an erzählen?»

«Ach bitte ja», sagte ich. «Gute Nachrichten hab ich zu gerne.»

Sie war mit ihrem Omelette fertig, und ich hatte genug von meinem Käse gehabt.

Sie wischte sich die Lippen mit einer Serviette ab und sagte: «Sowie wir damals wieder nach Norwegen gekommen waren, habe ich ein Ferngespräch mit England geführt.»

«Mit wem in England, Großmama?»

«Mit dem Polizeichef in Bournemouth, mein Schätzelchen. Ich sagte ihm, ich sei der oberste Polizeichef von
Norwegen und hätte ein bestimmtes Interesse an gewissen
Ereignissen, die sich vor kurzem im Grandhotel zugetra-
gen hatten.»

«Halt mal, halt mal», sagte ich. «Ein englischer Polizei-
beamter wird dir doch im Traum nicht abnehmen, daß du
der oberste Chef der norwegischen Polizei bist!»

«Männerstimmen kann ich sehr gut nachmachen», antwortete sie. «Natürlich hat er mir geglaubt. Dieser Polizei-
mensch in Bournemouth fühlte sich überaus geehrt, weil
ihn der Polizeichef von ganz Norwegen höchstpersönlich
angerufen hatte.»

«Also, was hast du ihn gefragt?»

«Ich fragte ihn nach dem Namen und der Anschrift jener Dame, die im Grandhotel im Zimmer 454 gewohnt
hatte und verschwunden war.»

«Du meinst die Hoch- und Großmeister-Hexe!» rief
ich.

«Ja, mein Schätzelchen.»

«Und hat er dir die Auskunft gegeben?»

«Selbstverständlich hat er sie mir gegeben. Ein Polizist
wird immer einem anderen Polizisten helfen.»

«Donnerwetter, du hast wirklich Nerven, Großmama!»

«Ich wollte ihre Adresse haben», sagte meine Großmutter.

«Hat er denn ihre Adresse gewußt?»

«Ja. Sie hatten ihren Paß in ihrem Zimmer gefunden,
und darin stand ihre Anschrift. Sie fand sich außerdem

340

noch im Hotelregister. Jeder, der sich in einem Hotel auf-
hält, muß einen Namen und eine Adresse in dieses Buch
eintragen.»

«Aber die Hoch- und Großmeister-Hexe wird doch
nicht ihren wirklichen Namen und ihre Anschrift in das
Hotelregister geschrieben haben?» fragte ich.

«Warum denn nicht?» fragte meine Großmutter.
«Außer den anderen Hexen hat doch keiner auf der ganzen Welt auch nur die leiseste Ahnung gehabt, wer sie ist.
Wo sie aufgetaucht ist, da haben die Leute sie nur als eine
nette Dame gekannt. Du, mein Schätzelchen, nur du allein
bist das einzige Wesen auf der Welt, das keine Hexe ist
und sie trotzdem ohne Maske gesehen hat. Selbst in ihrer
Heimatgegend, in dem Ort, in dem sie gewohnt hat, haben
die Nachbarn sie nur als eine freundliche und sehr reiche
Baronin gekannt, die große Summen zu Wohltätigkeits-
zwecken stiftete. Das hab ich schon überprüft.»

Ich wurde allmählich aufgeregt. «Und diese Adresse,
die du rausgekriegt hast, das muß doch das geheime
Hauptquartier der Hoch- und Großmeister-Hexe gewesen sein.»

«Das ist es immer noch», antwortete meine Großmutter. «Und dort wird sich wahrscheinlich die neue Hoch-
und Großmeister-Hexe mit ihrem Hofstaat aus speziellen
Helferhexen unterdessen eingerichtet haben. Du weißt ja,
wichtige Herrschaften umgeben sich immer mit ganzen
Heerscharen von Beratern.»

«Wo liegt denn ihr Hauptquartier, Großmama?» rief
ich. «Sag mir rasch, wo es ist.»

«Es ist ein Schloß», erwiderte meine Großmutter. «Und
das Faszinierende daran ist, in diesem Schloß müssen sich

341

alle Namen und Adressen von allen Hexen auf der Welt befinden. Wie könnte die Hoch- und Großmeister-Hexe sonst die Geschäfte führen? Wie könnte sie die Hexen aus den verschiedenen Ländern zu ihrem Jahrestreffen einladen?»

«Wo ist denn das Schloß, Großmama?» rief ich unbeduldig. «In welchem Land liegt es? Sag's mir doch rasch!»

«Rate mal», erwiderte sie.

«Norwegen!» sagte ich.

«Gleich beim ersten Versuch getroffen!» antwortete sie. «Hoch oben in den Bergen oberhalb eines kleinen Dorfes.»

Das waren ungeheure Neuigkeiten. Ich legte vor lauter Aufregung ein kleines Tänzchen auf der Tischplatte hin. Meine Großmutter war jedoch auch in Erregung geraten, und jetzt hievte sie sich aus ihrem Sessel und begann, im Zimmer auf und ab zu schreiten, wobei sie mit ihrem Stock auf den Teppich pochte. «Wir müssen uns also wieder an die Arbeit machen, du und ich!» rief sie aus. «Eine große Aufgabe liegt vor uns! Gottlob, daß du eine Maus bist. Eine Maus kommt überall hin. Ich brauche dich nur irgendwo in der Nähe des Hexenschlosses abzusetzen, und dann huschst du einfach hinein und schleichst dich überall hin und schaust dich überall um und spitzt nach Herzenslust die Ohren.»

«Das werd ich machen!» antwortete ich eifrig. «Und keiner wird mich sehen! In einem großen Schloß herumzuflitzen wird im Vergleich mit der vollgeräumten Küche, in der es auch noch von Köchen und Kellnern gewimmelt hat, ein reines Kinderspiel sein!»

342

«Und wenn es notwendig wäre, so könntest du tagelang drinnen bleiben», rief meine Großmutter. In ihrer Aufregung fuchtelte sie mit ihrem Krückstock in der Luft herum, und plötzlich stieß sie eine hohe und sehr schöne Vase um, die zu Boden krachte und in tausend Scherben zersprang. «Kümmer dich nicht drum», sagte sie, «das ist nur eine Ming-Vase. Wenn du Lust hättest, könntest du wochenlang in diesem Schloß bleiben, und sie hätten keine Ahnung, daß du da bist. Ich könnte mir ein Zimmer im Dorf mieten, und jeden Abend könntest du dich aus dem Schloß schleichen und mit mir zu Abend essen und mir berichten, was alles los gewesen ist.»

«Und ob! Das könnte ich gut!» rief ich aus. «Und drinnen im Schloß könnte ich einfach überall herumschnüffeln!»

«Aber deine Hauptaufgabe», sagte meine Großmutter, «bestünde natürlich darin, alle Hexen dort zu vernichten. Das wäre dann endlich das wahre Ende der ganzen Hexengesellschaft.»

«Ich sie vernichten?» rief ich. «Wie soll ich das denn machen?»

«Kannst du es nicht erraten?» fragte sie.

«Verrat es mir!» antwortete ich.

«Der Mäusemacher!» rief meine Großmutter triumphierend. «Noch einmal das Formula 86 retard/Mausemutarium. Du wirst es allen im Schloß zu schlucken geben, indem du es ihnen in das Essen träufelst. Du kannst dich doch noch an das Rezept erinnern, oder?»

«Wort für Wort», entgegnete ich. «Willst du damit sagen, daß wir es selber machen sollen?»

«Warum denn nicht?» rief sie aus. «Wenn sie es herstel-

343

len können, so bringen wir es auch zustande! Es dreht sich doch nur darum, daß man genau weiß, was reinkommt.»

«Und wer klettert auf die hohen Bäume, um die Grunzer-Eier zu kriegen?» fragte ich sie.

«Ich natürlich!» rief sie wieder. «Das mach ich selber! In diesen alten Knochen steckt noch tüchtig Leben!»

«Ich glaube aber trotzdem, daß ich das übernehmen sollte, Großmama. Das könnte dich zum Krüppel machen.»

«Ach, das sind Kleinigkeiten!» rief sie aus und schwenkte den Stock wieder durch die Gegend. «Wir werden keine Widerstände dulden!»

«Und was geschieht danach?» fragte ich sie. «Nachdem sich die neue Hoch- und Großmeister-Hexe und alle anderen Hexen im Schloß in Mäuse verwandelt haben?»

«Dann ist das Schloß vollkommen leer, und ich werde heraufkommen und zu dir stoßen und ...»

«Warte!» rief ich «Halt mal! Mir ist gerade etwas Unangenehmes eingefallen!»

«Was denn?» fragte sie.

«Als der Mäusemacher mich in eine Maus verwandelt hat», antwortete ich, «bin ich keine gewöhnliche Maus geworden, die man mit Mausefallen fangen kann. Ich bin ein sprechender und denkender intelligenter Mäusejunge geworden, dem es nicht im Traum einfallen würde, sich auch nur in die Nähe einer Mausefalle zu begeben!»

Meine Großmutter blieb stocksteif stehen. Sie wußte schon, was jetzt kommen würde.

«Also», fuhr ich fort, «wenn wir den Mäusemacher dazu benutzen, um die neue Hoch- und Großmeister-Hexe samt allen anderen Hexen im ganzen Schloß in Mäuse zu verwandeln, so wird der ganze Ort von blitzgescheiten, supergefährlichen und höllisch heimtückischen Mäuse-hexen wimmeln. Sie werden immer noch Hexen sein, He-xen im Mausefell. Und das», setzte ich hinzu, «könnte grauenhaft werden.»

«Ach du grüne Neune! Du hast recht!» rief sie bestürzt. «Das hab ich vollkommen übersehen.»

«Und mit einem ganzen Schloß voller Mäusehexen kann ich es wirklich nicht aufnehmen», sagte ich.

«Ich wohl auch nicht», murmelte sie. «Wir müssen sie also auf einen Schlag loswerden. Sie müssen zermalmt werden und erschlagen und in kleine Stücke gehackt – ge-nau wie im Grandhotel.»

«Das mach ich nicht», entgegnete ich. «Das kann ich nicht. Und du kannst das auch nicht, Großmama. Und Mausefallen hätten nicht den geringsten Sinn. Ach übri-gens», setzte ich hinzu, «die Hoch- und Großmeister-Hexe, die mich erwischt hat, die hat sich doch geirrt, nicht wahr? Ich meine, was die Mausefallen angeht.»

«Ja, ja», antwortete meine Großmutter ziemlich unge-duldig. «Aber mit der Hoch- und Großmeister-Hexe brauchen wir uns nicht mehr zu beschäftigen, die ist dem Küchenchef unter das Messer geraten. Jetzt müssen wir uns mit der neuen Hoch- und Großmeister-Hexe beschäf-tigen, mit der Hexe hoch oben im Schloß und mit all ihren Helfern und Helfershelferinnen. Eine Hoch- und Groß-meister-Hexe ist schon schlimm genug, wenn sie sich als Dame verkleidet, aber stell dir nur vor, was sie anrichten könnte, wenn sie eine Maus wäre! Sie käme überall hin!»

«Ich hab's!» rief ich und machte einen Luftsprung. «Ich habe die Lösung!»

«Raus damit!» fuhr mich meine Großmutter an.

«Katzen sind die Lösung!» rief ich. «Laß die Katzen los.»

Meine Großmutter starrte mich an. Dann breitete sich ein strahlendes Lächeln über ihr ganzes Gesicht, und sie rief: «Das ist brillant! Absolut brillant!»

«Wenn man ein halbes Dutzend Katzen in dieses Schloß treibt», jubilierte sie, «dann werden sie innerhalb von fünf Minuten jede Maus erwischt haben, ob sie nun schlau sind oder nicht.»

«Du bist ein Zaubermeister!» rief meine Großmutter und fing wieder an, mit ihrem Stock herumzufuchteln.

«Paß auf die Vasen auf, Großmama!»

«Zur Hölle mit den Vasen!» trompetete sie. «Ich bin so aufgeregt, daß es mir schnurzpiepegal ist, wie viele ich zerschlage!»

«Nur noch eins», sagte ich. «Du mußt wirklich sicher sein, daß ich selber aus dem Wege bin, bevor du die Katzen reinläßt.»

«Das verspreche ich dir», antwortete sie.

«Und was wollen wir machen, wenn die Katzen alle Mäuse gefressen haben?» fragte ich sie.

«Dann bringe ich die Katzen ins Dorf zurück, und dann haben wir, du und ich, das Schloß vollkommen für uns allein.»

«Und dann?» fragte ich.

«Dann holen wir uns die Kartei und haben die Namen und die Anschriften von allen Hexen auf der ganzen weiten Welt!»

«Und dann?» fragte ich, ganz zittrig vor Aufregung.

«Danach, mein Schätzelchen, wird für dich und für

346

mich die allergrößte Aufgabe zu erledigen sein. Wir werden unsere Sachen packen und durch die Welt reisen. In jedem Lande, das wir besuchen, werden wir die Häuser aufsuchen, in denen Hexen leben. Und wir werden jedes Haus finden, eins nach dem anderen, und wenn wir es gefunden haben, dann schlüpfst du hinein und läßt deine kleinen Tropfen vom tödlichen Mäusemacher auf dem Brot oder auf den Cornflakes oder auf dem Reisbrei oder auf irgendwelchen anderen Lebensmitteln zurück, die du herumliegen siehst. Es wird ein Triumphzug werden, mein Schätzelchen! Ein ungeheurer Triumphzug, den niemand aufhalten kann. Und wir werden sie ganz alleine erledigen, nur du und ich. Das wird unsere Aufgabe, unsere Lebensaufgabe.»

Meine Großmutter hob mich vom Tisch auf und küßte mich auf die Nase. «Ach du meine Güte, in den nächsten Wochen und Monaten und Jahren werden wir aber tüchtig was um die Ohren haben!» rief sie.

«Das glaub ich auch», sagte ich. «Aber was wird das für einen Spaß machen, und wie wird das aufregend sein!»

«Das kannst du wohl sagen», rief meine Großmutter und gab mir noch einen Kuß. «Ich kann's gar nicht abwarten, bis wir loslegen!»

Quellenhinweise

Matilda
Die Originalausgabe erschien 1988 unter dem Titel «Matilda»
bei Jonathan Cape, London.

Hexen hexen
Die Originalausgabe erschien unter dem Titel «The Witches» bei
Jonathan Cape, London.